中国人文社会科学期刊 AMI 综合评价入库集刊

传统中国研究集刊

上海社会科学院《传统中国研究集刊》编辑委员会 编

第三十辑

上海社会科学院出版社

《传统中国研究集刊》编委会

主　编：郭长刚

副主编：叶　斌

编委会成员（以姓氏笔画为序）：

马军　叶舟　张秀莉　周武　徐涛

执行编辑（以姓氏笔画为序）：

叶舟　池桢　张晓东　陈磊　秦蓁　徐佳贵

目 录

江南社会与文化

两税法与唐代江南地方治理模式的变迁 …………………… 李忠民/001
范成大卜筑石湖考述 …………………………………………… 虞云国/016
明清时期江南市镇群体中的塘栖镇 …………………………… 范金民/031
张家的析产官司与结一庐藏书 ………………………………… 陈　磊/045

经典新诠

"文学较量":论《论语》中的子游和子夏 ………………… 王小婷　张佳旭/057
《史记》《汉书》疏证示例
　　——兼说史文裁接 ………………………………………… 杨胜强/066
从《资治通鉴》有关齐国君王后事迹的历史书写看司马光的史学
　　思想 ………………………………………………………… 李欣雨/090

读史札记

《晋疆纪事》作者及成书年代考辨 …………………………… 孙中旺/103
《明史》校释一则 ……………………………………………… 高　明/108
《谈征》作者外方山人名讳补考 ……………………………… 李思源/112
沈曾植几通书信的收件人 ……………………………………… 秦　蓁/116

书评

明末清初围绕舟山海域的东亚争夺
　　——兼论顾诚、南炳文、司徒琳《南明史》 ………… 武　锋　张丹怡/119

史料辑存

听芝馆日记 …………………… 汪洵遗著,汪萱抄录标点,叶舟整理校对/134
朝鲜李朝《备边司誊录》记载的中国明清海商选校（第四部分）
　　………………………………………………… 袁晓春整理,李欣雨校订/143

会议综述

"中华优秀传统文化与江南社会"学术研讨会综述 ……………… 黎　数/175

征稿启事 ……………………………………………………………………/180

江南社会与文化

两税法与唐代江南地方治理模式的变迁

□李忠民*

摘要：安史之乱以来，唐王朝的国家财政体制发生了根本性的变化：大土地所有制的剧烈发展使得以丁身为本的租庸调制度日益崩溃，大河南北的残破使得国家经济重心逐渐转移至江淮流域，在此基础上催生了两税法的税制改革。两税法在国家经济核心——江南地区推行，使得江南的社会治理模式与唐前期相较产生了诸多新变化，这些新变化集中体现在地方财税自主权的增长、户口登记方式的革新以及由于配税不均所引发的一系列社会矛盾等诸多方面。

关键词：两税法；地方治理；唐代；江南

唐代定鼎之初，承继魏、周以来的"关中本位政策"①——都关中以控驭天下。这一"关中本位政策"在国家财政上有两个表现：一是赋役征纳形式以丁身为本的租庸调为主，所谓"有田则有租，有家则有调，有身则有庸"②，国家赋役征收主要以丁身为本而不以资产为宗；二是以北方，尤其是关中地区作为国家财赋重心支给京师需用，国家财政对江南物资的依赖相对轻微。唐朝初年，关中"号称沃野"，物产所出供给京师之外虽略有不足，但对江南粟米的需求量不是很大，漕运江南粟米"岁不过二十万石"③，而大河南北经济繁荣，人口众多，与唐前期的江南地区相较，就经济发展程度而言处于绝对的优势，在国家财政体系中占据绝对的主导地位，即便到开天之际，大河南北依旧是"人户殷繁，衣食之原，租赋尤广"④，国家财赋重心主要集中于北方地区。

安史之乱的爆发大大加速了有唐一代不断发展的经济重心南移的历史过程，对唐代财政体系的变革起到了巨大的推动作用。首先，长期的兵乱导致了严重的户口流移与版籍隳坏，中央政权的虚弱使得开元年间的"括户"行动无法进行，本就日益衰落的以丁身为本的传统国家税收体系更加难以为继，而以资产为宗的新型国家赋税政策逐渐形成；

---

* 李忠民，上海师范大学人文学院博士研究生。本文是教育部人文社会科学研究青年基金"唐代财政体制变革与地方治理模式演变研究"（项目编号：19YJC770033）的阶段性成果。

其次,安史之乱产生了一系列连锁效应,使得唐朝财政收支的地域布局严重失衡,畸重畸轻⑤。河陇之地的丢失与两河之地的残破使得唐前期备受轻视的江南地区在国家财政体系中的地位骤然上升,由此形成了唐中后期"立国于西北,而植根本于东南"⑥的局面,国家财赋重心正式转移至江南地区。

以安史之乱的爆发为界标,有唐一代的赋役制度发生了根本性的变革,建中元年(780)两税法的推行标志着中国古代田赋制度开启了以资产为宗的下半段⑦,在中国财政史上具有划时代的里程碑意义。而就唐代而言,随着国家经济重心的南移,两税法在江南的实施情况以及江南地区在新形势下所产生的治理模式的转变对国家发展就显得尤为重要,在某种程度上,江南由于自身"表里天下"⑧的重要地位,其治乱兴衰关系国家政权的生死存亡。本文即以此为着眼点,通过梳理两税法推行的历史必然性以及江南财赋重心地位形成的历史过程,重点考察作为国家财赋重心的江南地区在两税法下所产生的治理模式的新变化。

一、从袁晁起义看两税法推行的历史必然性

唐代宗宝应元年八月(762),唐中叶规模最大的农民起义——袁晁起义爆发,《册府元龟》卷三五九《将帅部·立功十二》记其事曰:

> 草贼袁晁乱台州,连结郡县,积众二十万余,尽有浙江之外。⑨

这次起义的规模与安史之乱相较虽远远不及,但起义军仍聚众20余万,活动范围均集中于唐王朝财赋重地,台、杭、常、苏等东南十余州皆历兵燹⑩,因此代宗君臣给予了高度重视,迅速诏令河南道副元帅李光弼分兵讨伐。在官军的武力镇压下,这场起义于次年四月即告平定。

关于这场起义的起因,学者一般归结为统治集团在东南财赋重地的横征暴敛,尤其是元载曾在江淮地区不恤民力,强征8年积欠租庸的行为。《资治通鉴》卷二二二叙其事曰:

> 租庸使元载以江、淮虽经兵荒,其民比诸道犹有资产,乃按籍举八年租调之违负及逋逃者,计其大数而征之;择豪吏为县令而督之,不问负之有无,赀之高下,察民有粟帛者发徒围之,籍其所有而中分之,甚者什取八九,谓之白著。有不服者,严刑以

威之。民有蓄谷十斛者,则重足以待命,或相聚山泽为群盗,州县不能制。⑪

天宝十四载(755)安史之乱的爆发,使得唐王朝的财政状况迅速恶化。开元天宝年间正当唐王朝全盛之际,"人家粮储,皆及数岁,太仓委积,陈腐不可校量"⑫,史料所述虽有夸张之处,但开元天宝之际财政丰裕、国用充足却也是不争的事实,玄宗君臣一方面多次下诏蠲免税赋,赈济灾荒;另一方面"视金帛如粪壤"⑬,滥用民脂民膏,在一定程度上均体现了当时国家财政的优渥情况。而安史之乱爆发宣告了唐王朝极盛状态的终结,随之而来的艰苦缓慢的平叛过程也意味着国家资源的极大消耗与国家经济的极大破坏,广德元年(763)郭子仪上疏代宗,论及中原形势,曰:

> 夫以东周之地,久陷贼中,官室焚烧,十不存一……东至郑、汴,达于徐方,北自覃怀,经于相土,人烟断绝,千里萧条。⑭

这一凄凉景况与开元二十五年(737)玄宗诏书所称的繁荣状况形成何等强烈的对照!正由于此,统治集团应对这一巨变时深感"财赋为急"⑮,肃宗朝以率贷、铸钱、借商、卖官爵等为代表的诸种筹措财源的应急手段以及代宗朝对于国家财政体系的初步整顿与调整,均是在这一时代背景下酝酿产生的。

安史之乱对于国家经济的破坏犹有望复苏,而国家经济基础与建立其上的财政结构在这场动乱中所发生的剧烈变动则毫无挽回的余地。唐前期以丁身为本的租庸调制度是建构在魏、周以来均田制的基础之上的,而自高宗、武后以来,由于社会土地兼并之风的盛行与私家田庄的发展,均田制已经呈现出崩坏的趋势,豪富权贵恣意侵吞土地使得自耕小农受田严重不足,乃至于破产流亡⑯已经成为社会的普遍现象。开元天宝之际,土地兼并与自耕农的破产流亡已经成为严重的社会问题,杜佑所谓"兼并之弊,有逾于汉成、哀之间"⑰亦绝非虚妄之言。

玄宗君臣对均田制崩坏的深刻体认,体现在开元九年(721)宇文融的括户行动中,此次括户成效显著,史称"得户八十余万,田亦称是"⑱。但是,开元年间的括户并未从根本上抑制高、武以来土地兼并的发展势头,至天宝年间,玄宗在诏书中指出:

> 如闻王公百官,及富豪之家,比置庄田,恣行吞并,莫惧章程……致令百姓无处安置……远近皆然,因循亦久。⑲

从玄宗天宝十一载(752)的诏书可见,开元天宝之际的土地兼并并未因前期的括户举动而有所抑制,反而更加迅猛地发展起来,只是在当时"国家极盛"[20]状态的对照下,这一严峻的社会危机未能迅猛地爆发开来。

国家经济基础的变动引发了财政管理体制的变革,《旧唐书》卷四八《食货上》将这一变革之肇端系于开元天宝之际:

> 开元已前,事归尚书省,开元已后,权移他官。[21]

史家从设官分职、经济天下财赋的角度着眼,认为唐王朝财政体系的变革于开元天宝之际就已经开始,这一论断诚为卓识。开元天宝之际使职差遣的泛滥与户部诸司的失权,是国家经济基础剧烈变动在上层建筑上的反映,在一定程度上意味着唐前期以丁身为本的传统赋役制度正在失去其赖以存在的经济基础而逐渐走向崩坏,而安史之乱的爆发大大加速了均田制与租庸调制度的崩坏,促进了新型国家财税管理体制的诞生。

安史之乱造成了严重的户口流移与课丁隐匿,国家户籍紊乱不实,贫富悬殊,赋役分配严重不均,租庸调之法为弊日深,史称:

> 迨至德之后,天下兵起……人户凋耗,版图空虚……于是纲目大坏,朝廷不能覆诸使,诸使不能覆诸州……凡富人多丁者,率为官为僧,以色役免;贫人无所入则丁存。故课免于上,而赋增于下。是以天下残瘁,荡为浮人,乡居地著者百不四五,如是者殆三十年。[22]

而根据陈明光的研究,自天宝十四载至肃宗乾元三年(760),短短 5 年之间,国家控制的课口减少了 520 余万,乾元三年国家课口约 300 万,仅占了天宝十四载 820 余万的 36%[23]。如此迅猛的减耗数使得唐前期以丁身为本的租庸调制度再也难以维持国家巨大的财政支出,以资产高下为征收标准的新型赋税制度经过代宗朝对户税与地税的整顿,最终以两税法的形式出现在建中元年。

正是在这种情况下,宝应元年(762)八月,为了筹措国家经费,元载不问资产多寡、欠负有无,以国家旧有户籍计账,强征江淮百姓天宝十三载以来八年违负、逋逃租庸,甚至于强取豪夺,十取八九,激起了中唐历史上规模最大的农民起义——袁晁起义。袁晁起义的爆发固有代宗君臣"唯务剥削"、横征暴敛的因素在内,但从国家赋役体制转型的角度而言,更是鲜明体现了安史之乱后国家户籍紊乱失实、课口隐匿而赋役极度不均的严峻现实,史载:

(刘)展既平,租庸使元载以吴、越虽兵荒后,民产犹给……乃稽诸版籍,通校大数八年之赋,举空名以敛之。㉔

唐代计账、户籍之法皆有定制:"每一岁一造计账,三年一造户籍。县以籍成于州,州成于省,户部总而领焉。"㉕唐前期以严格的户籍编造与管理制度实现国家政权对自耕小农的控制,户部四司是国家赋役制度有效运转的最高领导机构,在其指挥之下,乡里、县、州密切配合,协调运转,共同保证以丁身为本的租庸调制度的顺利运作,服务于封建国家的赋税征纳。而到了开元天宝年间,这种严格的户籍编造与管理制度发生了废弛,史称:

开元中,玄宗修道德,以宽仁为理本,故不为版籍之书,人户浸溢,堤防不禁。丁口转死,非旧名矣;田亩移换,非旧额矣;贫富升降,非旧第矣。户部徒以空文总其故书,盖得非当时之实。㉖

玄宗年间国家户籍制度的废弛,使得户部四司根本无法掌握国家课户与课口的真实情况,国家户籍仅存空名而已,安史之乱的爆发更加剧了当时土地集中、人口流移的剧烈变动,地主富户广泛收揽土地、隐匿人口,采用各种方式免除课役,而兵乱之后的平民百姓大多家破流亡,却不得不承担国家户籍之上的诸多租庸杂役,此即杨炎所谓"课免于上,而赋增于下",国家赋役负担严重不均。当此之时,元载依据仅存"空名"的国家户籍强征江淮百姓8年租庸,使得刚历经刘展之乱的江淮贫民的生活境遇更加艰难,其揭竿而起、铤而走险亦在情理之中。

由此来看,袁晁起义的爆发并不仅仅是因为经历刘展之乱的江淮民众难以承担国家的横征暴敛。恰恰相反,安史之乱后"以江淮为国命"㉗,富庶的江淮成为此后一百余年国家财政支出的主要承担地,袁晁起义爆发的根本原因在于高、武以来由于国家土地的集中造成了大量均田自耕农的破产流亡,以及由此产生的国家户籍账册的严重失实,安史之乱以后国家在籍编户、课丁断崖式的锐减就是这一严峻社会现实的真切反映。宝应元年,元载以旧有账册征纳逋悬欠负租庸,造成了严重的赋役征纳不均,户高丁多的豪富之家通过多种方式蠲除户籍名册以免除课役,而饱受兵乱冲击的在籍贫民不得不承担国家的巨额财政支出,破产流亡的在籍贫民铤而走险则是势所必然。

因此,从深层次的角度而言,袁晁起义的爆发标志着唐前期以丁身为本的租庸调制度彻底走到了尽头,土地的集中、课口的隐匿、浮寄户的增多、赋役承担的严重不均、国家户籍账册的失实以及户部四司的失权均在表明旧有的赋税制度无法再继续施行下去了,时代发展的必然趋势呼唤着新型赋税制度的诞生。

经过代宗朝对国家财政的初步整顿,至建中元年(780),德宗采纳宰相杨炎的建议,正式推行两税法,史称:

> (杨)炎建议作两税法,先计州县每岁所应费用及上供之数而赋于人,量出以制入。户无主、客,以见居为簿;人无丁、中,以贫富为差;为行商者,在所州县税三十之一,使与居者均,无侥利。居人之税,秋、夏两征之。其租、庸、调杂徭悉省,皆总统于度支。㉘

两税法以国家法令的形式,正式废除了北朝以来使用数百年的以丁身为本的租庸调旧制以及安史之乱以来朝廷随意加征的一切杂徭别税,立足于新形势下户口流移、土地集中、贫富分化、课口隐匿、浮寄泛滥以及工商业大发展的客观现实,在中国历史上首次确立了以资产为宗的新的赋税征纳方式,将主客之户与工商业者都纳入两税的征纳范围之内,极大扩充了国家赋税的税源,减轻了广大贫民的负担。两税法虽未能贯彻其立意之初的"量出制入"原则㉙,而是"每州各取大历中一年科率钱谷数最多者,便为两税定额""总无名之暴赋,以立恒规"㉚。但其确立的以资产为宗的赋税征纳原则,适应了当时社会土地集中、贫富分化、户口流移的历史发展趋势,在一定程度上减轻了众多无地、少地的贫下民户的赋税负担,稳定了当时的社会秩序,为唐王朝政权的稳固与延续奠定了坚实的财政基础。从更为宏观的视角而言,以建中元年两税法的推行为标志,中国封建社会的田赋征纳原则彻底告别了以丁身为本的旧时代,进入了以资产为宗的新时期,开创了贯通宋元明清的田赋新体系。㉛在这一宏阔的历史转折的背后,隐藏的是当时社会经济基础剧烈而深刻的变革,从这一角度而言,中唐的袁晁起义,不仅仅是一场官逼民反的社会动乱,更像是一幕时代变革大背景下的历史缩影与先声。

二、两税法下江南社会治理模式的变迁

有唐一代,江南地区,尤其是富庶的长江下游以及太湖流域一带,在国家财政体系中所占的地位,随着时间的推移与国家经济形势的发展而日益凸显,安史之乱以后,大河南北等赋税重地久历兵燹而日渐残破,而江南地区则在国家财政体系中取得了"独尊"的地位。

如前所述,唐前期的国家赋税主要取自关中平原与大河南北,对江淮的依赖相对轻微,江南地区在国家财政体系中的地位相对不高。㉜咸亨三年(672),关中饥荒,国家漕运

河东仓粟以赡,"河、渭之间,舟楫相继"㉝,在一定程度上反映了大河南北对国家财政强有力的支撑。开元天宝年间,京师用度浩繁,而当此之时,江南地区经过长期的发展,社会经济基础日益雄厚,国家开始有计划地漕运江南租米以贴补两京。即便如此,唐帝国对江南粮食的需求也并非十分迫切。开元二十五年,为了减轻运输负担,关中地区开始实行庸调折粮。此后,随着山东租粟漕运情况的极大改善,国家对江南地区粟米的漕运量大为减少,令"江南诸州租,并回造纳布"㉞,运京支用。江南折租造布的推行,与关内庸调折租,河南、河北不通水利州之折租造绢都是出于政府保证供给,降低财政调度成本的财政需要而采取的具体措施㉟,是度支对国家岁入的统筹调配,在一定程度上也反映了唐王朝在安史乱前以四大经济区为两翼,向两京辐辏的相对均衡的经济布局。㊱在这一经济布局之下,江淮地区的经济实力与唐前期相较虽有明显的增强,但在国家财政体系中并未取得如唐后期那般独一无二的重要地位,这从天宝年间南北诸道的户口对比中可见一斑。天宝元年(742),大河南北六道(京畿道、关内道、都畿道、河北道、河南道、河东道)"户四百八十余万,口约三千万";而大江南北六道(淮南道、山南东道、山南西道、江南东道、江南西道、岭南道)"户三百零八万,口一千六百余万"。㊲南北相较,差距立现。

安史之乱打破了唐前期相对均衡的经济布局,陇右的丢失、两河的残破与剑南的贫啬令唐王朝"军国费用,取资江淮"㊳。北方的长期兵乱带来了大规模的人口南流,对江南地区的经济发展产生了重大影响。北人南迁一方面带来了南北户口升降的巨大变动,北方户口锐减而南方户口与日俱增;另一方面极大促进了南方的进一步开发,南方的农业、手工业技术与社会发展水平均有明显的提高。㊴唐后期的江南俨然成为唐王朝国家赋税的主要收取地,所谓"当今赋出于天下者,江南居十九"㊵,一语中的。

唐代宗广德二年(764),安史之乱刚告平定,国家残破不堪,京师米价昂贵,禁军乏食,转运使刘晏拟疏浚汴水,开运河漕运江南赋税以济关中。在给元载的信中,刘晏陈述了江南漕粮对国家财政的重要意义:

> 三秦之人,待此而饱;六军之众,待此而强。天子无侧席之忧,都人见泛舟之役;四方旅拒者可以破胆,三河流离者于兹请命。㊶

由此可见,在当时国家久历兵燹、赋役锐减的情况下,江南地区因"乱兵不及"㊷而保存了较强的经济实力,南方漕粮北运关系到有唐社稷的生死存亡,对国家财政起到无可替代的支撑作用,这种情势随着唐后期新型国家财政体系的逐渐定型而愈加巩固。元和二年(807),李吉甫上《元和国计簿》,称:

每岁赋税倚办,止于浙江东、西,宣歙,淮南,江西,鄂岳,福建,湖南八道四十九州。㊸

元和年间,唐后期的新型国家财政体系基本成型,总计天下方镇四十八,而大河南北等唐前期财计重地十五道七十余州不申户口、不供两税,天下赋税几乎全部来自大江南北八道四十九州,至此,江南地区在唐后期国家财政体系中的"独尊"地位正式形成,元和元年(806),罗让对策中所言的"江淮保全,则……关中坐固,而根本不摇"㊹,正是江淮财政"独尊"地位的真实写照;唐后期江淮运河所起到的连接北方政治重心与南方经济重心的"国家命脉"的作用㊺,正是江淮财政"独尊"地位的鲜明注脚。

唐中后期,江南地区在国家财政体系中的"独尊"地位正式确立,其治乱兴衰关系到唐王朝的生死存亡;而与此同时,两税法取代了租庸调制度,成为唐后期赋役征纳的新举措。在唐王朝国家经济根本所在的江南地区,两税法的推行与其他地区相较更为彻底、全面,由此带来了唐中后期江南地区治理模式的变迁,与唐前期相较,两税法下江南地区的治理模式,呈现出了较多的时代特色。

第一个特点:两税法施行后中央与地方权力分配的变动。

建中元年行两税法,史载:

> 令黜陟观察使及州县长官,据旧征税数,及人户土客定等第钱数多少,为夏秋两税……其黜陟使每道定税讫,具当州府应税都数,及征纳期限,并支留合送等钱物斛斗,分析闻奏。㊻

如前所述,建中元年推行的两税法,并未按照杨炎奏疏中"量出制入"的设想施行,当时的朝廷并未严格制定国家预算开支计划,而是取大历中"旧征税数"作为两税定额。所谓据"旧征税数",在实际操作中就变成"取大历中一年科率钱谷数最多者,便为两税定额"㊼。各道黜陟使及各道观察使、各州县长官因地制宜,将大历年间各种杂征差配统一计算,定为当地两税定额。在此基础上,确定各地两税上供、送使、留州数额,即所谓"支留合送等钱物斛斗",同时勘定各地两税供税户数及田亩,贯彻以资产为宗的征税原则,配户出钱、据地征税。㊽

建中元年两税法的推行,朝廷建立了以"两税定额三分"为核心的财政管理新体制。在这一制度之下,一方面,朝廷整顿了安史乱后各地长吏随事立名、摊征百姓的混乱局面,将征税之权彻底收回到中央,所谓"两税外辄率一钱,以枉法论"㊾,朝廷通过两税定额严厉打击地方官吏随意摊征百姓的不法行为,限制国家的财用支出,对加强中央集权、维护封建国家的统治基础,起到了一定的积极的作用。但另一方面,由于"两税之法,悉委郡国"[50],地方州县长吏在核定户等、检勘田亩、计资配税诸方面有着相当大的自主权,这一点与唐前期迥异。

唐前期租庸调制度之下,中央明文统一规定课丁的税额与税率,并通过严格的户籍、计账制度保证国家的赋役征收,地方官的职责在于检括丁口、催征赋税,相对而言权限较小。而在两税法下,各地不再具有统一的税率,中央从宏观上规定固定的税目、税额并督责地方官按时送缴,而地方长吏则掌握了征纳固定税额的几乎全部权限,辖内课户的检括、土地的核勘以及税额的分配,中央虽有诏敕予以一定的监督与干预,但就其实际情况而言,决定权主要集中在州县长吏手中。

地方州县长吏配税自主权的增强,也带来了中央与地方财政分离的制度变革,地方长吏财政支用权随之增强。唐前期是统收统支的财政管理体制,由度支以量入为出的原则统一支度国用[51],即"计其所出而支其所用"[52]。地方官吏禄料与官衙行政开支等一切支出由中央于赋税收入中统一分配,或统一以预算外收入贴补开支,严格意义上而言不存在所谓的"地方财政"[53]。而两税法施行后,上供、送使、留州钱额的确立,使得唐前期统收统支的财政管理体制转变为唐后期以"两税定额三分"为核心的新型财政管理体制,地方财政逐渐形成。两税法下中央与地方权力分配的变动,也使得地方长吏支用地方财政的自主性大大增强,史称:

> 州府两税物斛斗,每年各有定额,征科之日,皆申省司。除上供之外,留后留州,任于额内方圆给用。[54]

中央对于全国赋税的"支度",原则上只集中在各地上供部分,留州留使斛斗钱物,中央不再干预,由地方长吏自行支用。与唐前期相较,地方长吏的财政支用权限亦大大增强。

综上,两税法的推行使得唐王朝建立了以"两税定额三分"为核心的财政管理新体制,在这一新体制内,中央与地方的财政权力进行了重新分配。与唐前期相较,两税法下的地方长吏,配税自主权与地方财政支用权均有极大的增强,而中央对地方的控制,也较唐前期而言大为削弱。两税法下中央与地方权力分配的变动以及带来的一系列的连锁反应,是唐后期两税法下江南地方治理模式中最为显著的变迁。

第二个特点:两税法施行后户口登记方式的变迁。

元和二年,李吉甫上《元和国计簿》,称:

每岁赋税倚办，止于……八道四十九州，一百四十四万户，比天宝税户四分减三。(55)

刘丽、张剑光指出，李吉甫所称144万供税之户，并非元和年间的全部户口，而是仅就课税之户而言的，相当于唐前期的“课户”。这一记述方法并非李吉甫首创，而是中唐两税法施行以后所出现的新情况。(56)这一观点，诚为确论。那么，造成这种现象的原因何在呢？

首先，两税法以资产为宗而不以丁身为本，而国家特权阶层，“鳏寡孤独不支济者”(57)，一些特殊阶层，如僧、道和完全没有土地和资产的民户，“准制放免”。在这种情况之下，国家户口登记和统计的重点只是人口中与征税对象有关的那一部分(58)，这是造成两税法下国家户口登记方式变迁的重要原因之一。

其次，两税法造成了大量的民户流徙，这是国家户口登记方式变迁的另一个重要原因。之所以如此，则在于其固定税额下的摊逃之弊。(59)

两税法实施之后，以资产为宗的新型赋税制度的出台，在一定时间内、一定程度上减缓了安史之乱以后民户四处迁徙的趋势，所谓“天下之民，不土断而地著，不更版籍而得其虚实”(60)，在一定程度上反映了两税法在稳定社会秩序方面所起到的积极作用。但如前文所述，两税法下全国没有统一的税率，而是以“旧征税数”作为两税定额。而“旧征税数”各地轻重不一，因此为了减轻负担，各地民户势必会向“旧轻之乡”迁徙，而“唯以旧额为准”就造成了“旧重之处，流亡益多；旧轻之乡，归附益众”(61)。旧轻之处因为人户的流入而使课税民户的平均负担愈轻，而旧重之处与之相反，为了征收到足额的两税，地方长吏不得不将逃户的税赋摊配到未逃民户的身上，使得旧重之处课税民户的平均负担愈重，由此更是加速了旧重之处民户的逃亡，使得当地民户逃亡“户不尽不休”(62)。

两税法实施后发生的民户逃亡，使得江南地区国家编户大为减少，出现了大量的浮寄客户。元和六年(811)，湖南道衡州刺史吕温上奏：

当州旧额户一万八千四百七……臣到后团定户税，次简责出所由隐藏不输税户一万六千七百。(63)

衡州一州的浮寄之户竟与当州课税编户相当，则当时江南地区浮寄之户的数量可见一斑。

正是由于当时江南地区广泛存在的民户流徙情况，使得唐前期严密的户籍编定制度难以继续执行，这种情况自高武、开天以来就愈演愈烈，安史之乱更是加剧了江南地区民户流徙的趋势。两税法实施后,国家的赋税征纳不以丁身为本而以资产为宗,因此当时的国家户口登记方式将不纳两税之户不再编入其中,而仅录课税之户。因此而言,唐后期江南地区两税法的推行在很大程度上造成了国家户口登记方式的变迁。

再次,两税法实施后,核户等、勘土地等举动鲜有进展,地方赋役严重不均。

唐中后期江南地区浮寄客户的增多,一方面造成了国家户口登记方式的变迁,另一方面造成了严重的赋役不均现象。

由于两税法的征纳原则是"据地征粮"、"计资配税",因此田亩与户等就成为地方长吏配税的主要依据。唐后期浮寄客户的激增势必造成田亩的转易与户等的升降,为了应对这种情况的发生,唐王朝明令:

> 天下两税,更审定等第,仍令三年一定,以为常式。[64]

但是,为了征纳两税定额,唐后期的地方长吏却鲜有按照国家规定核定户等、检勘田亩者,大多依据自己手中配税自主权,将两税定额强行摊配于户籍之上现存之课户,而将国家诏令弃之不顾。前引衡州刺史吕温上奏,言:

> 当州旧额户一万八千四百七……堪差科户八千二百五十七。臣到后团定户税,次简责出所由隐藏不输税户一万六千七百……承前征税,并无等第,又二十余年都不定户,存亡孰察,贫富不均。[65]

可见,地方长吏利用自己手中的配税自主权,不定户等,不勘田亩,随意将两税定额摊配至少数差科户之上,而使得大量浮寄之户逃避赋税,由此造成了严重的赋役不均的现象。又长庆四年(824)元稹上奏:

> 贞元四年检责,至今已是三十六年。其间田地逃移,田地荒废……百姓税额已定,皆是虚额征率。其间亦有富豪兼并,广占阡陌,十分田地,才税二三,致使穷独逋亡,赋税不办,州县转破,实在于斯。[66]

同州一地,30余年未检勘土地、核定户等,户籍与田地账册早已名不副实。地方官吏因循苟且,强行摊配,致使富豪之家避税逃税,贫苦之家破败流亡。由此可见,在"两税三分定额"的财政管理体制下,全国各地赋役不均的现象均相当严重,而江南一地独担朝廷赋税,与全国相较必有过之而无不及。由衡州、同州两地推观,唐后期江南地区赋役不均的现象,当十分严峻。

由此可见,两税法实施后地方长吏配税自主权的增强与朝廷诏敕禁令的松弛,使得江南一地摊配贫户、赋役不均的现象十分严重,与唐前期相较,定期的核定户等、清查土地的举动少之又少,这大大加剧了江南地区的社会矛盾,大中十三年(859)晚唐农民大起义的先声——裘甫起义率先在江南财赋重地浙东道发动。笔者认为,这与袁晁起义一致,有其历史必然性,而此后江南赋税重地的动摇,也从财政根本上宣告了唐帝国的灭亡。

三、小 结

有唐一代的国家财政体制以安史之乱为标志,发生了根本性的转变,这已成为学界共识。唐前期,尤其是开元天宝以来封建大土地所有制的发展、国家课口的隐匿与浮寄户的增多、赋税承担的严重不均、国家户籍账册的失实以及户部四司的失权,都在不同程度上侵蚀着唐王朝的财政基础,这些深层次的社会矛盾经过安史之乱的冲击而一齐爆发出来,一度使唐王朝陷入财政困境。宝应元年袁晁起义的爆发,从侧面反映出唐前期以丁身为本的租庸调制度已经走到了历史的尽头,国家财政体制已经到了不得不改变的历史节点。经过肃、代、德三朝的财政整顿,以建中元年两税法的推行为界标,唐后期以资产为宗的新型财政体制正式形成。

安史之乱对唐王朝国家形势的另一个重大影响,就是将国家的政治重心与经济重心彻底分离,依靠汴河连接南北的枢纽作用[67],以京都为核心的政治重心才能够源源不断地得到以江淮为核心的经济重心的物质支持,而唐帝国国家政权的存续、稳固与中兴皆有赖于此。安史之乱后,河陇丢失,两河残破,江南地区在国家财政体系中取得了"独尊"的地位,其治乱兴衰干系国家政权生死存亡,而随着唐后期两税法在江南一地的贯彻施行,江南地区的治理模式与唐前期相较,亦呈现出了更多的时代特色。

首先,唐后期两税法的推行以及随之而来的新型国家财政体制的建构,在中央与地方之间重新划分了财政管理权,唐前期以"统收统支"为基本特征的财政管理模式摇身一变,成为唐后期以"两税定额三分"为核心的新型财政管理体制。在这一新型财政管理体制之下,中央对国家财政的管辖,定位在宏观政策的管理之上,具体包括两税制税权与督责监管权,而与之相较,地方的配税自主权与财政支用权均取得了长足的进展,央地之间财政管理权限的划分是唐后期江南地区治理模式发生的最为显著、影响力最大的变革。其次,两税法以资产为宗的征纳原则,以及两税摊逃所带来的民户流徙趋势促进了唐后期户口登记方式的变迁,国家户籍之上仅存课口课户,而对于"衣冠""形势"以及无资产者等免税阶层,则不再收录,这为宋以后国家户籍管理制度的发展奠定了基础。再次,两税法实施后地方长吏配税自主权的增强与中央督责监管力度的松弛,造成了江南地区民户的广泛流徙,浮寄客户的数量激增。与唐前期一致,户等的失实与田亩的失勘以及由此而来的赋役负担的严重不均再次成为侵蚀国家财政基础的蠹政,这种情况在全国各地广泛存在而尤以赋税重地江南一带为甚。大中十三年浙东的民乱在很大程度上是由江南地区的赋役不均所引发,也在一定程度上预示着唐王朝国家财政基础的崩解与帝国政权的衰亡。

注释

① 陈寅恪:《唐代政治史述论稿》,生活·读书·新知三联书店,2001,第198页。
② 《陆贽集》卷二二《均节赋税恤百姓六条》,王素点校,中华书局,2006,第719页。
③ 《新唐书》卷五三《食货三》,中华书局,2013,第1365页。
④ 《全唐文》卷三一《谕河南河北租米折留本州诏》,中华书局,1983,第346页。
⑤ 陈明光:《唐代财政史新编》,中国财政经济出版社,1999,第175页。
⑥ 王夫之:《读通鉴论》卷二六《宣宗九》,中华书局,2013,第794页。
⑦ 钱穆:《中国历代政治得失》,生活·读书·新知三联书店,2001,第65页。
⑧ 《全唐文》卷五二五《对才识兼茂明于体用策》,第5335页。
⑨ 《册府元龟》卷三五九《将帅部·立功十二》,中华书局,1960,第4255页。
⑩ 韩国磐:《隋唐五代史纲》,人民出版社,1977,第280页。
⑪ 《资治通鉴》卷二二二"唐代宗宝应元年正月"条,中华书局,2013,第5955—5956页。
⑫ 《全唐文》卷三八〇《问进士·第三》,第3859页。
⑬ 《资治通鉴》卷二一六"唐玄宗天宝八载二月"条,第5768页。
⑭ 《旧唐书》卷一二〇《郭子仪传》,中华书局,2013,第3457页。
⑮ 《资治通鉴》卷二一八"唐肃宗至德元载八月"条,第5850页。
⑯ 除传世史料外,敦煌与吐鲁番出土文书更能鲜活地说明当时土地兼并情况下自耕小农普遍受田不足乃至于破产流亡的严峻情况,相关出土文书参见王仲荦:《隋唐五代史》,上海人民出版社,2016,第254—273页。
⑰ 《通典》卷二《食货·田制下》,中华书局,2016,第33页。
⑱ 《资治通鉴》卷二一二"唐玄宗开元九年二月"条,第5646页。
⑲ 《全唐文》卷三三《禁官夺百姓口分永业田诏》,第365页。
⑳ 《通典》卷七《历代盛衰户口》,第154页。
㉑ 《旧唐书》卷四八《食货上》,第2085—2086页。

㉒《旧唐书》卷一一八《杨炎传》,第3421页。
㉓陈明光:《唐代财政史新编》,第178页。
㉔宋敏求:《春明退朝录》卷下,中华书局,1980,第35—36页。
㉕《唐六典》卷三《户部郎中员外郎》,中华书局,2014,第74页。
㉖《旧唐书》卷一一八《杨炎传》,第3420页。
㉗《杜牧集系年校注》卷一六《上宰相求杭州启》,吴在庆校注,中华书局,2008,第1019页。
㉘《资治通鉴》卷二二六"唐德宗建中元年正月"条,第6086页。
㉙陈明光:《"量出制入"与两税法的制税原则》,《历史研究》1986年第1期。
㉚《陆贽集》卷二二《均节赋税恤百姓六条》,第721、722页。
㉛郑学檬主编《简明中国经济通史》,人民出版社,2005,第175页。
㉜张学锋:《唐代江南灾荒研究》,《江苏社会科学》1990年第5期。
㉝《旧唐书》卷四九《食货下》,第2113页。
㉞《通典》卷六《赋税下》,第108页。
㉟杨际平:《唐前期江南折租造布的财政意义——兼论所谓唐中央财政制度之渐次南朝化》,《历史研究》2011年第2期。
㊱陈明光:《唐代财政史新编》,第175页。
㊲以上数据均采自梁方仲:《中国历代户口、田地、田赋统计》,中华书局,2008,第121页。
㊳《全唐文》卷六三《上尊号赦文》,第677页。
㊴林立平:《唐后期的人口南迁及其影响》,《江汉论坛》1983年第9期。
㊵《韩愈文集汇校笺注》卷九《送陆歙州参序并诗》,刘真伦、岳珍汇校,中华书局,2010,第976页。
㊶《旧唐书》卷一二三《刘晏传》,第3512页。
㊷《资治通鉴》卷二二二"唐肃宗上元二年正月"条,第5944页。
㊸《资治通鉴》卷二三七"唐宪宗元和二年十二月"条,第6397页。
㊹《全唐文》卷五二五《对才识兼茂明于体用策》,第5335页。
㊺全汉昇:《唐宋帝国与运河》,《中国经济史研究》,稻香出版社,1991,第347页。
㊻《唐会要》卷八三《租税上》,中华书局,1955,第1535页。
㊼《陆贽集》卷二二《均节赋税恤百姓六条》,第721页。
㊽有关唐代两税法的制定与施行,参见陈明光:《唐代财政史新编》,第207—229页。
㊾《旧唐书》卷一二《德宗纪上》,第324页。
㊿《旧唐书》卷四九《食货下》,第2120页。
㉛有关唐前期度支统一支度国用的研究,参见李锦绣:《唐代财政史稿》第1册,社会科学文献出版社,2007,第3—52页。
㉒《唐六典》卷三《度支郎中员外郎》,第80页。
㉓胡戟、张弓等编:《二十世纪唐研究》,中国社会科学出版社,2002,第420页。
㉔《全唐文》卷七八《加尊号赦文》,第814页。

⑤《资治通鉴》卷二三七"唐宪宗元和二年十二月"条,第6397页。
⑥刘丽、张剑光:《唐代后期江南户口新论》,《上海师范大学学报(哲学社会科学版)》2011年第2期。
⑦《唐会要》卷八三《租税上》,第1535页。
⑧葛剑雄:《中国人口发展史》,福建人民出版社,1991,第11页。
⑨翁俊雄:《唐后期民户大迁徙与两税法》,《历史研究》1994年第3期。
⑩《新唐书》卷五二《食货二》,第1351页。
⑪《陆贽集》卷二二《均节赋税恤百姓六条》,第724页。
⑫《全唐文》卷七一二《请免渭南摊征逃户赋税疏》,第7310页。
⑬《全唐文》卷六二七《简获隐户奏》,第6325页。
⑭《唐会要》卷八五《定户等第》,第1558页。
⑮《全唐文》卷六二七《简获隐户奏》,第6325页。
⑯《元稹集》卷三八《同州奏均田状》,冀勤点校,中华书局,1982,第435页。
⑰李剑农:《中国古代经济史稿》卷二《魏晋南北朝隋唐部分》,武汉大学出版社,2005,第185页。

范成大卜筑石湖考述

□虞云国*

摘要：宋代私家园林充分凸显园主的个性，折射出士大夫自觉意识的高扬。文学家、学者范成大在乾道二年（1166）订盟石湖。整个造园过程前后跨度十余年，既制订总体规划，又绘有布局图，在营造期间与落成以后，经范成大与友人的反复酬唱而名闻遐迩。本文对其卜筑石湖的具体年代、建筑分布、命名缘起与居处细节，据其诗文与其他文献，钩稽探隐，考证始末，力图展现范成大在造园学上的造诣与贡献，补足南宋园林史上的重要篇章。

关键词：范成大；石湖别业；造园学

石湖是范成大的[①]，就像辋川是王维的。进入宋代，私家园林进一步凸显园主的个性，折射出士大夫自觉意识的高扬。于是，北宋有王安石的半山园，司马光的独乐园，沈括的梦溪园，南宋则有范成大的石湖。

在南宋，石湖包括三层内涵，既相关联又有区别：一是从历史自然地理层面来讲以石湖命名的湖泊；二是以石湖为中心的历史人文地理区域；三是依托前两者的实地环境由范成大营筑的石湖别业。本文自然以第三层为考述的主体，但与前两个层面却不能完全隔绝。

石湖是太湖的支派，界于旧吴县与旧吴江县之间，距苏州盘门西南约10里，其北经迎春桥直通江南运河，其南有水道经过著名的垂虹桥进入太湖。湖西倚傍上方山，上有楞伽塔与治平寺；湖北有春秋吴越之争时的吴城与越城遗址，范成大笔下常称之为吴台、越垒。据说，越灭吴功成，范蠡驾一叶扁舟，就在石湖折入五湖而不知所终。自晚唐起，石湖已受人青睐。许浑晨游石湖，留下诗句云："一声山鸟曙云外，万点水萤秋草中。"[②]但他只是过客，石湖还在苦苦等待值得托付的千年知己：范成大。

---

* 虞云国，上海师范大学人文学院教授。

一、订盟与始筑

范成大(1126—1193),字至能③,北宋末生于苏州吴县。及冠前后,他在昆山县(今江苏省昆山市)城资福禅寺旁苦读,取唐诗"只在此山中"自号"此山居士"。寺旁后有范公亭,据说就是"此山居"旧址④。范成大仅用过两个别号,进士及第后,"此山居士"逐渐弃用而为人遗忘,"石湖居士"成为他的标配。

吴县是北宋苏州(南宋改称平江府)的附郭县,范氏在城内原有宅第。查检范成大诗集,所涉地名都在城西;石湖别业落成不久,他在诗题中交代"自阊门骑马入越城"⑤,其城内居所或在阊门附近。

既然家在吴门,范成大早就领略过石湖风姿,他说自己"少长钓游其间,结茅种木,久已成趣"⑥,也就是说,青少年时曾在那里垂钓游憩,还搭过简易的茅舍。这种结茅之趣随着他及第入仕而告终止。那么,究竟何时,范成大重拾少时旧梦,决心与石湖订盟,将其规划为终老归休之地呢?

乾道二年,范成大在吏部员外郎任上被论罢,提举台州崇道观,这是不必赴任、任便居住的宫观闲职,有着大把的闲暇。这年中秋,他的好友高文虎在毗邻的吴江县做主簿,邀他泛舟垂虹桥,同时参观离桥仅百来步的新修主簿厅。次年二月,范成大为其主簿厅作记,感慨倘能"筑室苇间,卜邻三高,以朝夕于斯,吾乐可胜计耶?"⑦"三高"指与太湖有关的三位名人,即春秋范蠡、东晋张翰与晚唐陆龟蒙。这时,他已萌生与他们筑室比邻的退居之想。同月,三高祠落成,吴江县再请其作记。六月,《三高祠记》完稿,范成大对三位高士风帆烟艇往来于"水光浮空,云日下上"之间,不胜向往之情。有理由推断,在赋闲故乡一年多里,范成大必有石湖之行,寄望"他年事业满彝鼎,乞身归来坐佳境"⑧,故在记文中首次自称"石湖范成大",表露了结盟石湖的心声。范成大晚年为李结题《西塞渔社图卷》时,对此也明确交代说:"自尚书郎归故郡,遂卜筑石湖。"⑨

尽管已经订盟,但范成大还有长长的仕途,不可能须臾不离,终日厮守着石湖。于是,他的心底凝聚了浓浓的石湖情结:每遇友人便赞不绝口,一旦离别就魂牵梦绕。乾道五年(1168),范成大出知处州,友人寄来春游石湖诗,勾起他"去年荡桨香风里,行傍石桥花正浓"的遐想,便友情提醒:"湖边好景春犹未,须到秋清月满时"⑩,满月的秋夜才是游湖最佳时节。次年,范成大使金,道经邯郸,联想到"黄粱一梦"的典故,赋诗自嘲说:"困来也作黄粱梦,不梦封侯梦石湖。"⑪比起封官进爵,自在地归隐石湖才是他孜孜以求的梦想。使毕归朝,途经扬州,买了芍药根特地带回故里,移植的芍药多年后在石湖盛开,他追忆当年雅兴说:

>　　万里归程许过家,移将二十四桥花。
>　　石湖从此添春色,莫把蒲萄苜蓿夸。⑫

　　淳熙二年(1175),范成大从广西安抚使调任四川制置使,途经清湘县郊,见清流一川,群芳盛开,油然怀念"故园岂少此,愈此百倍加",石湖春色可比这里好百倍呐!移镇四川后,他感慨"我本住林屋,风吹来锦城"⑬,对石湖更有无尽的忆念:

>　　橘社十年霜欲饱,鲈江一雨水应肥。
>　　冷云著地塘蒲晚,谁为披蓑暖钓矶。⑭

　　好不容易卸任东归,辞别友人时,他说:"道傍石湖水,谁能叩柴荆。"⑮我家紧挨石湖,你们谁能小扣柴扉来看我吗?
　　淳熙七年(1180)春,范成大赴任沿海制置使。船行临平道中,烟雨里夹岸桃花迎船而来,他又联想"石湖有此红千叶,前日春寒总未开"。淳熙十年(1183),他改守建康府已有两年,友人调侃他回不了石湖,他苦笑着承认:"半世吟客舍柳,长年忆后园花。"暮春时节,他惦念石湖,"想见篱东春涨动,小舟无伴柳丝垂";中秋之夜,独坐建康静晖阁,眼前浮现的却是"前年银界接天迷"的石湖赏月图。⑯
　　总之,订盟之后,石湖仿佛范成大的梦中情人,痴迷到"才下眉头,又上心头"的程度。
　　范成大的石湖不是一天造成的,他带回扬州芍药移种石湖就是明证。那么,营筑究竟是哪年启动的呢?淳熙十二年(1185),他在诗注中说:"十八年前,始作农圃堂,寿老自眉庵远来,相与度地。"⑰寿老号眉庵,是范成大的僧界朋友,上推十八年即乾道三年(1167),说明订盟当年他就着手营造了。其后任官间隙,只要回到故里,他就前往经之营之。
　　乾道七年(1171),历经数年营建,范成大的石湖已初具规模,这有他当年所作诗可为佐证。诗里说"隔篱日上浮天水,当户山横匼地烟","隔篱""当户"云云,都与造园建舍有关;但又抱歉说:"荒寒未办招君醉,且吸湖光当酒泉"⑱,表明设施粗略,尚无条件招客饮酒。然而,次年三月,周必大路过平江,范成大邀他入住石湖,饮食起居咄嗟而办。周必大记下了石湖之游的观感:

>　　薄晚,至能来。夜,月色如昼,乘小舟入石湖之心。风露浩然。登岸策杖,度行春桥(石桥极壮大),次度越来溪桥,新修。归饮烟波亭,饭农圃堂。此景此乐,未易得也。夜分乃寝。⑲

他还即兴为之题壁说,"始创别墅,登临得要,甲于东南",足证这一年的营造大有进展。

范成大借景湖山,卜筑石湖,匠心规划了极具个性的园林式建筑群。好友杨万里称之为"石湖精舍",周必大名之曰"石湖别墅"。但范成大始终直呼为石湖,未见另有命名;在他看来,石湖就是他的一切。范成大营筑石湖前,预先应有总体规划:"高下为亭观,植花竹莲芰,湖山胜绝,绘图以传。"[20]据宋末周密说,有农圃堂、北山堂、千岩观、天镜阁、寿栎堂等,而"他亭宇尤多"[21];综合有关记载,还应包括玉雪坡、锦绣坡、说虎轩、梦鱼轩、绮川亭、盟鸥亭、烟波亭、御书亭等处。范成大亲绘的《石湖图》未能传世,后人已难全面复原当年的园林建筑群,但倘若细绎其诗文,仍能钩稽出一鳞片爪,既能捕捉到诗人在其间歇影的吉光片羽,也能推测他当初命名堂舍的旨趣与寄寓,还能展现他作为造园家那鲜见论及的造诣与风格。

二、游憩性建筑与莳花类园囿

明代王鏊在《姑苏志》里说,石湖诸景观"以天镜阁为第一",应是湖中水阁才获此盛誉。范成大爱以"天镜"譬喻江河湖池等平滑的水面,有"忽然忆起长桥路,天镜无边白鸟回"的诗句[22],故援以名水阁。他回忆陪周必大月夜泛舟石湖说:

石湖花月浮春空,忆共仙人同短篷。
三更半醉吹笛去,棹入湿银天镜中。[23]

三月满月之夜,他们上船登阁,入水阁听笛,可见乾道八年(1172)天镜阁已经落成。

湖中还新建有烟波亭与盟鸥亭。烟波亭见于周必大当年记游的《南归录》,说那夜"归饮烟波亭"。盟鸥亭在范成大诗文中未留遗痕,初见于《姑苏志》卷三十二《园池》"石湖别墅"条记载,明人郭谏臣游石湖诗提及"同饮盟鸥亭"云"收帆还著屐,湖上系兰桡"[24];文肇祉也说"茶磨山头茶正熟,盟鸥亭外鸥成羣"[25],方位似在靠近茶磨山的行春桥南侧滨湖处,在整个别墅区北端。

舫斋也称南斋,是临湖而建的仿船式建筑。范成大有诗说:"南斋深而明,略似西江船。船中何所有,药气杂炉烟",可见位于别墅区南面。"霜晴日色浓,窗纸烘春妍。但愁添眼花,瞑坐聊参禅"[26],交代了舫斋的设施,主人偶在这里参禅。

多稼亭与绮川亭应是园林里的歇脚亭。范成大怀念杨万里说,"多稼亭边有所思,冬来捻却几行髭",自画杖策亭边捻髭吟诗的情景。绮川亭也见于明代《姑苏志》,莫旦《石湖赋》说"御书、绮川二亭之深静"[27],既以"深静"形容绮川亭,则不应临湖而建,或在越来溪边。

御书亭属于纪念式建筑。淳熙八年(1181)三月,宋孝宗为范成大在大内单独设宴劝酒,赐赠御书"石湖"两大字,更让石湖获得了前所未有的殊荣。范成大获此恩宠,喜出望外,诚如他在谢表里所说,裴度与李德裕虽都是晚唐重臣,但他们的私园"绿野"与"平泉",从未有此荣遇。辞朝以后,他就将御题摹刻上石。据缪荃荪说,此碑"连额高六尺六寸,广三尺五寸。三截刻:上,额;中,石湖二大字;下,正书《谢表》。三十一行,行二十四字。正书字径四分许;额篆书四字,二行,字径三寸;石湖,正书,字径八寸。"[28]以此碑的地位与体量而言,必然另构屋宇供奉。宋理宗时,据陈振孙亲见:"又一堂扁石湖二字,阜陵宸翰也。"[29]他所说的御书堂与莫旦在《石湖乡贤祠记》里说的御书亭应为同一建筑物,其方位或在主建筑寿栎堂与收藏图书文物的云奎堂之间面湖深静处。

范成大有"爱谈虎事"的癖好,特构一轩名"说虎轩",可见南宋太湖山中颇有虎踪。淳熙六年(1179),他有诗说:

> 白云深处卧痴顽,挂起东窗水月宽。
> 但得好诗生眼底,何须宝刹现毫端。
> 一身莫作官身想,万境都如梦境看。
> 蟹舍邻翁能日醉,呼来分与一蒲团。[30]

从诗里得知,说虎轩毗邻湖上的蟹舍,推开东窗就能观赏石湖的水月。

玉雪坡与锦绣坡是石湖的两处花圃。锦绣坡已无具体记载,或以群芳杂莳锦绣烂漫而得名。"玉雪"是礼赞梅花的高洁,范氏《梅谱序》说:"石湖玉雪坡既有梅数百本"[31],则玉雪坡上专种梅树。他有诗说:

> 南坡玉雪万花团,旧约东风载酒看。
> 冷落铜瓶一枝亚,今年天女亦酸寒。[32]

有感于天寒负约,不能亲往赏梅,只得将梅枝插瓶观赏。据首句交代,玉雪坡应位于临湖的南部山坡上。

三、斋与庵

斋与庵均为日常起居的小居室，一般设在堂观类建筑的内部或旁侧。

殊不恶斋似是范石湖的书斋。据其诗可见，这里离市肆不远，既能听到"市声汹汹鼓催阵"，也能看到"日影骎骎潮涨痕"，位置仍在石湖边上。诗人把书斋写得很具象：

> 好风入帘图画响，斜照穿隙网丝明。
> 檐闲双雀有时斗，壁下一蛩终日鸣。
>
> 旁若无人鼠饮砚，麾之不去蝇登盘。
> 天凉睡起枕痕暖，日晚慵来香字寒。㉝

秋风吹动帘幕，悬挂的图画随之发出响声；老鼠肆无忌惮地啜饮砚池中的水；他睡在这里时，点燃沉香也弥散着温馨。这组诗作于淳熙十二年（1185），范成大还特为此斋撰写铭文，自述退居后看淡一切，认为什么都不错，这也是他用以名斋的理由：

> 蓬蒿满径，车轮生角。冠剑委于凝尘，书传束于高阁。心无所用，气合于漠。困则佳眠，饥则大嚼。但觉日月之舒长，不知户庭之寂寞。愧何修而何为，而擅区中之闲乐。人见其病也，不堪其忧，我以为殊不恶也。㉞

请息斋也许造得较晚，位于僻静之处，似乎不临湖。范成大在淳熙十一年（1184）题诗说"洞门昼挂铁锁，阁道秋生绿苔"，可窥一斑。其《题请息斋六言》述及在这里的活动：

> 亲戚自有情话，来往都无杂言。
> 酒熟径须相报，文成聊与细论。
>
> 园丁以时白事，山客终日相陪。
> 竹比平安报到，花依次第折来。

次年，他有《请息斋书事三首》，大多感叹世态炎凉，甚至激愤道："覆雨翻云转手成，纷纷轻薄可怜生。天无寒暑无时令，人不炎凉不世情。"以致黄震说他"请息斋屡有作，则

绝交之语,当有激也。"㉟

聊复尔斋的得名出自《世说新语》。魏晋之际,诸阮族居,北阮富而南阮贫,时俗流行七月七晒衣,北阮晒得绨锦烂然,南阮的阮咸时尚孩童,也在庭中竖起长竿,高挑犊鼻布裈说:"未能免俗,聊复尔耳!"范成大诗经常化用这一典故,表达不过如此、姑且那样的自我放下之情,例如,"作诗惜春聊复尔,春亦何能与人事""自笑支离聊复尔,丹心元未十分灰""从来世味聊复尔,此去官身如老何?"㊱淳熙十年除夜,范成大夜宿于此,题了门神版,喝了屠苏酒,听着声声爆竹,遗憾未能写出好门联,其有题诗云:"郁垒先题版,屠苏后把杯。书扉无健笔,爆竹有寒灰。"㊲

翻袜庵典出王梵志诗:"梵志翻着袜,人皆道是错。乍可刺尔眼,不可隐我脚。"㊳王梵志不恤流俗,为护脚把袜底袜面翻着穿,被人视为"大修行人",范成大对此大为赞赏,他在翻袜庵听雨夜坐时写的诗也大有禅味:

闲门冷落静无哗,小阁帘帏密自遮。
日晚课程丹灶火,夜深光景佛灯花。
人生宁有病连岁,身世略如僧在家。
步屧寻春非老伴,任教风雨唤雷车。㊴

诺惺庵是石湖坐禅之所,有诗为证:"上座独超三昧地,诺惺庵里证般舟。"㊵"诺,惺惺著"是禅宗问禅时的常用答语,即"是,明白"。范成大有诗称"童子昔曾夸了了,主翁今但诺惺惺"㊶,就用这层意思;另有诗也说:"诺惺庵里呼春困,特地回头著耳听。若解昏昏安稳睡,主翁方始是惺惺。"㊷他还有《诺惺庵枕上》云:"噩梦惊回晓枕寒,青灯犹照药炉边。纸窗弄色如胧月,又了浮生一夜眠。"㊸范成大喜欢在庵里眠宿。

四、堂与观

堂与观都是体量较大的主建筑。石湖诸堂中,农圃堂最先落成。范成大为之亲撰《上梁文》,并说道:"吴波万顷,偶维风雨之舟;越戍千年,因筑湖山之观。"㊹乾道八年,范成大邀到访的周必大同宿农圃堂。客人说其"对楞伽寺,邻石湖",在诗里说"公来开别墅,草莽手爬梳"㊺,说明是垦辟草莱创建的。范成大赠诗则说"金钲忽腾上,倒景落书帙"㊻,满月的倒影落在书帙上,足证主人平时已在此晏息起居。周必大还说当晚他们"归饮烟波亭,饭农圃堂"㊼。宋元之际,陈深踏访,赋诗《范公农圃堂》记感:"振屐重来事已非,却怜清景不相违。晴湖尽属盟鸥乐,夜月还惊化鹤归。"㊽表明农圃堂确是临湖而建,坐可赏月。其方位一说即今渔庄(其现存建筑即余觉故居)所在处,现渔庄南邻石湖,遥对天镜阁,似属可信。

北山堂也称北山草堂。北山应指上方山北区。淳熙六年(1179),"北山草堂、千岩观新成",范成大次韵致谢寄来贺诗的同邑友人,对两处建筑颇有交代:"北山松竹堪怡颜,千岩观前多好山。谁云都无卓锥地,亦尚有此茅三间。洞门无钥常不关,小径百曲苍龙盘。"㊾堂与观之间相距不远,都在上方山北麓。这年十月初一,北山堂开始生火。范成大有诗叙述当令的活动:"困眠醒坐一龛多,竹洞无关断客过。贪向炉中煨榾柮,懒从掌上看庵摩。闲无杂念惟诗在,老不甘心奈镜何。"㊿

千岩观坐落在上方山上,与北山堂相邻,其下遍植岩桂,金秋时节最宜观赏。绍熙三年(1192),范成大已移居城内,中秋后二天,听说千岩观下岩桂盛开,特地泛舟石湖,留连一日,有诗记千岩观赏桂:"金粟枝头一夜开,故应全得小诗催。篮舆缓缓随儿女,引入天香洞里来。"㉛

云奎堂落成在淳熙十二年,范成大有诗记事:

农圃规模昔共论,云奎卜筑又逢君。
眉庵寿老长随喜,好个抛梁伏愿文。

诗后自注说:"十八年前始作农圃堂,寿老自眉庵远来,相与度地。今云奎始基,又值其入城,留观上梁,似非偶然。"㉜寿老十八年前特地赶到石湖,参与规划农圃堂;营筑云奎堂时,他恰逢上梁,主持了仪式。范成大深感有缘。堂名出自《古文孝经·援神契》"云奎主文章",应该主要用于庋藏图书文物。

寿栎堂是规划中的主建筑,范成大用力最多。他在堂前竖起了假山,远从马城特地移来了丹桂树,还赋诗自嘲其事:

堂前趣就小嶙峋,未许蹒跚杖屦亲。
更遣移花三百里,世间真有大痴人。㉝

堂名典出《庄子·人间世》:有个木匠经过齐国曲辕,见有象征神社的栎树,其大可掩蔽数千头牛,其高凌山十仞还有枝干。木匠却未停脚步,弟子问为何弃之不顾。木匠说,栎树不成材,做船要沉,做棺易腐,做柱则蠹,"无所可用,故能若是之寿"。范成大显然以栎树自况,虽不成材而祈望长寿。淳熙十五年(1188),范成大最后一次入朝,谒见太子时表示,"石湖"已蒙宸翰亲题,希望太子能赐书堂名。储君书赠"寿栎堂"字,满足了他的愿望。

范成大日常爱在寿栎堂起居。他寄赠同年好友赵廱的《四时田园杂兴》墨卷落款即题"石湖居士寿栎堂书"。主建筑内有东斋等斋室。其《寿栎东斋午坐》悠然自足道:"北窗午睡起,一笑万事空。无人共此意,莎阶咽微蛩。"㊴他也把东斋称为东堂,其《偶至东堂》诗云"归来栗里多情话""闲拖藜杖藓花深"㊵,"栗里"是借陶渊明归隐地喻指石湖,支着"藜杖"闲步藓花深处显然说的是石湖风景。他在这里安置了禅床,围上了屏风,供其随时休眠:

禅床初着小山屏,夜久秋凉枕席清。
绕鬓飞虫妨好梦,卧听檐雨入池声。㊶

寿栎堂也是他接待宾客的主要场所。淳熙十一年,四川友人杨商卿来访。他在八年前随船送范成大出川,至合江才依依惜别。如今到访,范成大十分高兴,分袂之日在寿栎堂为之践行,赋诗道别:

合江县下初语离,共说再会知何时?
寿栎堂前哄一笑,人生聚散真难料。㊷

绍熙四年(1193)正月,袁说友伴送毕金使归朝,道经吴门趋谒,范成大与他也在寿栎堂晤面,据袁说友说,"饮食教诲,载辱竟日"㊸,盘桓了一整天。

据记载,"旧传寿栎堂有石刻,笔力遒劲,辞翰兼美"㊹。堂上镌刻的或许就是淳熙十五年宋孝宗御赐亲书的苏轼诗二首。寿栎堂前立有假山,上种凌霄花,盛开时节,葱蒨如画,范成大遂命名为凌霄峰,有诗为证:

山容花意各翔空,题作凌霄第一峰。
门外轮蹄尘扑地,呼来借与一枝筇。㊺

五、鉴用假山石的行家里手

宋代营建园林,布置堂庑,供奉几案,假山石不可或缺。范成大"天怜爱山欲成癖,特设奇供慰寂寥”，堪称玩石的行家高手。在石湖别业中，颇有奇石假山点缀其间。除大型假山凌霄峰外，还有小峨眉、烟江叠嶂与天柱峰等假山石，都是他“归休时闲玩”而自夸不已的。他得到一座灵璧古石，绝似峨眉山主峰，故名之曰“小峨眉”，作歌夸耀说：“作诗贺我得石友，且以并贺兹丘遭。”(61)意思说，我赋诗自贺获得了石友，也祝贺假山遇见了喜欢它的知音。衡山、潜山（天柱山）、九华山与雁荡山都有天柱峰，石湖安顿的天柱峰是英石假山，其形“一峰峭竖特起，有昂霄之意”，范成大形容说：“哦诗月明清夜阑，坐看高影横屋山。摩霄拂云政如此，吾言实夸谁敢删！”假山摩霄拂云，影高蔽屋，范成大吟诗其下，“我今卧游长掩关，却寓此石充潜山”(62)，颇有自得之意。“烟江叠嶂”是太湖石假山，原为石里方氏收藏。范成大之所以名为“烟江叠嶂”，乃借用北宋王诜的同题山水画，苏轼曾为之题诗，堪称诗画双绝。范成大见其造型“鳞次重复，巧出天然”，珍惜“非近年以人功雕斫者比”(63)，认为当年苏东坡若见到这座假山石，就不会为定州石大书“雪浪”，为岭南石大书“仇池”了；遗憾自己想不出顶级赞美语，最好请出独具只眼的白居易，像为牛僧孺作《太湖石记》那样代写一篇新记。

实际上，范成大颇精于假山石鉴赏，在赏玩品鉴太湖石上，其品位、眼光与鉴赏力已高于白居易。他认为，太湖石以“出西洞庭”最佳；其形成“多因波涛激啮而为嵌空，浸濯而为光莹”；其形状“或缜润如珪瓒，廉刿如剑戟，矗如峰峦，列如屏障，或滑如肪，或黝如漆，或如人，如兽，如禽鸟”；其功用任“好事者取之，以充苑囿庭除之玩”。自大兴花石纲后，太湖地区人工凿镂山石假冒太湖石蔚然成风，范成大指出：“石生水中者良。”如何识别真假太湖石，他传授了“弹窝之法”：太湖石如在水中自然生成，其“岁久，波涛冲击成嵌空，石面鳞鳞作靥，名曰弹窝，亦水痕也。扣之铿然，声如磬。”(64)他著有《太湖石志》，记载了太湖其他假山石的品名与产地，小洞庭在龙山之南，鸡距石与鼋壳石俱产于鼋山之下，神钲石在林屋洞中，仙人石出自寒山西岸，龙床石在石公山下，等等。在以假山石尤其太湖石妆点石湖上，范成大是匠心独运，别具一格的。这些用以点缀别业的太湖石，据郑振铎 1957 年游石湖时所见：“湖心有一个小岛，岛上还残留着东倒西歪的许多太湖石。”(65)

六、石湖别业的流风余韵

作为矢志不渝的归休之地，从范成大以其自号的那年起，石湖就以其山水之美频频出现在他的诗文里。经过他不遗余力地揄扬，石湖在其朋友圈里日渐声名鹊起。由于范成大的名位高峻与文事风雅，以石湖为主题，杨万里、周必大、姜夔、赵蕃、韩元吉、张镃、刘应时、王阮、吴儆等等，“一时名人胜士，篇章赋咏，莫不极铺张之美”(66)。诚如明代钱穀所说,作为山水名胜之地,石湖"初不甚显,得文穆公而名始大著"⑥⑦。范成大视石湖为一生挚爱之地,石湖因范成大为名闻天下之胜,范成大也因卜筑石湖而凸显其园林学家的那一侧面。

南宋后期的同乡后辈在诗里讴歌这位乡贤及其营筑的石湖:

千古湖山人物,百年翰墨文章。
寂寞梅花开处,一尊自酹寒香。⑥⑧

各地慕名到访的诗人墨客也纷纷留题致敬,毛珝诗云:

一片湖光接薛萝,功名余事属吟多。
至今鱼鸟皆堪敬,曾见乌巾照碧波。⑥⑨

这位江湖派诗人甚至爱屋及乌,致敬石湖的鱼鸟,因为它们见过碧波倒映着头戴乌巾的范成大。

范成大身后,石湖未免冷落。约半世纪后,目录学家陈振孙慕名二访石湖,亲见范成大打造的胜景"今日就荒毁,更数年恐无复遗迹矣。顷一再过之,为之慨然。"⑦⑩但石湖的范成大印记已不可磨灭,元代仍然有人前来寻踪凭吊:"至今月下苍苔石,时有先生杖履声。"⑦⑪

明代前期,永乐二年(1404),有人春游石湖,还能见到亭下字大盈尺的"石湖"碑,两字之间镌有"御书之宝"与"赐成大"的玺文,应即范成大当年刊刻的御书碑。而到明代中期,"石湖"碑已"立草莽中","有亭曰御书,废亦久矣"⑦⑫。明武宗初年,宋孝宗御书碑虽仍岿然独存,但周必大赞叹备至的"天阙绝景",包括"所谓天镜阁、玉雪坡之类,皆已沦于荒烟野草之中"⑦⑬。于是,由当地宦绅卢雍发起,为范成大修建纪念性祠堂,请吴地著名学者王鏊为撰记文。然而,及至明代中后期,范成大的石湖印记逐渐淡化。保存苏州乡邦文献最称齐全的《吴都文粹续编》,列有《石湖十二咏》,涉及范成大石湖的仅有《御书亭》云:"至今孤亭中,红光照山白。"⑦⑭

明清之际,苏州籍名人钱谦益诗云:"一片江南图画里,西湖秋月石湖春"⑦⑮,对石湖春光推许有加,与西湖秋月相提并论,但仅着眼于自然风光。还是年代略晚的查慎行,在一次大雪中从洞庭东山前往石湖的舟中雅集时赋诗说:"忍别东山去,依依尚有缘。云沈上方塔,雪重石湖船。"⑦⑯其中仍有范石湖绰约的身影。康乾时,华亭文人沈大成应邀游石湖,只见"荒祠冷倚碧山隈",荒芜的范成大祠冷落地坐落在上方山下,他联想起姜夔

(一说号石帚)与范成大的石湖遗事,浩然发问:"我亦飘零如石帚,几曾一见范公来?"⑦ 嘉庆二年(1797),范成大祠也已"岁久且颓",一些地方官集资重修,延请桐城派名家姚鼐为撰《重修石湖范文穆公祠记》。这座祠堂在1957年时仍有残存,郑振铎曾有实录:

> 渐渐地走近了,湖山的胜处也就渐渐地豁露出来。有一座破旧的老屋,总有三进深,首先唤起我们注意。前厅还相当完整,但后边却很破旧,屋顶已经可看见青天了,碎瓦破砖,抛得满地,墙垣也塌颓了一半。这就是范成大的祠堂。墙壁上还嵌着他写的《四时田园杂兴》的石刻,但已经不是全部了。⑱

又过10年,进入非常时期,那块标志性景观的御书"石湖"碑彻底招致毁坏。劫难过后,范成大祠重经修葺,成为石湖与这位诗人唯一尚存关联的遗迹。

注释

① 关于范成大卜筑石湖,鲍沁星:《南宋园林史》(上海古籍出版社,2016)除全文征引周密《齐东野语·范公石湖》外,未有具体论述。

② 许浑:《自楞伽寺晨起泛舟道中有怀》,《全唐诗》卷五三四,上海古籍出版社,1986,影印本,第1349页下栏。

③ 《辞海》写作"字致能",据周必大为范成大写的《神道碑》,应是字"至能",于北山在《范成大年谱》里也认为作"致能"有误,本文据周必大之说。

④ 于北山:《范成大年谱》,上海古籍出版社,2006,第2页。

⑤ 范成大:《范石湖集》卷二〇《自阊门骑马入越城》,上海古籍出版社,1981,第286页。

⑥ 范成大:《御书石湖二大字跋》,孔凡礼辑《范成大佚著辑存》,中华书局,1983,第136—137页。

⑦ 范成大:《新修主簿厅记》,孔凡礼辑《范成大佚著辑存》,第151页。

⑧ 范成大:《三高祠记》,孔凡礼辑《范成大佚著辑存》,第152页;楼钥:《攻媿集》卷一《读范吏部三高祠堂记》,商务印书馆四部丛刊初编本,第15页。

⑨ 范成大:《跋西塞渔社图卷》,转引自吴企明《范石湖集辑佚》卷九,《范成大集校笺》第5册,上海古籍出版社,2022,第1966页。

⑩ 范成大:《范石湖集》卷一一《次韵马少伊郁舜举寄示同游石湖诗卷七首》,第133页。

⑪ 范成大:《范石湖集》卷一二《邯郸道》,第151页。

⑫ 范成大:《范石湖集》卷二五《石湖芍药盛开向北使归过维扬时买根栽此因记旧事二首》,第355页。

⑬ 范成大:《范石湖集》卷一五《清湘县郊外杂花盛开有怀石湖》,卷一八《既离成都》,第192、263页。

⑭ 范成大:《范石湖集》卷一七《有怀石湖旧隐》,第238页。

⑮ 范成大：《范石湖集》卷一八《既离成都》，第263页。
⑯ 范成大：《范石湖集》卷二一《临平道中》、卷二二《次韵举老见嘲未归石湖》《春晚》《中秋清晖阁静坐因思前二年石湖四明赏月》，第299、318—319页。
⑰ 范成大：《范石湖集》卷二六《赠寿老》，第360页。
⑱ 范成大：《范石湖集》卷一一《初约邻人至石湖》，第138页。
⑲ 《周必大集校证》卷一七一《南归录》，王瑞来校证，上海古籍出版社，2020，第7册，第2598页。
⑳ 《周必大集校证》卷六一《资政殿大学士赠银青光禄大夫范公(成大)神道碑》第3册，第918页。
㉑ 周密：《齐东野语》卷一〇《范公石湖》，中华书局，1983，第177—178页。"寿栎堂"原误作"寿乐堂"，据范成大诗改。
㉒ 范成大：《范石湖集》卷四《客舍》，第42页。
㉓ 范成大：《范石湖集》卷二〇《余先得归田复以是夕泛湖有怀昔游赋诗纪事》，第288页。
㉔ 郭谏臣：《鲲溟诗集》卷四《雨中与客游石湖同饮盟鸥亭二首》，《景印文渊阁四库全书》，台湾商务印书馆，1986，影印本，第1288册，第188页。
㉕ 文肇祉：《文氏五家集》卷一一《录事诗集·石湖游泛》，《景印文渊阁四库全书》，台湾商务印书馆，1986，影印本，第1382册，第562页。
㉖ 范成大：《范石湖集》卷二七《舫斋信笔》，第377页。
㉗ 钱榖：《吴都文粹续编》卷二三《石湖赋》，《景印文渊阁四库全书》，台湾商务印书馆，1986，影印本，第1385册，第589页。
㉘ 缪荃孙：《江苏金石志》卷一三，转引自于北山《范成大年谱》，第309页。
㉙ 陈振孙：《直斋书录解题》卷一八《别集类下》，上海古籍出版社，1987，标点本，第541页。
㉚ 范成大：《范石湖集》卷二〇《说虎轩夜坐》，第290页。
㉛ 范成大：《梅谱》，《百川学海》，中国书店，1990，影印本，第98页。
㉜ 范成大：《范石湖集》卷二三《案上梅花二首》，第328页。
㉝ 范成大：《范石湖集》卷二五《殊不恶斋秋晚闲吟五绝》，第356页。
㉞ 范成大：《殊不恶斋铭》，孔凡礼辑《范成大佚著辑存》，第130页。
㉟ 黄震：《黄氏日抄》卷六七《读文集九·范石湖文》，收录《全宋笔记》第10编第10册，大象出版社，2018年，第403页。
㊱ 范成大：《范石湖集》卷三《次韵时叙》、卷一七《明日分弓亭按阅再用西楼韵》、卷二二《体中不佳偶书》，第29、240、312页。
㊲ 范成大：《范石湖集》卷二三《癸卯除夜聊复尔斋偶题》，第323页。
㊳ 胡仔：《苕溪渔隐丛话》前集卷五六《王梵志》，中华书局，1962，第388页。
㊴ 范成大：《范石湖集》卷二八《翻袜庵夜坐闻雨》，第386页。
㊵ 范成大：《范石湖集》卷二三《谢龚养正送蕲竹杖》，第332页。
㊶ 范成大：《范石湖集》卷二五《信笔》，第353页。原文作"诺醒醒"，据吴企明《范成大集校笺》卷二五校记引方回《瀛奎律髓》卷三九作"诺惺惺"，所校甚是。

㊷ 范成大:《范石湖集》卷二六《春困二绝》,第364页。
㊸ 范成大:《范石湖集》卷二三《诺惺庵枕上》,第323页。谨按:现存范成大吟咏聊复尔斋、翻袜庵与诺惺庵诸诗均在淳熙十年后,据《周必大集校证》卷六一《范公(成大)神道碑》说,其晚年"先以石湖稍远,不能日涉,即城居之南别营一圃,……题曰:范村,刻两朝赐书于堂上,榜曰:重奎",则他在范村也颇有营筑,关于这三处斋庵的诗作均未提及湖山旁证其确在石湖,故也有可能在范村或城居府邸内。
㊹ 周密:《齐东野语》卷一〇《范公石湖》,第177页。"观"原作"欢",四库本作"观",据改。
㊺ 《周必大集校证》卷一七一《南归录》、卷五《和范舍人至能农圃堂韵》第7册,第2595页;第1册,第73页。
㊻ 范成大:《范石湖集》卷一一《与周子充侍郎同宿石湖》,第138页。
㊼ 《周必大集校证》卷一七一《南归录》,第7册,第2598页。
㊽ 陈深:《宁极斋稿》,收录《景印文渊阁四库全书》,台湾商务印书馆,1986,影印本,第1189册,第725页。
㊾ 范成大:《范石湖集》卷二〇《北山草堂千岩观新成徐叔智运使吟古风相贺次韵谢之》,第286页。
㊿ 范成大:《范石湖集》卷二〇《北山堂开炉夜坐》,第295页。
51 范成大:《范石湖集》卷三一《中秋后两日自上沙回闻千岩观下岩桂盛开复栖石湖留赏一日赋两绝》,第421页。
52 范成大:《范石湖集》卷二六《赠寿老》,第360页。
53 范成大:《范石湖集》卷二四《寿栎前假山成移丹桂于马城自嘲》,第341页。
54 范成大:《范石湖集》卷二九《寿栎东斋午坐》,第399页。
55 范成大:《范石湖集》卷三二《偶至东堂》,第432页。
56 范成大:《范石湖集》卷二九《寿栎堂枕上》,第399页。
57 范成大:《范石湖集》卷二四《富顺杨商卿使君向与余相别于泸之合江》,第336页。
58 袁说友:《东塘集》卷一九《跋范石湖草书诗帖》,《景印文渊阁四库全书》,台湾商务印书馆,1986,影印本,全书第1154册,第384页。
59 倪涛:《六艺之一录》卷三五七《朱存复录范致能四时田园杂兴诗卷》,《景印文渊阁四库全书》,台湾商务印书馆,1986,影印本,全书第1288册,第188页。
60 范成大:《范石湖集》卷三二《寿栎堂前小山峰凌霄花盛开》,第430页。
61 范成大:《范石湖集》卷二五《小峨眉》,第347—348页。
62 范成大:《范石湖集》卷二五《天柱峰》,第348—349页。
63 范成大:《范石湖集》卷二五《烟江叠嶂》,第348页。
64 范成大:《太湖石志》,孔凡礼辑《范成大佚著辑存》,第132页
65 卢今等编:《郑振铎散文》上册,中国广播电视出版社,1997,第227页。
66 周密:《齐东野语》卷一〇《范公石湖》,第178页。
67 钱榖:《吴都文粹续集》卷二三《山水》,收录《景印文渊阁四库全书》,台湾商务印书馆,1986,影印本,第1385册,第602页。

⑱ 叶茵:《顺适堂吟稿》戊集《石湖》,陈起编《南宋名贤小集》,清赵氏小山堂抄本,北京大学图书馆藏。

⑲ 毛翊:《吾竹小稿·石湖》,厉鹗辑撰《宋诗纪事》卷七二,上海古籍出版社,1983,第1773页。

⑳ 陈振孙:《直斋书录解题》卷一八《石湖集》,第541页。

㉑ 陆文圭:《墙东类稿》卷一九《石湖留题三绝》,收录《景印文渊阁四库全书》,台湾商务印书馆,1986,影印本,第1194册,第787页。

㉒ 钱穀:《吴都文粹续集》卷一六《石湖乡贤祠记》,收录《景印文渊阁四库全书》,台湾商务印书馆,1986,影印本,第1385册,第410页。

㉓ 钱穀:《吴都文粹续集》卷一六《范文穆公祠堂记》,收录《景印文渊阁四库全书》,台湾商务印书馆,1986年影印本,第1385册,第411页。

㉔ 钱穀:《吴都文粹续集》卷四九《石湖十二咏》,收录《景印文渊阁四库全书》,台湾商务印书馆,1986,影印本,第1386册,第532页。

㉕ 钱谦益:《牧斋初学集》卷一《和范致能燕山道中绝句八首·灰洞》,上海古籍出版社,1985,第1册,第28页。

㉖ 查慎行:《敬业堂诗集》卷一二《发东山至石湖舟中大雪与蒙泉雪园分韵》,商务印书馆四部丛刊初编缩印本,第139页。

㉗ 沈大成:《学福斋诗集》卷一四《徐锦川翁婿招游石湖》,清乾隆刊本,北京大学图书馆藏。

㉘ 卢今等编《郑振铎散文》上册,第229页。

明清时期江南市镇群体中的塘栖镇

□ 范金民*

摘要：明清时期的数百个江南市镇，学界一向以"专业"性予以分类，概括其特点，但事实上存在大量综合型发展的市镇，塘栖镇就是极为典型的这类市镇。江南市镇大多处于交通要道，其兴衰或者因运河航道改向，或者随当地乃至全国社会经济的盛衰而起落，乃至被嬗代。塘栖镇因元末新开河的开浚，处于大运河要道上，逐步发展成杭州北郊最为繁盛的市镇，正是江南市镇兴衰嬗代的典型。塘栖的市街坊巷并不是很多流通型市镇的一线形、十字形、丁字形，而是在L形的一侧，分布着诸多的街坊巷弄，在经济发展、人文活动和日常生活中发挥出各方面的作用。塘栖镇的兴起之路，在江南市镇群体中极具典型意义。江南经济发展和社会进步，城乡一体，互为奥援，塘栖镇分布了数十家名族及其园亭胜迹，当地及周围名流往还其地，缟纻往还，诗文唱和，人文活动极为繁盛，塘栖镇也是典型的人文型市镇。

关键词：明清江南；塘栖镇；市镇群体

明清时期，江南市镇大量兴起，迅速发展，构成江南经济进步和社会发展的重要篇章。塘栖是大运河上通往全国著名工商城市杭州的门户，地理位置十分重要，工商发展和人文成就极为突出，在江南市镇群体中有着重要地位。既有研究虽然不绝如缕，但大多仍然停留在描述阶段，对于塘栖的兴起发展之路的考察并不清晰，对于塘栖的街市格局很少阐述，对于塘栖的人文活动殊少着笔，对于塘栖在江南市镇群体中的功能地位更缺少基本的探讨。

一、便捷的水陆交通要冲

塘栖地处仁和县（今浙江省杭州市）北50里，以运河为界，南岸称"水南"，属杭州府仁和县；北岸称"水北"，属湖州府德清县。清代"水南"属十一都四图、八图和九图数图，

---

* 范金民，南京大学历史学院教授。

"水北"西属德清县十六都东三庄,整个镇区涵括两县数图范围。

宋元以来,南北往来抵达杭州均取道其东面的临平镇。塘栖仅为下塘,仁和四镇并无其名。①

塘栖之兴起,最初得力于张士诚的经营。元末,吴王张士诚以军士往来,由伍临港开至杭州武林门外北新桥,而唐栖至杭始成大河。其时称"新开河",水路以通。②《唐栖志》总结:"新开河浚,碧天桥成,会垣驰驿,唐栖首程,居民担负,商贾经营,两岸列肆,百货充盈,蜂屯蚁聚,对宇望衡。"③新开河的开浚,是塘栖替代临平而起的关键地理背景,新开河使大运河南端的运河航道向西移动数十里更处于江南平原区。

明正统七年(1442),通判易锐上书条陈利害,巡抚侍郎周忱准其便宜措置,自北新桥起,迤北而东,至崇德界,修筑塘岸 13 272 丈 4 尺,建造桥梁 72 座,水陆并行,便于漕饷,后名下塘。④河道开通,塘岸砌筑,水陆通道同时发挥作用。至此,塘栖成为大运河上南北往来之孔道,与外地交通的贯通,于是驰驿者舍临平而由塘栖,从此塘栖人烟以聚,风气以开。⑤塘栖镇之名出现在成化《杭州府志》、弘治《湖州府志》和万历《杭州府志》中。在此之前,大运河在永乐九年(1411)全线贯通,全国南北交流进入新阶段,塘栖镇水陆通道条件的改善,使当地融入了全国交通的步伐。

明前期,江南经济从元末明初的萧条走向恢复兴起。塘栖则"市区氓橡鳞次栉比,北乡左右越墟出贩者晨驰夕骛,肩摩迹累"。⑥弘治二年(1489),塘栖镇西首的通济桥(一名广济桥,又名碧天桥;一名通济长桥,俗呼为长桥)创建而成。塘栖官塘特别是北岸地带在当地交通中成为坦途,镇北交通条件改善,"裔是而往,交横闽越之珍商钜贾,凡以充中国之要需,秦晋鲁吴之铁冶毛罽,凡以济南土之不及,与夫圣天子之与七大藩服敷奏复逆,信使驿邮,无论晨夕寒暑,风雨晴晦,如履平地,无颠覆之虞者"⑦。塘栖镇北连全国最为发达的江南经济文化区,与时俱进,随着江南经济与社会发展的步伐,进入快速发展阶段。

塘栖凭借运河航道通达而兴,自然以流通贸易为主,镇上"人习市道,用谋厥生","民鲜恒产,贸易是求"。据说自弘治八年(1495)起,运河钞关征税繁苛,"科索横加,告评纷起,政事寝艰,俗尚寝薄,而商旅亦往往引避矣,比屋嗟愤,未如之何"。嘉靖皇帝即位之初,塘栖人高昇率同众人向察院陈情,经皇帝下诏批准,榷税超过旧额者,"悉用厘革","革如旧制",运河流通贸易如故,塘栖生计复安。镇人于嘉靖八年(1529)立碑,以示感恩。⑧朝廷征税由疏至密,又由繁苛复归简明,均表明商品流通对于塘栖镇的社会经济发展的重要意义。

自后因为运河航道改移,水陆通达,塘栖市况日益繁盛。康熙初年,《德清县志》记载:"水南则属仁和,水北则属德清,长桥跨据南北,实官道舟车之冲。居人水北大约二百家,水南则数倍,市帘估斾,辉映溪泽,丝缕粟米于兹为盛。"⑨其时镇区人口大约已达千家。康熙五十三年(1714),广济长桥重修完工,"缘塘百货涌阛阓,居民两岸环兼葭"。⑩塘栖地方志书形容"两岸帆樯,万家烟火"⑪。乾隆四十九年(1784)的《杭州府志》沿用康熙《德清县志》的说法形容塘栖市容,惟独将"水南则数倍"改为"水南则十倍",而且加按语"今为市镇之甲"⑫。可见,到乾隆中期,塘栖处于全盛期,发展成具有近万户人口规模的都会之地。

直到清末,虽经太平天国的兵火,唐栖仍为省会巨镇:"市廛隐赈,闾阎鳞次,名虽镇也,实与小邑等。"⑬"素号哄市,岁计食货贸迁无虑数十百万,而他物不与焉。"⑭塘栖的经济总量可能在杭州城郊的市镇极为突出。清末有人甚至提出,塘栖的人口规模、经济总量和社会发展,完全可以单独设县了。⑮

二、发达的蚕丝等商品生产

塘栖所在的杭州府仁和县和接壤的湖州府德清县,是明清时期江南乃至全国最为发达的蚕桑丝绸商品生产基地。

塘栖镇的蚕桑商品生产,明中期起迅速发展(与整个江南的蚕桑丝绸生产发展相一致)。

嘉兴府的石门镇,地临南运河,"地饶桑田,蚕丝成市,四方大贾岁以五月来贸丝,积金如丘山"⑯。康熙中后期唐甄说:"吴丝衣天下,聚于双林,吴越闽番至于海岛,皆来市焉。五月,载银而至,委积如瓦砾。吴南诸乡,岁有百十万之益。"⑰清代江宁织造局等需要的经丝就全部采办自德清县新市镇。

嘉靖四十五年(1566)五月十六日,苏州人王穉登前往杭州,停泊塘栖,留下深刻印象,记载道:"河广百尺,隔河人声不相闻,星桥横空如白虹,沈沈下饮波上。过塘栖,水益阔,桑益多,鱼亦益贱,青田白鹭,小船如瓜,叶叶烟波中有豪濮间想,望见吴山翠微,神思翻飞不可复禁。"⑱清代后期,塘栖地方志书记载:"唐栖田少,遍地宜桑,春夏间一片绿云,几无隙地,剪声梯影,无村不然,出丝之多,甲于一邑,为生植大宗。"⑲每到清明时节,镇上人皆祈蚕于丁山五显庙,"是日游舫四集,歌管竞发,盖胜事也"⑳,蚕事极为忙碌。毫无疑问,整个明清时期,塘栖始终是江南极为重要的蚕桑生丝商品生产基地。

盛产大批量蚕丝之外,塘栖的水果枇杷、蜜橘也非常有名,作为特色商品畅销江南各地。塘栖地方志书记载,镇南四五里盘杨村,"土性又宜果,若枇杷、蜜橘、桃、梅、甘蔗最著也。培植极工,旁无杂树,一亩之地可百金。枇杷有红、白二种,白为上,红次之。红者核大肉薄,甜而不鲜。白者核细肉腴,甜而鲜美。俗名白沙,又名洞庭白,种出洞庭。四五月时金弹累累,各村皆是,筠筐千百,远贩苏沪,岭南荔支无以过之矣"。㉑卓九如《咏橘林霜饱诗》:"九月清霜逗满林,捱过小雪嫩黄深。栖溪较比荆溪好,手摘如钱万颗金。"张介山《颂唐栖蜜橘诗》有句:"格物几富翁,派买船排比。"姚宝田《栖水土物·咏蜜橘》道:"有青、红二种,青者蜜饯,红者入药,苏商收买,每就其地,大开园场。"㉒这种被时人称颂为全国品质最好的塘栖枇杷,已经成为当地极为重要的商品,大概是当地仅次于蚕桑生丝的重要产业,价值高、销量大。

第三种名品是痧药,属特产。据载,先有庞彝芳者,本非医流,偶得异授,治痧气方,名曰"紫金锭"。其遵法修合,模范精巧,凡触不正之气,胶肠腹痛呕吐眩闷欲绝者,灌以厘许,即苏,诚金丹也。后来姚氏、胡氏、孟氏并得其传,而姚、孟修合尤精细入神,更制圭黍细粒,宛似紫金,尤称神效,远近商贾以及海外无不珍佩于身,"为栖水著名之品",远近盛称"姚致和"。㉓痧药虽非物产,但因其声驰宇内,想必使得塘栖一镇更为有名。

三、各地商人商帮的经营据点

塘栖凭借全国最负盛名的丝绸之府的纵深腹地,引得全国各地的商人在那里竞争经营。万历时,杭州人张瀚得意地说道,以苏杭为中心的江南大地,"桑麻遍野,茧丝绵苎之所出,四方咸取给焉。虽秦、晋、燕、周大贾,不远数千里而求罗绮绸币者,必走浙之东也"。㉔"苏杭之币"名扬四海。

清康熙后期,前往杭州购买丝绸的山西标商向仁和县衙禀称:"各路商贾来杭兴贩绸缎,一省有一省所行之货,然出产之地仅止宪属仁和地方。……西路所行之货,其绸匹至长至重,其绫纱绢□至轻至短。……杭省土产蚕丝,机户甚多,四方商客来买绸绫纱绢者,西标为最。"文末列有庞长春、梁丰裕、梁广成、梁日升、郭永顺等商户34家。㉕康熙五十五年(1716),杭州府告示商牙店家,援引店户歇家之话:"客商置货必就彼处所宜,故花样轻重长短各有不同,势必交银定货,而标商所托俱系殷实牙人……标商所行之货,各有不同,若非发银预定,即不能合式,而货物不行"。㉖这是明清时代记载山西标商经营杭州绸缎最为翔实的资料,反映出清代前期杭州绸缎生产按照商人要求的细密分工,以及客商从事绸缎经营的委托交易方式等,极富参考价值。

乾隆时,杭州人杭世骏说:"吾杭饶蚕绩之利,织纴工巧,转而之燕,之齐,之秦、晋,之楚、蜀、滇、黔、闽、粤,衣被几遍天下,而尤以吴阊为绣市。"㉗

明清时期,塘栖邻镇临平镇,也是一个著名的蚕丝和织绸基地。至迟明中期,桑秧已成为商品,临平镇有专门的桑秧行。嘉靖时,黄省曾说:"有地桑,出于南浔,有条桑,出于杭之临平。其鬻之时,以正月之上中旬。其鬻之地,以北新关内之江将桥。旭旦也,担而至,陈于梁之左右,午而散(原注:大者株以二厘,其长八尺)。"㉘桑秧已有固定产地和固定销售场所。临平出产轻绸,在雍正时"轻绸机不下二三百张,每机一张,每日出绸一匹"。㉙

塘栖似乎不以绸缎生产出名,但根植于蚕桑生产的缫丝业特别发达,因为商业经济发达,人口众多,米粮堆栈业、典当业等也负盛名,徽州商人和宁波商人、杭州当地商人在镇上十分活跃。弘治二年(1489)始创的广济桥和稍后建造的圆满桥,其实就是由宁波商人陈守清捐资建造的。㉚万历时,胡元敬《耋朽遗言·栖溪风土记》记载:"镇去武林关四十五里,长河之水一环汇焉。东至崇德五十四里,俱一水直达,而镇居其中。官舫运艘,商旅之舶,日夜联络不绝,矻然巨镇也。财货聚集,徽、杭大贾视为利之渊薮,开典、顿米、贸丝、开车者骈臻辐辏,望之莫不称为财赋之地,即上官亦以岩镇目之。"㉛其中仅囤米一类商业,因是杭州城的米粮囤积地,明后期其数"每岁必数十万石"。㉜杭州城所需米粮,明代起主要依赖北邻湖州府提供,但米粮贮存不在城中,人称"聚诸城外"。㉝所谓"城外",其实就是塘栖。因此,塘栖成为杭州米粮的存贮地,而经营米粮的商人,不是本地商人,就是当时在江南最有势力的粮食商人——徽商。

清代道光十年(1830),徽商在镇上建有会馆怀仁堂,开展地域商帮内部的慈善救济活动。徽州商人自称:"浙杭仁和之塘栖,系省垣首镇,同人之商于斯者,不下千数,休、歙、黟、绩为盛,婺、祁次之。"同年,汪秋水、王祥发等6人董理建造会馆,起造正厅五楹,内外四至厢房,后备厝屋三进,计数十间,可安放棺木二百余具。道光十六年(1836),程钧原、戴尚衡等5人再次捐置义地于南山之麓,以瘗葬无力迁归以及无主之棺柩。道光二十八年(1848),方敬中、程韶华等12人又倡首捐,修葺内外完整。会馆建成,同人商定,每年正月十六日一集,计议公事。绩溪人江振芳更捐助义地于武林头。会馆建成之初,经费充足,仍余资金银八百余两,分存本镇车典生息,以图久远。咸丰十年(1860),塘栖遭受太平天国兵燹,毁圮遂成荒墟。㉞

同治三年(1864),徽州茶叶、漆业经营者方正泰等人,在日捐外另外输交洋银50元,会馆得以重建。㉟同治九年(1870),徽商江明德运茶上海,道出塘栖,眼见会馆复建工程浩大、花费不赀,乃倡率从茶捐内抽捐作为会馆建造之费。后续仍有松江、闵行、嘉兴、余杭、南浔五处,汇合塘栖怀仁堂,共成六善堂捐。自此到光绪二年(1876),会馆总共收到197人的捐款,其中"洋银392元9角5分、钱102千306文",捐款人中有方正泰朴记、同乡木商宋亦深、公益兴衣庄、元吉衣庄、昌泰衣庄、同和衣庄等。与此同时,有357位个人和商户向会馆捐助堆金,共收到"钱1 891千518文",捐款者中至少有春源典、公义典、

裕亨典三家典铺。㊱

　　同治十三年(1874),在塘栖从事经营活动已几年的休宁商人汪玉衡取道杭州回乡,特意辑录《路程编歌》以记沿途风情。歌中有句:"旅业塘栖已几年,思乡之念系心前。今春整理归装返,天伦乐叙庆团圆。□月春和日暖时,□期既望动身行。□坐帐舟杭州去,□关摇到日将曛。绸缎纱罗城中出,杭庄织户有千几。"㊲此人在同治、光绪年间,塘栖镇上徽商向会馆捐助堆金时,也捐了钱8千550文,远超平均数。㊳

　　徽商在江南各地遍建会馆,但在府属以下的城镇建造会馆,仍属少见。塘栖因为是徽商经营活动的重要据点,六县商人多达"不下千人",徽商四大主干行业——盐、茶、木、典均有,外此还有漆业、米粮业等。如果徽商自诩的人数"不下千人"属实,则塘栖镇可能是徽商麇集最夥的江南市镇。在塘栖一镇,外地商人所建会馆,也仅此一家。如此,徽商会馆及其在塘栖镇的活动,颇值得引起学界重视。

　　塘栖镇上的地域商人,除了徽商和宁波商人之外,当地商人也比较活跃。胡元敬《蠢朽遗言》有《栖溪风土记》议论:"然世风日奢,人心日恣,上近于杭,而下通嘉苏,且多经商南都,目惯侈丽繁华之习,不觉幻而变焉。"㊴塘栖很多人在南京经商,天长日久,深染侈丽繁华之习,影响到塘栖社会风气日趋奢华。明代南京的绸缎生产极为有名:品种多、档次高。但当地不生产丝,绸缎生产所需生丝原料来自杭嘉湖产地,塘栖人当与徽商一起,将家乡生丝贩往南都,这正是胡元敬所描述的从事贸丝、开车的徽杭大贾。沈维也有诗形容塘栖本地丝商前往南京的经营情形道:"郎去金陵女在家,金陵风气最豪华。卖却丝归多倍利,为侬带个大红纱。"王廷璋也赋诗吟诵道:"郎去金陵三月天,劝郎莫恋长江边。江长不比塘河水,多泊金陵买妾船。"他还做注云:"里人往来金陵,多置妾者。"㊵另有夏之城,已候选国子监典簿,"以亲老,家计日落,贸易于吴,往来三十年,家以兴"。㊶因在家乡与全国最大工商城市经营30年,致富起家。江南市镇中活跃的主要是外地客商,塘栖当地商人与外地商人一起竞争,这在其他江南市镇的商业活动中殊为少见。

四、错落有致的街市格局

　　塘栖河道密布,比比墩阜,叠石筑堤,坚如塘岸,壤接官塘,故名石塘。官塘自杭州南来,至伍林河分汊,西南一水入德清界,往东一水进入塘栖,西即广济长桥,东则里仁桥,东西对峙。如此水道走向,就在官塘南北两岸和塘栖镇西南方向形成市集街区。这就是王同在光绪《唐栖志》中描述的场景:"唐栖以官道所由,风帆梭织,其自杭而往者,至此得少休,自嘉秀而来者,亦至此而泊宿,水陆辐辏,商货鳞集,临河两岸市肆萃焉。"㊷镇区南

部支河,称中市河和市河,两岸也形成商业闹市。㊸

塘栖街市依水而成,多达20来条。最著名的是位于下塘的水北大街和镇南岸的河南诸街。清前期,塘栖人杨汝梗竹枝词形容:"灯火村塘簇市廛,潆洄春水薄于烟。侬家楼山临塘口,看尽南来北往船。""两岸人家夹绿波,中间一道是官河。月明桥外吴歌起,欸乃声中客梦多。"㊹

北岸大街,因其在运河之北,也称水北大街。该街自广济长桥过东一带官塘,"行旅征程,昼夜如织,居民临河列肆,冬暄夏凉",正处于东西纤道,并无重檐以蔽风雨,行旅冲风冒雨,路况逊于水南诸街。此街张侯祠过东,为大河坝桥,再往东为闻家桥,过东小石桥名闻家兜。其地原有族中大族吕氏的锦庆楼、一本堂、十间楼、喜声馆等胜迹,"兜水缠绕,澄静幽娴"。再往东,为石稻地,"塘河南北渡船停泊之所"。为三分桥,为新桥湾街,为清流堤,为东栅口大街。沿塘达跨塘汛,直通五杭、博陆。㊺

北岸在广济桥之西,有北圣堂街,与水北大街连接,也称水北。因非属纤道,"官塘车商殷户市廛环列"。其西为王家弄,为顺德桥,因此可达苕溪。再西为大善寺街。沿河一道为五林北塘,直达五林桥。

河南诸街,是塘栖镇最集中的街区,《唐栖志》描写:"面临运河,屋跨通衢,商农泉货,云集咫尺,雨旸风雪,屏隔户外,虽肩贩力夫,亦不知有风霜暴露之苦,他处市廛无佳于此者。"㊻屋有重檐,形成长廊,经营者和消费者可以免遭风雨之苦,这种布设,是江南市镇中营商环境最优越的一种。

广济桥之西岸,有西大街,上下两墱,上为宅第市肆,下为纤道征途,"此街商农交集,贸易繁多,倍于他市"。往南为钱家弄,路通美人堠、花园坟,其西为汤家弄,直通花园坟诸处。为源远桥弄,"凡办大差,官弁胥役多于此地假寓公馆"。更西为娘娘堂街,沿塘往西,有大营盘遗址。㊼

广济桥之东,有大塘街,一名西石塘,又称大塘。此街面临运河,无输挽征夫之扰,"局面恢宏,铺肆饶裕"。贴于大桥之堍者,为桥锁弄,如桥之锁钥,内有水师驻防廨署。内为吉家兜法街,"其间医室画铺茶室酒店居多"。为吉家桥,为营房弄。大街东为张八房弄,为水沟街,为晚步弄。

稍往南有西市街,自西市角至喻湾一带,皆闹市街。为通市桥,为皮匠弄、蒲桃湾,为老二房弄。此地也通北小河街。旧系张氏宅,备弄内有二雅堂、绿雪堂,庭前凿池叠石,风味别致。往前为木桥,桥跨市心两街。为吴家弄,直通思古桥、仓桥、巡司署。为喻家湾,河面最阔,为市河诸水汇聚处。㊽

西小河北街,自喻家湾至圣堂角皆是,"是街市廛自昔称盛,缙绅巨室亦多居此"。为夏处弄,为仓桥堤巡司署。

西小河南街，自横潭卓氏见山堂至任家角皆是。任家角因业医的任氏世居于此而得名。为蔡家埠，“船埠各路客船聚泊处”。

此南北两街中隔一溪，统称为西小河，而且东西北三小河皆属市中之支河。当地人认为，“栖镇地脉灵秀，钟萃于时，北岸尤胜”。此地向多甲第，“兵荒时大塘店肆不能安业，商贾俱集此贸易，为最盛处”。㊾

任家角转南数武短街，渡营房桥，即至市南各街。南市街，自玉龙桥至马家桥为马家桥南头街，俗称南横，“为棉花市集”。㊿市南街，自八字桥南至赵家兜口犹成市集。为车家桥市集，为吉祥庵，为石目堤，为芳杜洲，俗名箬帽墩。

东市街，自马家桥坐北至东市角长街皆是。道口为东小河街，由此至大鱼池岸，面山临湖，花柳争妍，有湖山之胜，“多酒楼茶书画装潢医卜店肆，一时名流小饮清谈，半多集此。且地多米栈仓房，为巨室积储之地”。街尽处为木行。为冯家弄，是汪沈世第。绕长弄至汪家兜及沙滩东石塘等处，一路即沈氏门道，内有且适园、东园，大空楼、山松斋等处。为汪家弄，旧为沈氏住宅，为卓家弄。塘栖望族大多世代居住于此一带。东石塘街，自东市角东至大洩口，为大东陵桥，小东陵桥，内为大汪家兜。沙滩街，顺则亭街，过里仁桥则水北长街尽矣。河南复里营盘备道，为思古桥街。此处姚氏痧药著名。为北小河街，与思古桥街毗连，“此地茶寮酒肆大厦云连，第宅居多”。(51)自大东陵进路为大汪家兜，为华光堂，为夹柳岸，为小汪家兜。由此南达且适园、冯庵及大鱼池岸，有且适园、沈氏祠堂、吴园址。(52)

如此二十来条大小街道，上百条弄堂，确实已非小市镇所能比拟，实是都会之地。在这都会之地，镇区的生产、生活、消费活动有序展开。从街道延亘来看，塘栖的商业贸易街区，主要分布在官塘南北两岸及南岸的西南一带，而簪缨望族则主要集中在南岸的东南区位。

经过咸丰年间太平天国兵燹，塘栖镇的市容发生了极大变化，地方志书形容：“梵宫琳宇，尽付劫灰，巨室旧家，半成瓦砾，风景百不及一矣。惟自广济桥至里仁桥南北两岸，花园桥至车家桥，市中河东西两岸，以及西小河之北岸，尚为市肆，其西小河之南及东小河之前，向为住宅者，至今究未复原也。”(53)但战火摧毁的主要是巨家大族，战后塘栖的社会经济似乎仍然恢复起来，而始终具备都会规模。

五、兴盛的人文养成活动重地

塘栖巨镇，不独以交通便捷、经济繁盛著称于时，而且以人文渊薮文化发达卓然挺立于江南市镇群体中。

随着经济的崛起,塘栖的科考也获得了成功。明清两代,自正统四年(1439)第一个进士周义开始,塘栖至少出了进士38人,其中明代15人,清代23人;举人104人,其中明代40人,清代64人;五贡生57人,其中明代14人,清代43人。[54]前后比较,塘栖的科举功名,清代更盛于明代。明清两代,仁和一县共出进士560人,是整个江南进士人数最多之县。[55]而塘栖所出的进士,就占近7%,也就是说,每15个杭州附郭县仁和的进士,就有一个是塘栖人。区区一镇,有这么多科举功名最高层次的进士,在整个江南可能是极为罕见的。

在塘栖进士群体中,日后入仕为官,浡升至部院高官或地方督抚者也有不少,如明代丁养浩、钟化民、卓尔康、胡胤嘉和清代沈近思、杨汝楩、朱学勤等人,或敷献政治于庙堂为辅弼之臣,或抚循民众为著名循吏,或专注于诗文创作卓然成家者,在明清治政史和学术史上有着一定地位。

随着经济发展、科考成功,塘栖镇先后崛起了不少著名家族,有些堪称簪缨望族。清初迁居塘栖二十多年的徐士俊深有感慨地说:"乃一镇之中,其名为市,科甲于焉不绝,文章是以蔚兴,如卓月波长者之结纳五侯,胡休复先生之冠冕一世,沈存济之端庄清范,张星石之厚德好施,固云人之杰矣。岂曰地无灵乎!"[56]有人说:塘栖之地,"百货凑集,舟航上下,日有千百,居民稠密,不数里间,烟火几有万家,家无不饶,名族亦有十余,解句读服青衿者已百人"。[57]乾隆时,杭州名士杭世骏溯述:"栖虽壤地偏小,高贤栖托,风雅聿兴,卓、吕、丁、吴诸大姓矫尾厉角,峥嵘于胜国之季,声妓园林号称极盛。"[58]塘栖地方志书总结,在明代,"若陈氏、若卓氏、若沈氏、吕氏,皆以寓居而蔚为大族,即泉漳之丁氏、沈氏,孤林村之胡氏,渌溪之徐氏,博陆之钟氏,亦皆以文章科第炳耀一时,别墅园亭甲于两邑"。[59]依据塘栖人的说法,当地名族有陈氏、卓氏、沈氏、吕氏、丁氏、沈氏、胡氏、徐氏、钟氏、张氏等十余族,陈氏、卓氏、沈氏、吕氏等以寓居而蔚为大族,其余诸族以文章科第炳耀一时。这些世代簪缨望族或文化大族,兴起于明代成化年间塘栖经济起步阶段,鼎盛于万历朝,衰歇于明末清初,但直到清中期,塘栖一镇仍有名流嗣响,绵绵不绝。

塘栖拥有地理优势,又有经济基础和人文底蕴,镇上因而修葺起不少驰名远近的园亭别墅,即使在杭州府仁和县和湖州府德清两县这样的名胜之地,也独占鳌头。塘栖地方志书记载,镇上的园亭别墅,有万玉轩、横溪别墅、水竹居、尚本楼、洛诵楼、独可亭、南楼、大雅堂、厂阴书屋、吕园、煮字轩、且适园、会心堂、东园、大空楼、癖茶轩、众白堂、梅花楼、吴园、柳堂、鹤隐楼、借竹楼、竹里馆、榴阁、清轨堂、水一方、花木草堂、相于阁、竹素堂、深斋、五云阁、崧斋、石禅庵、梧斋、传经堂、芳杜洲、介如堂、灵籁馆、月波楼、遂初草堂、卧痴楼、见山堂、雁楼、沤园、系槎楼、卧渔楼、绿雪堂、云深草堂、群玉斋、一曲水、牧牛村舍、桥西草堂、怀烟堂、东篱小筑、馀庄、漱芳斋、菊园、依绿园、超山别墅、半亩园、兰石山房、眠琴馆、耕馀小筑、听松草堂、漱园、似兰堂、红杏村庄、自有馀庐、蒹葭水榭等，多达69处。[60]江南市镇一般均有一两处甚至若干处园亭，但一个镇上集中存在过近70处园亭，恐怕绝无仅有。这些名族及其园亭，或对宇望衡，毗邻市集，或闹中取静，风景幽致，相互之间曲径通达，十分宜居。

塘栖镇因为地处交通要冲，出入十分便捷，又有强大的工商经济作后盾，众多的文人学士可交流，于是吸引着无数达官贵人和文人雅士前往，时、地、人三宜，呈现过无数次雅会场景。吕氏兄弟的水山别墅吕园，坐落在水北，规模宏敞，藏书之所曰槭馆，文徵明书额称一本堂，周天球书额名北野，王穉登篆额名直声馆，陈继儒书额名绵庆楼，文徵明、王穀祥等皆赠诗篇，"当时宾客之盛，第宅之侈甲于杭郡"。[61]官至布政使的丁养浩其丁氏别业坐落在漳溪，有景微堂，"前后树石位置皆文衡山、仇十洲两家经营也"，吴门派的两位大师直接为之设计砌筑。后来苏杭名流谢时臣、沈仕、周臣等，"皆往来倡和于此，盖名流聚会之所也"。[62]官至光禄寺卿的卓明卿，其卓园坐落在镇南名胜之地芳杜洲，文徵明、袁尊尼、周天球等，皆有诗作。卓明卿的另一处园亭东园，有楼堂名众白，堂颜壁画出自华亭派领袖董其昌手笔。清人卓火传所搆传经堂，是卓氏教授子弟之所，其人常与友朋讲习其中，清初词学正宗王士禛为作《传经堂歌》，朱彝尊为作《传经堂记》，杭州名人王丹麓为之题诗。又如徐士俊的雁楼，清初塘栖有诗社，"四方才士常主其家"，南京诗人纪映钟为之赋诗。[63]塘栖当地文献因而记载："唐栖当明季时，人物繁盛，士习风雅，每春秋佳日，结为诗社，点缀各景，不减西湖三竺两峰也。"[64]直到晚清，经学大师、德清人俞樾更为王同《唐栖志》作序。平时过往出没乃至寓居于塘栖的全国名流，更复难以悉数，盛况可以想见。

余论：塘栖镇的区位优势与发展特点

明清时期的数百个江南市镇，学界一向以"专业"性予以分类，概括其特点。丝业市镇，如吴江震泽镇，乌程南浔镇，乌程和桐乡两县共辖的乌青镇，归安菱湖镇，德清新市镇，仁和临平镇；绸业市镇，如吴江盛泽镇、黄溪市，秀水王江泾镇，秀水、桐乡交界濮院镇，嘉兴王店镇、归安双林镇等；棉布业市镇，如嘉定南翔镇、外冈镇、娄塘镇、诸翟镇、罗店镇，金山朱泾镇，华亭与嘉善共辖的枫泾镇，青浦朱家角镇，嘉善魏塘镇，元和唯亭镇，常熟梅里镇、支塘镇、唐市镇等；各类特色产品生产型市镇，如烧造窑器见长的长洲陆墓镇，加工铜铁器为主的檀丘市、庙村市，烧造砖瓦有名余杭瓶窑市、嘉善千家窑，出陶器的武康二都市,以冶铸业闻名的长乡炉头镇,以擅长刺绣的吴县光福镇等;以湖笔制造出名的乌程善琏镇,以刻印书籍出名的乌程织里镇,无锡安镇、荡口镇等;交通流通型市镇,如分布在运河沿线的武进奔牛镇,无锡洛社镇、石塘湾镇,长洲浒墅镇,吴县枫桥镇,吴江平望镇,崇德石门镇,分布在滨海的常熟福山镇,太仓刘河镇,平湖乍浦镇,海盐澉浦镇等;消费生活型市镇,如吴江同里镇、黎里镇,元和角直镇,昆山陈墓镇等。

这样的归类,从总体上揭示出了江南市镇的功能特点,富有学理性。只是如此大致分类,很难完全吻合历史实际。江南市镇事实上存在大量综合型发展的市镇,塘栖镇就是极为典型的这类市镇。

西方中世纪后期城市与乡村脱节,互相对立,同时期传统中国的绝大部分地区甚至包括北京、南京的两京地区,也是城乡脱节,落差很大。星罗棋布的江南核心区的市镇,是踩着江南社会经济发展的节拍发展形成的,城市的发展建立在农村和市镇发展的基础之上,依靠周围乡村市镇提供工商业发展的原料、劳动力等各种资源,反过来又带动周围乡镇进一步发展,城乡一体,互相抱注,互相推动。

经济发展如此,社会进步和人文活动更甚。前述江南所谓人文渊薮,如果撇开广大乡镇,就无从谈起,人称江南人文甲天下,如果进一步考察其来路,毫无疑问主要来自苏州、杭州等城市周围的乡镇。历史事实表明,明清时代江南经济发展能够一路领先,可能主要归因于广大乡镇的经济发展程度;江南各种人才特别是科考俊才最为繁夥,究其地域分布,也主要来自苏杭等都会以下的乡镇地区;江南又以文献之邦、园亭胜地闻名海内外,如果缕述其来源,分布在乡镇者绝对不在大城市之下;⑥极为繁盛而又有着重要影响的各类人文活动,很多则实际上是在乡镇展开的。上述塘栖镇的名族分布、园亭胜迹及其缟纻往还、诗文唱和等人文活动,就进一步说明了这一点,就此而论,塘栖镇也是典型的人文型市镇。

江南市镇中交通流通型市镇的兴衰变迁,大体上有两类,一类是始终处于交通要道,其兴衰随当地乃至全国社会经济的盛衰而起落,广大沿运河市镇和滨海市镇,当是如此;另一类市镇是因运河航道改向,或兴起,或衰落,或被嬗代,宋代华亭青龙镇的由盛而衰,元明时期兴盛的太仓刘家港,到清中期由上海取代,即属此类。塘栖镇因元末新开河的开浚,处于大运河要道上,从而替代临平镇,逐步发展成杭州北郊最为繁盛的市镇,更是江南市镇兴衰嬗代的典型。塘栖的市街坊巷,并不像很多流通型市镇那样是一线形、十字形、丁字形,而是在L形的一侧,分布着诸多的街坊巷弄,在经济发展、人文活动和日常生活中发挥出各方面的作用。就此而论,塘栖镇的兴起之路,在江南市镇群体中,也极具典型意义。

注释

① 光绪《唐栖志》卷一《图说》称:"盖南宋以前南北往来取道临平,而唐栖为下塘,僻处腹里,鲜问津者。"(收录《中国地方志集成·乡镇志专辑》第 18 册,上海书店,1992,影印本,第 28 页)

② 田汝成:《西湖游览志余》卷二一《委巷丛谈》,上海古籍出版社,1998,第 305 页。

③ 光绪《唐栖志》卷四《街巷》,《中国地方志集成·乡镇志专辑》第 18 册,第 66 页。

④ 田汝成:《西湖游览志余》卷二一《委巷丛谈》,第 305—306 页。参见光绪《唐栖志》卷 2《山水》,收录《中国地方志集成·乡镇志专辑》第 18 册,第 29 页。

⑤ 光绪《唐栖志》卷二《山水》,收录《中国地方志集成·乡镇志专辑》第 18 册,第 29 页。

⑥ 陈霆:《唐栖镇通济桥碑记》,光绪《唐栖志》卷三《桥梁》,收录《中国地方志集成·乡镇志专辑》第 18 册,第 54 页。

⑦ 光绪《唐栖志》卷三《桥梁》,收录《中国地方志集成·乡镇志专辑》第 18 册,第 53 页。

⑧ 邵锐:《昭恩碑记》(康熙《仁和县志》卷二《镇市》,收录《中国地方志集成·浙江府县志辑》第 5 册,第 43 页)云:"吾乡去北新关五十里而远,人习市道,用谋厥生。先是司关政者,榷弗远及,及之则自宏治乙卯始。岸由下兴,弊缘已出,甚则科索横加,告讦纷起,政事寖艰,俗尚寖薄,而商旅亦往往引避矣。比屋嗟愤,未如之何。惟圣继作,聿新化理,乃诏天下,诸榷匪旧额者,悉用厘革,于是吾党有高昇者幸? 其邻众,毅然白诸察院,属诸鉴司议,革如旧制。惟我二三父兄,与我子弟歌舞圣德,爰奉诏旨,登之贞珉,置诸逵道,作石屋覆焉。图保恒久,臣锐乃敬祝曰:鸣呼,吾民匪利弗生,匪业则无所于利,顾兹壤土,民鲜恒产,贸易是求,患缘榷□,寖至失业,惟我皇上,旁烛幽隐,登极有诏,乃波及焉。弛禁息争,民始有赖,睹兹大德,戴之若天,宜有□刻,昭示无极。臣不佞,爰志颠末,载诸下方,俾来者有考焉。时嘉靖八年正月元旦。"

⑨ 康熙《德清县志》卷一《市镇》,第 4 页。

⑩ 光绪《唐栖志》卷三《桥梁》,收录《中国地方志集成·乡镇志专辑》第 18 册,第 55 页。

⑪ 乾隆《唐栖志略》卷下《风俗》,收录《中国地方志集成·乡镇志专辑》第 18 册,第 21 页。

⑫ 乾隆《杭州府志》卷五《市镇》,第 8—9 页。

⑬ 光绪《唐栖志》,俞樾序,收录《中国地方志集成·乡镇志专辑》第 18 册,第 25 页。

⑭ 光绪《唐栖志》卷一〇《人物三·义行》,收录《中国地方志集成·乡镇志专辑》第 18 册,第 143 页。

⑮ 俞琬伯:《唐栖行诗序》,收录《中国地方志集成·乡镇志专辑》第 18 册,第 34 页。

⑯ 王穉登:《客越志》,《续说郛》卷二四,清刻本,第 2 页。

⑰ 唐甄:《潜书》下篇下《教蚕》,中华书局,1955,点校本,第 157 页。

⑱ 王穉登:《客越志》,《续说郛》卷二四,清刻本,第 2 页。

⑲ 光绪《唐栖志》卷十八《事纪·纪物产》,收录《中国地方志集成·乡镇志专辑》第 18 册,第 258 页。

⑳ 杨汝楩:《甘肃清明寄栖里故人》,乾隆《唐栖志略》卷下《风俗》,收录《中国地方志集成·乡镇志专辑》第 18 册,第 21 页。

㉑ 光绪《唐栖志》卷十八《事纪·纪物产》,收录《中国地方志集成·乡镇志专辑》第 18 册,第 258 页。

㉒ 同上。

㉓ 同上书,第 259 页。

㉔ 张瀚:《松窗梦语》卷四《商贾纪》,上海古籍出版社,1986,第 75 页。

㉕ 《杭州府仁和县告示商牙机户并禁地棍扰害碑》(康熙五十年十月),转引自陈学文《中国封建晚期的商品经济》,湖南人民出版社,1989,第 120—121 页。

㉖ 《杭州府告示商牙机户店家人碑》(康熙五十五年四月),转引自陈学文《中国封建晚期的商品经济》,第 122 页。

㉗ 《吴阊钱江会馆碑记》(乾隆三十七年),苏州历史博物馆等编《明清苏州工商业碑刻集》,江苏人民出版社,1981,第 19 页。

㉘ 黄省曾:《蚕经》,《丛书集成初编》第 1471 册,第 1 页。

㉙ 雍正《北新关志》卷六《利弊》,雍正七年刻本,第 4 页。

㉚ 钱福:《重建长桥记》,光绪《唐栖志》卷三《桥梁》,收录《中国地方志集成·乡镇志专辑》第 18 册,第 53 页。

㉛ 胡元敬:《蠢朽遗言·栖溪风土记》,光绪《唐栖志》卷一八《事纪·纪风俗》,收录《中国地方志集成·乡镇志专辑》第 18 册,第 256 页。

㉜ 光绪《唐栖志》卷二〇《杂记》,收录《中国地方志集成·乡镇志专辑》第 18 册,第 294 页。

㉝ 王士性:《广志绎》卷四《江南诸省》,中华书局,1981,第 68 页。

㉞ 程嘉武:《募建唐栖新安会馆缘起》(同治四年),《塘栖新安怀仁堂征信录》,光绪四年刊本,第 3—4 页。

㉟ 汪诚朴:《唐栖重建新安会馆序》(光绪三年),《塘栖新安怀仁堂征信录》,第 2 页。

㊱ 《塘栖新安怀仁堂征信录》,第 16—34 页。

㊲ 汪玉衡辑录:《路程编歌》,收录王振忠主编《徽州民间珍稀文献集成》第 26 册(此册汪顺生编),复旦大学出版社,2018,第 8 页。

㊳ 《塘栖新安怀仁堂征信录》,第 28 页。

㊴ 胡元敬:《蠢朽遗言·栖溪风土记》,光绪《唐栖志》卷一八《事纪·纪风俗》,收录《中国地方志集成·乡镇志专辑》第 18 册,第 256 页。

㊵ 乾隆《唐栖志略》卷下《风俗》,收录《中国地方志集成·乡镇志专辑》第 18 册,第 22 页。

㊶ 光绪《唐栖志》卷一〇《人物三·义行》,收录《中国地方志集成·乡镇志专辑》第 18 册,第 147 页。

㊷ 光绪《唐栖志》卷一《图说》,收录《中国地方志集成·乡镇志专辑》第 18 册,第 29 页。

㊸ 当地人周逸民解释:"栖镇地形比比墩阜,叠石筑堤,坚如塘岸,壤接官塘,故名石塘。其闹市在支河两岸者,曰市中河,曰市河。其小街屋傍穿径之道,概呼曰弄,即城中之巷也。复里聚居之所,或云兜沰,或云河,或曰埭,在在傍涯而居,故其名亦从水取义。唐栖街巷大率类此。"(光绪《唐栖志》卷四《街巷》,收录《中国地方志集成·乡镇志专辑》第 18 册,第 66 页)

㊹ 杨汝楩:《甘肃清明寄栖里故人》,乾隆《唐栖志略》卷下《风俗》,收录《中国地方志集成·乡镇志专辑》

第 18 册,第 21 页。

㊺ 光绪《唐栖志》卷四《街巷》,收入《中国地方志集成・乡镇志专辑》第 18 册,第 66 页。

㊻ 同上书,第 67 页。

㊼ 同上。

㊽ 同上。

㊾ 同上书,第 68 页。

㊿ 同上。

(51) 同上书,第 69 页。

(52) 同上。

(53) 同上。

(54) 光绪《唐栖志》卷八《选举表》,收录《中国地方志集成・乡镇志专辑》第 18 册,第 129—138 页。

(55) 范金民:《明清江南进士数量、地域分布及其特色分析》,《南京大学学报》1997 年第 2 期。

(56) 光绪《唐栖志》卷三《桥梁》,收录《中国地方志集成・乡镇志专辑》第 18 册,第 57 页。

(57) 俞璈伯:《唐栖行诗序》,收录《中国地方志集成・乡镇志专辑》第 18 册,第 34 页。

(58) 杭世骏序,乾隆《唐栖志略》,收录《中国地方志集成・乡镇志专辑》第 18 册,第 1 页。

(59) 光绪《唐栖志》卷一《图说》,收录《中国地方志集成・乡镇志专辑》第 18 册,第 29 页。

(60) 光绪《唐栖志》卷五《园亭别墅》,收录《中国地方志集成・乡镇志专辑》第 18 册,第 72—87 页。

(61) 乾隆《唐栖志略》卷下《园圃》,收录《中国地方志集成・乡镇志专辑》第 18 册,第 11 页。

(62) 同上。

(63) 同上书,第 13—17 页。

(64) 光绪《唐栖志》卷二〇《杂记》,收录《中国地方志集成・乡镇志专辑》第 18 册,第 275 页。

(65) 如著名藏书家藏书楼,有明代锡山华氏、安氏,吴兴凌氏、闵氏,常熟脉望馆赵琦美、汲古阁毛晋;清代常熟钱谦益、铁琴铜剑楼瞿氏,海宁陈氏、查氏,乌程鲍廷博,归安陆心源,江阴缪荃孙,嘉兴钱仪吉、刘承干等,类皆如此。明代嘉兴秀水藏书家沈启源、冯梦祯、黄洪宪都是三代藏书,秀水包柽芳、海宁许相卿、嘉善姚绶等都是四代藏书;清代常熟瞿氏自道光年间恬裕斋至瞿凤起,连绵五世,海盐张氏家族(即清末民初张元济家族)是藏书、刻书及出版世家,延续逾十世,清代前期枫泾镇有孙琮、程维岳、谢恭铭和程文荣四大藏书家。

张家的析产官司与结一庐藏书

□陈 磊*

摘要: 本文探讨了清末张佩纶的藏书与其子女于1929—1930年的析产官司,详细地分析了以往结一庐藏书研究中极少提及的张家析产之争,指出这是国民政府关于女子继承权规定之后出现的系列诉讼之一,且张家的析产纠纷又具有相当独特之处。本文涉及的张佩纶藏书是诉讼主要标的之一,当事双方对于藏书在1911年以后的下落也有过前后相异的说法,由此基本勾勒出张佩纶藏书在民国时期的去向。

关键词: 结一庐藏书;《妇女运动决议案》;析产官司

张爱玲在《对照记》中提到她父亲姑姑和异母兄长打过的一场析产官司,后来被写进《雷峰塔》以及《小团圆》中。小说家之言,当然不必太在意。不过,她所说内容与自传性散文《对照记》一致,其中关于兄妹3人为家产分配闹上法庭这一段是读者第一次看到关于张家这场官司的叙述。后来张子静在《我的姊姊张爱玲》一书中也解释过,说官司发生在张爱玲读高二那年(1935—1936),"这件事她倒一直是留意着"。他的说法和张爱玲基本一致,补充了官司的焦点在于"祖父留下的一批宋版书"[①]为伯父独得,姑姑希望平分成3份,伯父不愿意,最后以伯父胜诉告终。

张家的析产官司因为张爱玲的缘故为读者熟知,而张子静提到的祖父的"宋版书"其实指的就是清末著名的结一庐藏书,其源流去向是文献学界颇受关注的内容,历年来有不少名家对此念念不忘,经过近20多年来的讨论,大致有了清晰的轮廓。只是这两部分基本各行其是,张家的官司仍然只有一个概述,藏书的研究虽然丰富,但几乎从未涉及这场官司的相关部分,其间还是存在不少值得探讨之处,比如官司发生的时间和由来、争议点究竟是什么、作为藏书者第一手的说法等,都是非常有意思的问题。本文将用当年的史料对上述问题做一梳理和阐释。

1929年5月12日的《申报》刊登了一篇题为《又一女子要求承继遗产》的报道,详细

---

* 陈磊,上海社会科学院历史所副研究员。

叙述了张佩纶女儿张茂渊与兄长张仲照（即志潜，也作仲炤，下文统一用张志潜）、定重（即志沂、廷重，下文统一用张志沂）的家产官司。文中提到张家兄妹"于民国十一年、十四年、十七年三次分析"遗产，现在又为一批珍贵藏书起了争议。

这篇新闻报道涉及背景时有误记（如说张佩纶"鼎革后侨居沪渎"等），但对于与这场官司相关内容的报道则相当细致，应该是直接来自法庭上的记录或见闻。文中提到三次分家析产，分别是指1922年、1925年和1928年。1922年是张志沂夫妇从大家庭中独立出去的时间。1928年春，张志沂带着儿女佣仆搬回上海，出洋四年的黄素琼和张茂渊也同时回国，张家兄妹三人再度汇聚上海，按照法庭记录，这时候是张家最后一次析产（1925年的事未见相关资料）。

然而，时代已经不一样了。随着北伐战争的胜利，1927年4月18日，南京国民政府成立，新政府实行1926年1月国民党二大通过的《妇女运动决议案》，规定男女平等，并赋予女子财产继承权。由此开始，各地都出现了女子向法院起诉争取继承的案子，最著名的自然是1928年的盛爱颐争产案。以此为代表的这些案例对于理解张家的析产官司颇有帮助，也能表现出1920年代末的上海社会背景，所以还是略作引述。

盛爱颐是盛宣怀的女儿。1916年，盛宣怀去世后，可分配的财产有1160万两白银，其中一半建立愚斋义庄，由各房共同管理，只能动用利息，充作慈善事业以及公用；另一半580万两平均分配给五房儿孙。没有出嫁的女儿则得到一份嫁妆费用。1927年北伐过程中，盛家义庄的40%资产被充作军需，盛家兄弟就此将义庄解散，剩余的350万两再次按照五房分配。这时尚未出嫁的盛爱颐提出异议，认为这种分配方式违背了最高法院关于女子继承权的解释。她聘请了律师，向上海公共租界临时法院提起诉讼，请求将350万两按照7份分配，自己和另一个未嫁的妹妹各得1份。经过临时法院和上诉法院的审判，盛爱颐最后胜诉，争取到了50万两。②此后引发了盛家女儿之后一系列的争产官司。这件案子在进行期间以及胜诉之后在全国范围内都产生了巨大影响。比盛爱颐的官司更早一些，上海黄发记营造厂主去世，留下子女5人，遗产则由长子管理。1927年，黄家幼子诉请临时法院析产，同时，长女和次女黄华仪姐妹依据男女平等原则，请了律师向法院提出要求和兄弟享有同等继承权。1928年夏，法院判决完全照准。③1920年代末，上海出现了不少类似的诉讼，④结果当然各不相同，比如遗产分配的时间需要在新法律实施以后，不能向前追诉；另外女儿得到的嫁妆并不影响继承，比如盛爱颐在之前的遗产分配时得到6万两奁资并不影响后续的财产分配等。

在这样的背景下，回国不久的张茂渊对家里析产的结果不满，于1929年春提起诉讼。

一、析产官司的经过

这个案子同样颇受关注。1929年5月11日,临时法院开庭集体传讯,具体经过在第二天的报纸上有很详细的叙述——《申报》《新闻报》《时事新报》《民国日报》都用了较长的篇幅报道此事。⑤综合来看,原告方的诉求有两点:一是张志潜幼年出继伯父佩经,依法不能继承本生父母财产,张茂渊要求将他之前分得的财产交还给自己;二是三次析产并未涉及张佩纶藏书,"所遗古版书籍綦夥",需要重新分配。书籍这部分张志沂也同时提起诉讼要求分析,并请法院将张志潜保管的古书先行封存。⑥

法庭上对于争议标的做了确认,张茂渊律师提出经过调查,张志潜分得的遗产在七八十万元。张志潜则提供了当初析产时的分关文书,金额为60万元,他提出书籍仅值2万多元。至于出继一事,他说自己只是幼年时曾为伯父服孝3年,并没有经过出继的合法手续。此前法庭已查封他住所内的古书,计有141箱。

很明显,这件析产官司也是在1920年代末女子开始平等享有继承权的社会背景下提出的。不过,张家的情形有比较特殊的地方。继承和几次析产大多发生在新法案出现之前,按照当时类似的判例,张茂渊如果要求重新平分遗产似乎不大可能得到法院支持。不过原告律师采用的方法是根本否认张志潜的继承人资格,这就变成双方各执一词的状态。

诉讼的过程以往因为缺少资料很少被提起,大多沿袭了张爱玲姐弟的说法。2014年,北京瀚海公司在秋季拍卖会上拿出"张志潭信札底稿",其中张志潭致张志潜的七通信札(第9—15通)、致"子立先生"(即宗鹤年,张志潜兄妹的表兄弟)⑦的两通信札,都谈到了这桩官司。目前能见到的只有拍卖网上关于这部分内容的摘录(共12处,致张志潜、宗鹤年各6处),作为直接相关的书信资料自然值得重视,不过也存在不少误解,本文试着将其中重要内容简单分析一下。

首先是系年问题。目前认为这是1934年的通信,恐怕有点问题。根据张家官司发生的时间,这些信札应当写于1929年。张志潭在写给张志潜最初的两封信中提到张茂渊,"茂妹等海外已归,宁屋主权又复在,此两事已算均有归着,至于以后如何,只好另为一节,无从为之预筹……"他说有人告诉自己盛家的官司,"盛氏鹬蚌之争,利为渔翁所得,此层似可挽人告之茂妹"。这一望而知是指盛爱颐和兄长打析产官司的事,说可以提醒张茂渊,也未尝不是提醒张志潜。"茂妹或不详兄处境之艰,用心之苦,有此误会当亦轻信人言,望兄注意解铃系铃,将经过情形向其详细解释,兄弟无宿怨,正不必以公庭一纸于形迹,遂涉乖离,想三十年以长之老兄对于弱妹固无不可述恕之处也……"很明显这是在官司将起未起时写的,提到张茂渊"等"已经从海外归国,以及盛家的官司,前者自然是指黄素琼和张茂渊姑嫂。张志潜一直极不赞成她们出洋,1928年春天,她们和张志沂陆续回到上海,至少在表面上安然度日,对于长兄来说也是了却一件心事,即信中所说"已算……有归着"。张茂渊回国和盛家官司都是"近事",信中的语气还是很明白的,如果写于1930年代中,这样提起五六年前的旧事也不合情理。另外,1928年张家正式析产,张茂渊自然是觉得不满才会有后续的诉讼,与张志潭提到的可能有所误会也是相符的,他建议张志潜不要责怪幼妹,耐心解释,免得一纸诉状"遂涉乖离",看起来这个时候张茂渊已经提到了官司,不过尚未入告,所以张志潭才有这样的提议。

接下来的几封信中,张志潭提到两件诉讼都由张茂渊出名,而不见张志沂,不知两人是否意见一致。此前张茂渊曾致信张志澂(即张志潭胞弟,张茂渊堂兄)询问相关事宜,张志澂一一答复,并不知她在为诉讼寻求证据。现在知道这封复信作为证据呈堂,怏怏不乐,但也没办法向茂渊、志沂理论。他还提及张茂渊写给张志澂的信中说愿意依照宗鹤年的提议"三分",语气中对张志潜也没有越礼之处,"亲者无失其为亲,兄于小弟妹更有何不可宥谅……"显然这时官司已经在进行过程中,并且已经开庭,从张志潭的语气来看,这一时期张茂渊似乎颇占上风,拿到了有力的证据,而从他信中展示的态度看,他一直努力弥合张志潜与妹妹的关系,似乎更倾向于张志潜做出让步,兄妹3人平分遗产。

这些想法在他写给宗鹤年的两封信中表达得更为清晰。他先是提到"判决书上诉状各一件",显然是在临时法院判决已下之后写的,又说张志潜"在理本不应全输,在法已决难获胜。(张志潭说明)十月十号之后,女子继承权由解释律变为法律,更无通融之法,……设使二诉再败,最高法院只能审察法律,不能干涉沪院执行,其结果可想而知"。结合上文,信札应写于一审张志潜败诉之后的上诉期间。信中有两点内容值得注意:一是张志潭提到女子继承权"由解释律变为法律"。二是二审一旦失败,最高法院"只能审察法律",不能干涉上海法院执行。这两点都与1930年前后南京国民政府的制度建设紧密相关。上文已经提到1926年的《妇女运动决议案》规定了女子平等享有继承权,国民政府以此作为法律原则推行,但在具体实施过程中往往受到最高法院解释的限制,之后经过种种司法补充,最终立法院在1930年12月公布《中华民国民法典》,并于第二年5月5日施行,其中的"继承编"从法律意义上正式确立了女子继承权。张家兄妹析产官司进行的1929年正属于这一时期,张志潭显然消息灵通,对于法律的动向也有足够的认识,虽然信中提到的时间与真实的历史事件有所差异,但这完全符合真实历史的发展脉络。另外,南京国民政府成立后,法院审级制度从清末和北洋政府时期的四级三审制转向后来的三级三审制,虽然《法院组织法》要到1932年才公布,但是如盛爱颐的诉讼,就是按照上海公共租界临时法院一审、上诉法院二审,最后到南京最高法院终审进行的。

而最高法院不同于前两级,原则上只做"法律审",即考察案件是否与适用法律相关而不着力于审查事实。这和张志潭信中的意思完全一致(当然实际审判中略有差别)。

因为了解当时的法律倾向,张志潭一方面担心如果张志潜二审仍然败诉,那就无法再挽回,对于年过五十的堂兄来说难免是个打击;另一方面还是希望能有和解的办法,认为张茂渊的主张也有道理,并不赞成张志潜的强硬态度("何致饷以恶声"),他对宗鹤年提出张志潜"既不坚持分关不打破之说,而茂又主张3人均分,则此事去题已近……"所谓"分关不打破"是指不能更改分家析产时的正式文书,他认为事情可能有转圜的余地,寄希望于宗鹤年能往上海一行,与张志潜商量此事。然而毫无结果,从之后的信件来看,张志潜的意思似乎是不愿意3人平分,而想要分成4份,自己得2份,张志沂、张茂渊各得1份。张志谭也认为这种方式难以接受,等于张志潜全不吃亏,而从张志沂的份额中分出一半给张茂渊,"昔之按二分分者改而为四四分,是与茂无益,与廷有损,岂能办得下去!"他和宗鹤年的努力全然无效,不免诉苦:"弟之与兄所费苦心可质天日,吃力不讨好原在意中,"对张志潜的态度也有不满,认为如果他真是"出于先伯母遗意,则又何以至今日始议,为其争产哉!凡此皆下愚所不能解者,度公亦不能解之,只好姑从其阙,弟以寒家之事累公如此淘神怄气,寸衷深为抱歉耳!"自认两人已尽了心力,张佩纶夫妇地下有知也会谅解。

同样的想法在最后一封致张志潜的信中也写到了,只是措辞委婉些,料想和解无望,最后写道:"时局沸腾,正如我家之家事,可叹!"

上述信札中的内容,参以当时关于法庭和诉讼的详细报道,则大致可以勾勒出具体的进展。自1929年5月临时法院第一次开庭,不久判决"照准重分",张志潜不服上诉,租界上诉法院二审改变了判决,驳回原告诉求,张茂渊不服,上告到南京最高法院。高院经过审讯,判决"书籍及讼费等部分,发回更审,上告人其余之诉驳斥"。报纸上称"妹胜兄提上诉,兄胜妹又不服,现又发回重审"。这一过程的前半部分和上文引述的张志潭信札若合符节。1930年6月中旬,第二法庭集体传讯重审,根据高院的指示,这一次只涉及与藏书有关的内容。张志潜提出先父藏书经过辛亥南京的战火,"珍贵之品,损失殆尽",剩余部分也已经分析清楚了,并提供了证明人。张茂渊没有到庭,律师代她要求展期。张志沂则称此前的一审、二审、三审自己都参加了,"现因家庭关系,已经与二胞兄谅解,请求撤回参加部分"。到这里,审判也就不用再继续下去了,主持法庭的韩祖植推事宣布:"本案展期,候再传讯。唯展期中原被两造,本系同枝,谊属兄妹,以和解为妙云。"⑧

关于诉讼中涉及的张佩纶藏书的问题,下文有专节讨论,暂不展开,这里先看一下官司本身。按照张爱玲的叙述,是伯父侵吞了年幼弟妹的遗产,成年以后的姑姑打了场析产官司。她笔下写得很直率,最后握有证据的姑姑败诉是因为贿赂以及同胞兄长的倒戈。而张子静则说最初的遗产分配是"照祖母的遗嘱分妥",只是张志沂、张茂渊年幼,所以继续由张志潜托管,到1928年才正式析产,反正动产和不动产都有契据可依,因此析产官司主要围绕祖父的宋版书。姐弟二人的说法不太一样,看起来张爱玲的说法直接来自姑姑,张子静则更可能是从家族内部听到的传言——也都是很值得思考的角度。

但是,当年的报道提供了切实可信的法庭证据。在张茂渊的诉求中,父亲的藏书也是目标之一,可更重要的还是重新分配遗产。1920年代末,未嫁女提起的析产诉讼基本都是要求把自己加进兄弟们继承遗产的份额中(盛爱颐就是典型的一例),如张茂渊这样直接要求取消长兄的继承人资格,将他取得的份额转给自己还是很少见的。而问题的关键是一审判她胜诉,那就说明她必然握有相当有力的关于张志潜曾经出继的证据。这一点令人疑惑,张志潭的信札则补上了拼图的这一部分,即他提到张茂渊和张志澂的通信,显然张志澂的回信中有足以当作证据可以在一审法庭上提出的内容。张志潭的信是为他向张志潜解释。既然张志潜确实曾出继给伯父,那么张志潭因此认为官司明显不利于张志潜也就可以理解了。这些信札还提供了更多的内容:张茂渊在一审胜诉的前提下是愿意接受三人均分的,这明显是和解的条件。结合各种资料,看起来这也是她真正的目的。但是张志潜无法接受这个条件。从信札来看,变化应该出现在租界上诉法院二审进行的过程中,张志潜的态度渐渐强硬,只接受自己原有份额不变,原先张志沂的1/2遗产可以由志沂、茂渊平分。可这个条件,即使连张志潭这样的旁观者也知道绝不可行。但是二审张志潜胜诉,最高院同样驳回张茂渊的诉求,只是书籍部分发回重审。到这时候为止,张茂渊诉讼的主体部分已经输了。重审法庭上,张志潜连父亲藏书部分也提出了证人和证据,总之"对造所指,均非事实。"完全否认了藏书作为遗产的可能性。而张志沂当庭表示已经和兄长达成谅解,撤回之前的起诉。所以虽然这一庭宣布展期,其实就是张茂渊败诉。至于推事最后提出原告和被告作为兄妹应当和解,倒是完全符合1930年前后的审判风气,如盛爱颐案,整个审判进行过程中法庭也是始终建议双方和解,并进行了多次调解的。

至此,张家的析产官司已经很清楚了。这无疑也是1920年代末因为女子继承权问题而兴起的诉讼之一,张茂渊最初试图用比较激烈的方式达成兄妹均分遗产的目的,一审得到了法庭支持,不过上诉法院改变了判决。之后张志沂中途倒戈,单方面和兄长和解,官司以张茂渊完败告终,同时她和张志潜的关系彻底破裂,也极大影响了她和张志沂的感情。

二、结一庐藏书

诉讼中涉及的张佩纶藏书主要也就是文献学界颇为关注的结一庐藏书。不过几乎所有讨论结一庐的文献学论著都不大提起1930年前后的张家析产官司,也许是因为资料太少,语焉不详,无法和结一庐直接联系起来。目前关于结一庐藏书的源流以及流转的过程,如从仁和朱氏子孙流转至张佩纶,经过辛亥年南京光复时期一度战乱的影响,最终到了张志潜手中,之后销声匿迹,直到1960年代辗转入藏上海图书馆,大体线索已经很清晰了。本文探讨的张家1929—1930年的析产官司中也有涉及这批藏书的部分,本节对此略作补充。

张家藏书在辛亥前后的遭遇,张志潜早就有过说明,并且不止说过一次。笔者在翻检资料时看到了一些相关内容,对照来看也很有趣,不妨按照时间顺序整理一下。

张佩纶夫妇买下张侯府,阖家搬入,时人认为他过起了诗酒偕隐的日子,其实宅邸和花园还没有完全整修好,张佩纶就于1903年病逝。之后,李菊耦带着三个儿女住到1911年秋天。从当时的环境来看,这里是很合适的居所,张家不但有适意的大宅和大花园,而且南京城内满是亲戚故交,李鸿章后人的居所也近在咫尺。1909年,张佩纶的堂侄张人骏转任两江总督,衙门就在南京城内。所以,对张家而言,南京是最舒服也是最安全的地方。1911年辛亥革命爆发,张家为避战乱至上海租界,之后李菊耦带着一双儿女去了青岛,张志潜似乎一直留在上海。因此1911年11—12月南京光复期间,张家人都已经离开大宅。第二年夏天,张志潜从上海回到南京。

> 见其室如水洗,仅剩数椽空屋。见景伤心,徒增愁闷。细检家内什物为临时加入同盟会员之凌毅攫去。因初光复时,金陵秩序尚紊,凌以同盟会之压力,强占张某之产,以故运物得以自由。其最为张氏所痛惜者,攫去书箱七十余具,内皆古书,价值甚巨。闻售与宝来馆之日本人。其余古帖碑板四散,闻张某已据实呈请都提查办云。⑨

从新闻报道的角度,这大概是叙述张家藏书遭遇较早的一篇。文内信息,应当主要来自张志潜,但也有作者听到的传言。1913年,缪荃孙在刻印出版的《艺风藏书续记》也提到了这件事:

> 辛亥金陵失守,革党踞张氏园,书籍狼藉。流出东洋,犹其幸者,余不免衬马足

当樵苏耳。长恩不佑,感慨系之。⑩

缪氏所言,时间上和1912年报道最接近,内容上也大致相同。尤其是都有书籍卖给日本人的说法,看起来是当时流行的传言。同样住在南京、亲身经历了辛亥南京光复的李详(审言)后来在笔记中提到张佩纶的藏书:

  辛亥之变,黠贾暴徒,剽掠其第,精钞佳椠,悉索无遗,酬以贱值,利市赢数十百倍,诚书林一厄也。⑪

他历数了当时几种最为著名的藏书,感叹大多不能保全,"而所谓丰润者,先尽矣,哀哉!"更为著名的叶德辉为结一庐书目写的序中也说:

  侍郎(按:指朱学勤)所藏,其后归其女夫丰润张幼樵副宪。副宪侨寓金陵,后人能读父书。至辛亥国变,尽其所有付之于狼锋马粪,顾犹有十之三四为浙人所收藏。楚弓楚得,固犹愈于郦宋子孙之转鬻海外也。⑫

叶德辉的说法显然更加晚出。不过,综合这些藏书大家所得到的信息,无论流散的古书去向何处,总之南京张家的藏书在辛亥年南京光复中已经被毁或被劫了。

除此以外,还有别的说法。1913年9月11日,《申报》的"来件"一栏刊登了一则《南京避难人张仲昭君见闻录》,写的是南京二次革命时的经历,从9月2日张勋兵进城开始写起,讲自己如何避难,最后结束于9月8日搭乘特别快车逃到上海。文中指责了张勋所部的"奸淫抢劫惨无人道",赞扬国民党军队"文明仁厚"。这样的见闻录原本没有什么特别,但是"南京""张仲昭君"这种名称大概引起了一些反响。于是9月底,《神州日报》的"来函"也刊登了一封来信,开头就提到9月11日《申报》的"见闻录",最后署名为"麦根路张宅账房启",原来是张家的账房代主人写的声明(麦根路张宅是张家的宅邸)。信中说张志潜原先一直住在南京,"辛亥之秋,避地沪上",南京的宅子被革命军占据,"什物书籍全为原函所称文明仁厚之伟人及革兵搬取一空,有辛亥时报及许君久香函为证。"之后革命军并没有腾出房屋。当年8月19日,"张君由沪附新丰船扶其先太夫人柩回籍,与张君相识者无人不知。有人亲见其八月初八(公历9月8日)在津乘特别快车入都,刻尚羁身京津一带",这是说张志潜8—9月正送李菊耦的灵柩回原籍丰润安葬,人在北方,因此《申报》"见闻录"里"张仲昭"绝不可能是他,"其为匪类捏名影射,毫无疑义"⑬。这样的声明也正常,文中语气激烈,提及革命军时尤其明显,张家有遗老的身份,而且上述1912年的报道也写过南京光复中张宅被据、70多箱古书被夺走的事,因此张志潜有这种态度也不算奇怪,不过特意提到"文明仁厚之伟人",确实是有专指的,他说的是宋教仁。

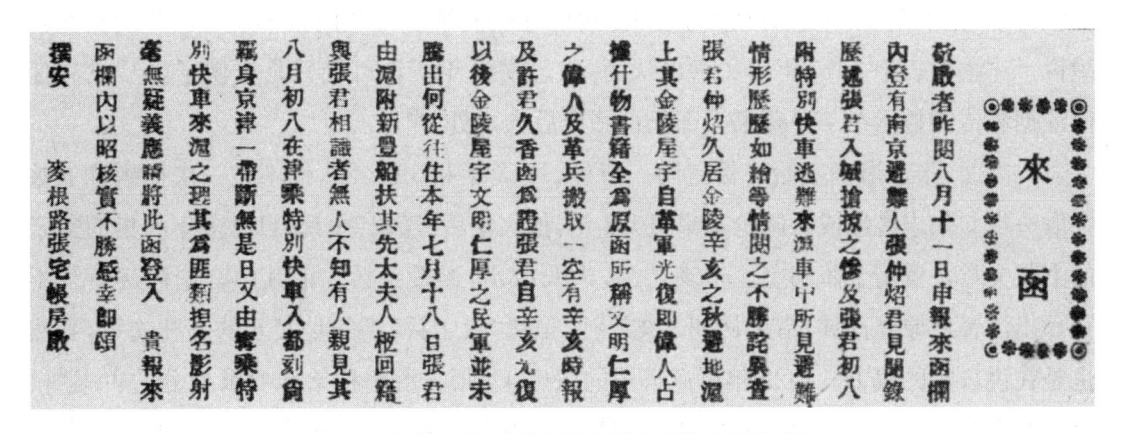

图 1 《神州日报》刊登的张宅账房代张志潜的书信

最早留意并汇总相关资料的应该是郑伟章的《文献家通考》,他提到傅增湘和张元济都知道张家藏书在辛亥之际为人夺取,辗转流于市场的事(当然用语比较隐晦),引用著名藏书家李滂(少微)在一次演讲中说结一庐藏书辛亥时"多为军人携去",后来宋教仁得知索还,"再归张氏"。郑伟章指出这并非事实,《国立中央大学国学图书馆小史》中明确提到宋教仁去世后有172箱书,其中为张志潜领回的原属张家的书112箱[14]。

> 按是年一月(即1916年1月6日)警察厅咨文内开,公民张志潜禀称,窃辛亥之役,民家两代藏书,计有五百余箱之多,为宋教仁所有。据宋之至友于右任面称,一半于共和告成后携入北京。宋故后,已经散失,其余少数存金陵游府西街龙梓修寓中,情愿代表宋教仁归还原主。并由于出具亲笔信函交民,以为收书凭证。此文所称张氏所失之书,即张佩纶家之书也。[15]

看起来李滂不是不够了解,就是曲为之讳,不过他知道"今张氏二子,为争遗书之承继,以致涉讼,耗财已多,迄今犹未结束"[16]。他演讲时是1931年,和上文提到张家析产官司的时间非常接近,显然他也有所耳闻。

《文献家通考》出版于1999年,不过其后讨论结一庐藏书去向的文章如李雄飞(2001)、沈津(2008)、黄裳(2010)似乎都没有留意到其中提供的证据。只有周慧惠《张爱玲家族的宋版书官司》一文中引用过相关段落。[17]

综合来看,辛亥兵燹,张家宅第被占据,藏书被夺,这些事都是真实发生过的。

1912—1913年左右,这些消息渐渐为世人所知,李详当时就在南京,缪荃孙、叶德辉在藏书界有极大影响力,所以张佩纶藏书被毁这件事经由他们的著述流传开去,后人大多信以为真。赵万里于1959年根据1950年代上海书店两次从张家后人那里收到过结一庐旧藏善本书,推断"结一庐旧藏决不止此,可能还会有第三批第四批书出现。"[18]确实非常敏锐。沈津发表于2010年的文章也认为,张志潜当年所说可能只是个幌子,但"没有任何证据和传闻显示结一庐藏书大部仍存张氏后人之处"[19]。

一方面,张志潜确实始终保持同一口径,1912年和1913年,他不止一次提到藏书被夺取一空。张志潜编成张佩纶文集,1922年,他在集后"谨识"中说,自己多年收集的父亲的书札文章,"置诸金陵书室。辛亥之乱,未及取出,遂毁于兵。记其中有论被逐事及不克预出津署之原委甚详,惜无从刊入矣"[20]。虽然"毁于兵"讲的是父亲的书札文章,当然也是在说自家的藏书。1929年析产官司的法庭上,张志潜坚称弟妹要求均分的古书"仅值两万余金",这个数字跟他家数量庞大的遗产相比自然不算什么。1930年,高院发回重审的法庭上,他再次表示:"先父遗下古书,原数颇多,因辛亥一役,珍贵之品,损失殆尽,其残余亦于辛酉年分析清楚。"官司打赢之后更是深藏若虚。

但另外一面,张家的藏书也始终若隐若现。1916年初,张志潜确实领回一批藏书箱,只是外界没什么人知道,收录了相关档案资料的中央大学国学图书馆史传并未印行,不过也有如李滂这样了解部分内情的人。当然张家人,至少张志潜这一代的兄妹3人显然都是明白的,比如1929年5月,析产官司开庭,张茂渊的律师在法庭上提到遗产中"古版书籍綦夥",第二年重审法庭,原告方也说"先父遗下公产值价无算之书籍古卷千百种,"不过官司结束之后,就很少有人提起了。

2017年,曾整理出版了张佩纶日记的谢海林发表论文,从日记中梳理出张佩纶聚书的经过,比如最为人注意的结一庐藏书,是光绪十九年(1893)张佩纶从朱家购得的185箱书籍。[21]本文之前提到的与张家藏书相关的数字,如1912年张志潜回南京时发现被夺取的70余箱、1916年他入禀警察厅时写下的家中两代人收藏的500余箱书,以及最后取回的112个大小不等的竹木书箱,当然,还有1929年析产官司时张茂渊兄妹请求法庭在麦根路张宅扣押的141箱古书。根据上海图书馆整理的1960年代张志潜长子张子美捐赠的藏书,包括宋元以下各种刻本抄本450种,[22]加上1952年张家卖出的4种宋刻本和1958年卖出的102种刻本抄本,应该大致就是张志潜保存的张佩纶藏书了。

注释

① 张爱玲:《对照记》,收录《重访边城》,北京十月文艺出版社,2019,第97—98页;张子静:《我的姊姊张

① 爱玲》,学林出版社,1997,第50—51页。
② 关于盛爱颐争产案及当时类似案例,参考了谭秀丽:《民国时期女子财产继承权的演变初探——从盛爱颐诉胞兄及侄儿案展开》(硕士学位论文,西南政法大学,2009);唐丹丹:《二十世纪三十年代前后上海地区女子争产案考察》(硕士学位论文,南京师范大学,2015),曹梦真:《女性·舆论·审判:多维度考察盛爱颐诉请重析遗产案》,《中华女子学院学报》2020年第4期;白凯:《中国的妇女与财产:960—1949》,刘昶译,上海书店,2007,第六章。
③ 《报报》1928年7月25日第3版。
④ 据白凯的研究,这些诉讼主要出现在大城市,尤以上海最多。此外,北京、无锡、济南也有类似案例。
⑤ 《又一女子要求继承遗产》,《申报》1929年5月12日第15版;《张佩纶死后家产纠纷　未嫁之女要求承受次兄产业》,《新闻报》1929年5月12日第15版;《前清显宦之家庭　女子要求继承权》,《时事新报》1929年5月12日第10版;《遗子金满籯　弱妹要求分润》,《民国日报》1929年5月12日第12版。
⑥ 这4张报纸关于张家背景的记述往往有不够准确之处,但错的地方不一样,显然受到记者自身的知识所限,不过报道的主要内容无疑都是来自法庭记述。
⑦ 据陈万华的说法,宗鹤年是张佩纶姐姐的儿子,因此和张志潭、张志潜兄妹是表兄弟。
⑧ 《逊清显宦后裔　兄妹争遗产缠讼》,《时事新报》1930年6月16日第10版。
⑨ 《攫取财产制控告》,《神州日报》1912年8月18日第7版。宝来馆是当时南京一家日本旅社。
⑩ 缪荃孙:《艺风藏书续记》,载张廷银、朱玉麒主编《缪荃孙全集·目录一》,凤凰出版社,2013,第244页。
⑪ 李详:《药里慵谈》卷三,《李审言文集》一,收录《泰州文献》第4辑,凤凰出版社,2015,第656页。
⑫ 叶德辉:《别本结一庐书目序》,王逸明主编《叶德辉文集》第4册,学苑出版社,2007,第352页。这篇序后半部分已佚,也有人列于叶昌炽名下。
⑬ 《神州日报》1913年9月30日11版。两封来信都用了农历日期,本文中统一改西历,仅引文中一例无法改变,已加说明。
⑭ 郑伟章:《文献家通考》,下册"张佩纶"条,中华书局,1999,第1167页。
⑮ 引文根据李希泌、张椒华编《中国古代藏书与近代图书馆史料(春秋至五四前后)》节录的《国立中央大学国学图书馆小史》部分(中华书局,1982,第307页)。剩下的60箱无主书籍后归入南京图书局。
⑯ 李滂的演讲《近世藏书家概略》据《进德月刊》第2卷第9期(1937年5月)。演讲时间据曲振明在《藏书家李滂事辑》中的说法:1931年,李滂应河南大学国文系主任之邀在开封做的演讲。收录《藏书家》第23辑,齐鲁书社,2019。
⑰ 周慧惠:《张爱玲家族的宋版书官司》,载《天一阁文丛》第8辑,浙江古籍出版社,2010。
⑱ 赵万里:《古刻名钞待访记》,初刊于《文献》1959年第3期,收录冀淑英等主编《赵万里文集》第2卷,国家图书馆出版社,2012,第539页。
⑲ 沈津:《也说朱氏结一庐藏书》,2008年9月,http://blog.sina.com.cn/harvardduyu,http://blog.sina.com.cn/harvardduyu。

⑳《涧于集》"书牍后序",续修四库全书本;张志潜最后署"壬戌年七月望",即1922年。
㉑ 谢海林:《〈张佩纶日记〉与丰润张氏藏书考论》,《文献》(双月刊)2017年第2期。
㉒ 王世伟:《朱氏结一庐藏书入藏上海图书馆记》,《历史文献》第5辑,上海科学技术文献出版社,2001。

经典新诠

"文学较量"：论《论语》中的子游和子夏

□王小婷　张佳旭*

摘要：子游与子夏同属孔门"文学"科，《论语》对两人均有记载，但受限于史料，过去学者利用《论语》对他们进行研究，往往以史料记载更丰富的子夏为主导，从而导致对二子的研究相对失衡——子游的思想与个性被遮蔽。综合考察《论语》对两人的记载，可见二人在诸多方面存在联系，且这些联系往往表现出明显的差异。具体来说，差异包括"为孝""政事""交友""为学工夫"四个层面，通过对这四个方面的分析比较，可以对子游与子夏的思想特征产生更加全面而清晰的认识。

关键词：子游；子夏；《论语》；差异

绪　论

子游，名言偃，字子游；子夏，名卜商，字子夏。两人皆为孔门高足。根据《史记》记载，此两人年纪相近，同属"孔门四科"的"文学"科。所谓"孔门四科"，出自《论语·先进》："子曰：'从我于陈、蔡者，皆不及门也。'德行：颜渊，闵子骞，冉伯牛，仲弓。言语：宰我，子贡。政事：冉有，季路。文学：子游，子夏。"①根据朱子的解释，本章言及的十位弟子曾跟随孔子厄于陈、蔡，他们因其所长而划分为四科。②子游和子夏所属的"文学"科，荀子亦称之为"学问"，荀子说："人之于文学也，犹玉之于琢磨也。《诗》曰：'如切如磋，如琢如磨。'谓学问也。"③孙奭将其解释为"文章博学"④，朱子则对此解释得更加详细，他说："文章者，学于《诗》《书》《礼》《乐》之文，而能言其意者也……然程子尤以为游、夏所谓文学，故非秉笔学为词章者，学者尤不可以不知也。"⑤可见，"文学"是指子游、子夏具有

---

* 王小婷，山东大学儒家文明省部共建协同创新中心、山东大学儒学高等研究院副教授；张佳旭，山东大学儒学高等研究院硕士研究生。本文系国家重点文化工程"全球汉籍合璧工程"子课题《《孟子》赵岐注汇校"；国家社科基金重大项目："中国经典诠释学基本文献整理与基本问题研究"（21&ZD054）。

渊博的学问，而非游戏辞藻。

《论语》对子游和子夏的记载还有很多，包括孔子与他们之间的对话、对他们的评价，孔门其他弟子对他们的评价，两人各自的言说及两人之间的对话。通过考察《论语》中的诸多记载可以发现，虽然二人都擅长"文学"，但他们之间存在着明显差异。这一点，前人早有所言及，如朱子注"子夏问孝"章时引程子之言："子游能养而或失于敬，子夏能直义而或少温润之色。各因其材之高下，与其所失而告之，故不同也。"⑥程子和朱子在这里想指出的是孔子能够因材施教，对子游、子夏两人的不同境况提出不同建议，"能养而或失于敬"与"直义而或少温润之色"是指出其两人在行孝问题上具体的、不同的缺失，但他们并未能从整体上更加系统地指明二人之间存在的差异。

今人在研究《论语》时，根据《论语》对子游、子夏的记载，同时广泛收集其他相关材料，分析他们的思想，这一点在子夏研究方面体现得尤为明显，如马银琴《子夏的思想特征及其家学渊源》、张晚林和杜艳的《论子夏之学及其在后世的影响与流变》等文章。前者以《论语·雍也》中孔子对子夏"汝为君子儒，无为小人儒"的教导为切入点，分析子夏的思想特征，并结合《论语》《礼记》等相关记载，分析子夏之学的成因、特征及其影响。⑦后者同样以《论语》为主线，分析子夏学术思想的形成、影响与发展流变。⑧除此之外，也有学者对孔门弟子进行比较，其中也涉及子游、子夏，如梁涛《孔子思想中的矛盾与孔门后学的分化》。他以"主内""务外"为依据，对曾子与子夏为中心的孔门后学进行比较，这种划分观念同样适用于本文对游、夏的对比分析。⑨步如飞的博士论文《子夏及其学派研究》在分析子夏的性格特点与人生态度时，将子夏与其同门进行比较，首先就是将子夏与子游进行对比，分析二人在思想特色、为政特色、礼学观念以及学派特色的差异。⑩

综上所述，过去学者往往能够注意到从《论语》中提取相关言论，对孔门诸弟子进行分析，同时进行相关比较研究。就子游、子夏两人的相关研究而言，由于子夏一派的记载材料丰富且其在后世产生较大影响，而子游相关的材料却相对有限，所以学者们分析与比较的研究往往集中在子夏身上，或以子夏为主导，通过与子游的对比来反映子夏的某些特征，子游的思想特征受到遮蔽，进而导致两者研究的相对失衡。所以笔者希望在史料记载不平衡的客观情况下，综合考察《论语》中涉及两人的相关语录，对他们进行客观的整体性对比，利用这种对比，将两人思想特征等问题进行更细致地分析，尤其是从中发掘过去常被忽视的子游的思想特征。《论语》关于子游的记载共有8条，子夏相对较多，达20条。通过梳理这些材料我们可以发现，游、夏在诸多方面存在差异，这些差异具体表现在为孝、政事、交友以及为学工夫四个层面。

一、子游与子夏在为孝层面上的比较

子游和子夏在践行孝道方面上的思想,集中反映在"子游问孝"章和"子夏问孝"章。

> 子游问孝。子曰:"今之孝者,是谓能养。至于犬马,皆能有养;不敬,何以别乎?"⑪
>
> 子夏问孝。子曰:"色难。有事弟子服其劳;有酒食先生馔,曾是以为孝乎?"⑫

面对子游的提问,孔子指出,现在所说的孝,指的是养活父母。即使狗和马也都有人饲养,对父母如果不恭敬顺从,那和饲养狗马有什么区别呢?《论语·为政》篇第5—8章皆以"问孝"开头,分别记录了孟懿子、孟武伯、子游以及子夏向孔子请教如何践行孝道,按照传统的解释,这四章是孔子对弟子因材施教各济其病,即孔子的回答是针对弟子们不同的具体情况提出的针对性的措施,所以"今之孝者是谓能养"指向的是子游在行孝中的观念。在孔子看来,由于"能养"的做法缺少"敬"的维度,所以这种供奉饮食的行孝方式对于父母与犬马之间无所区分,也就谈不上孝。

而针对子夏,孔子则提出"色难"。这个词向来让人费解,包咸解释为"承望父母颜色,乃为难也。"⑬颜延之说:"夫气色和,则情志通。善养亲之志者,必先和其色,故曰'难'也。"⑭朱子则认为孝子深爱父母必有"愉色""婉容",所以"事亲之际,惟色为难"⑮。从孔子"有事弟子服其劳,有酒食先生馔"的言说中我们可以判断出子夏已然具备了"敬"的品质。同样,按照"问孝四章"乃是孔子各济弟子之病的理解,子夏的问题应该是在行孝过程中过于偏重敬的维度而有所偏失,所以"色难"的意思或许就是子夏在行孝时过于注重"敬",从而导致其颜色庄重而缺少温润之色。

游、夏两人在行孝问题上的缺失可以概括为子游缺少敬,子夏失之过敬,朱子说:"子游为人则爱有余而敬不足,子夏则敬有余而爱不足。"⑯其"子夏之病,乃子游之药;子游之病,乃子夏之药。若以色难告子游,以敬告子夏,则以水济水,以火济火"⑰一语更是十分形象地描述出了两人的差异。但需要指出的是,虽然朱子将两人的差异描述为"势如水火",但他们之间并不是截然相反的对立,而是不同层次上的差异。《朱子语类》记载朱子之言:

> 问:"子游见处高明,而工夫则疏;子夏较谨守法度,依本子做。"
>
> "观答为政、问孝之语可见。惟高明而疏,故必用敬;惟依本子做,故必用有爱

心。又观二人'洒扫应对'之论,与子夏'博学笃志'之论,亦可见。"[18]

子游能够在饮食上供养父母,这种行为虽然可以称之为"爱",但这种爱却是浅层次的、低等级的,跟对待犬马等禽兽并没有不同;而子夏的恭敬行为本身就已经包含着爱,只是由于"色难"而未达到朱子所说的"深爱"的程度。所以如果子游能够做到"敬",就达到了子夏的境界,而"色难"则是在此基础之上的更高要求。

二、子游与子夏在政事层面上的比较

子游、子夏两人在政事层面的思想体现在"子游为武城宰"章、"子之武城"章、"子夏为莒父宰"章。根据《论语》记载,两人都做过某一地方的长官,进行过政治实践活动。

首先看子游,与子游相关的两则语录都是孔子与他的对话,且地点都在武城,两段对话发生的时间或许相近:

> 子游为武城宰。子曰:"女得人焉尔乎?"曰:"有澹台灭明者,行不由径。非公事,未尝至于偃之室也。"[19]

> 子之武城,闻弦歌之声。夫子莞尔而笑,曰:"割鸡焉用牛刀?"子游对曰:"昔者偃也闻诸夫子曰:'君子学道则爱人,小人学道则易使也。'"子曰:"二三子!偃之言是也。前言戏之耳。"[20]

孔子到达武城,听到城内"弦歌之声",戏言"割鸡焉用牛刀",言外之意是孔子认为子游以礼乐之道教化武城百姓未免有些小题大做,而子游则以孔子曾教导过他们的话回复孔子:君子学习了道就会爱人,普通人学习了道就会变得恭顺。子游也因此得到孔子的肯定。子游所说的"道"是指礼乐,这是孔子为政思想中最为核心的内容,子游将孔子的政治理想付诸实践,以礼乐教化君子乃至普通百姓,从而使得上下有序,可见子游已然能够从根本上把握孔子的为政思想。而当孔子问及子游是否得人时,子游回答说:"有个名叫澹台灭明的人,行路时不抄小道,不是公事,从不到我家里来。"澹台灭明,字子羽,武城人,《论语》没有记载本次对话的后续,但《史记》说:"(澹台灭明)状貌甚恶。欲事孔子,孔子以为材薄。既已受业,退而修行,行不由径,非公事不见卿大夫。南游至江,从弟子三百人,设取予去就,名施乎诸侯。孔子闻之,曰:'吾以言取人,失之宰予;以貌取人,失之子羽。'"[21]对待同一人,孔子失之,子游得人,亦足见子游在识人用人方面确有过人之长。

这里子游所说的虽是对他人的评价,但却也能在一定程度上反映出子游自身的品格,《朱子语类》就记载朱子曾说:"非独见灭明如此,亦见得子游胸怀也怎地开广,故取得这般人。"㉒而朱子对"行不由径,非公事,未尝至于偃之室也"的解释也颇为有趣,他说:"不由径,则动必以正,而无见小欲速之意可知。非公事不见邑宰,则其有以自守,而无枉己殉人之私可见矣。"㉓因为"无见小欲速"正是孔子对子夏的教导。

《论语·子路》记载:"子夏为莒父宰,问政。子曰:'无欲速,无见小利。欲速,则不达;见小利,则大事不成。'"㉔朱子对此解释说:

> 欲事之速成,则急遽无序,而反不达。见小者之为利,则所就者小,而所失者大矣。程子曰:"子张问政,子曰:'居之无倦,行之以忠。'子夏问政,子曰:'无欲速,无见小利。'子张常过高而未仁,子夏之病常在近小,故各以切己之事告之。"㉕

孔子告诫子夏不要贪图小利,不要急于求成,可见子夏在行政过程中往往有急功近利的缺失。比较以上三则《论语》可以发现,在为政问题上,子游胸怀开阔,在为政的具体实践过程中能够以孔子所授的大道教化民众;反观子夏则病于近小,导致其或有欲速不达、因小失大之蔽。二人在为政层面表现出迥然不同的气象。

三、子游与子夏在交友层面上的比较

子游、子夏两人的交友思想主要体现在"事君数"章、"子夏之门人问交于子张"章、"人皆有兄弟"章。先看子游:

> 子游曰:"事君数,斯辱矣,朋友数,斯疏矣。"㉖

子游这句话是说君臣、朋友之间当以义合,善言屡次不受采纳便可离去,这种交友观念显然是继承孔子"忠告而善道之,不可则止,毋自辱焉"(《论语·颜渊》)的思想。再看子夏:

> 司马牛忧曰:"人皆有兄弟,我独亡。"子夏曰:"商闻之矣:死生有命,富贵在天。君子敬而无失,与人恭而有礼。四海之内,皆兄弟也。君子何患乎无兄弟也?"㉗
>
> 子夏之门人问交于子张。子张曰:"子夏云何?"对曰:"子夏曰:'可者与之,其不

可者拒之。'"子张曰:"异乎吾所闻:君子尊贤而容众,嘉善而矜不能。我之大贤与,于人何所不容?我之不贤与,人将拒我,如之何其拒人也?"㉘

第一则语录中,司马牛的兄长即宋国的桓魋,其人颇有恶行,司马牛对此感到忧惧,子夏安慰他说人应当努力加强自身修养,做到恭敬有礼,无所偏失,这样就能受到他人如兄弟般的敬爱。第二则语录发生在子夏门人与子张之间,通过子夏门人的转述可以看到子夏的交友观念为"可者与之,其不可者拒之",在子张看来这种说法有所偏失,他认为君子交友应该尊重贤能的人,接纳普通人;称赞好人而怜悯无能的人。相比之下,子夏的胸怀似乎不如子张宽广,所以他常常受到后人的批评,如朱子说其言"狭迫"。但如果我们注意到子张说的"异乎吾所闻"便可以发现,子夏和子张的交友之道是孔子因材施教的结果,东汉的蔡邕就认识到了这个问题,他说:"商也宽,故告之以距人;师也褊,故告之以容众。"㉙因为子夏为人宽厚,所以孔子教导他要懂得拒绝别人;而子张为人苛刻,所以孔子告诫他要善于接纳他人。当我们理解了这一层含义之后就可以发现,子游与子夏在交友方面也存在层次上的差异:子游的思想与孔子一脉相承,强调自己与友人之间"义"的维度,这显然已接近于圣人的境界;而子夏对此则有所缺失,他不懂得拒绝他人,正是因为他还没能理解、把握"朋友义合"的交友原则。

四、子游与子夏在为学工夫上的比较

"工夫"一词本来并无深刻内涵,经过宋代理学家不断地理论化建构,"工夫"成为中国哲学的重要概念,现代学者往往称之为"工夫论","指的是人在通往圣贤之路上所要付出的努力,这其中既包括努力的过程,也包括努力时应该使用的各种途径与方法"。朱汉民指出,工夫根据内容的不同,可以分为知识学问层面的"为学工夫"、道德实践层面的"践履工夫"两大类。㉚笔者在本节主要分析子游与子夏在为学工夫问题上的差异。

《论语》"子夏之门人小子"章集中反映了子游与子夏两人在为学工夫的差异:

  子游曰:"子夏之门人小子,当洒扫、应对、进退,则可矣。抑末也,本之则无。如之何?"子夏闻之曰:"噫!言游过矣!君子之道,孰先传焉?孰后倦焉?譬诸草木,区以别矣。君子之道,焉可诬也?有始有卒者,其惟圣人乎!"㉛

这一章可以看作子游与子夏之间的直接对话,子游评价子夏的门人只懂得"洒扫、应对、进退",在他看来,子夏门人做的只是细枝末节的工夫,而不明乎大道,这句话同样也是在批评子夏。子夏听闻后为其弟子鸣不平,他回应子游说只有圣人能够做到本末始终一以贯之,而普通人则有学力高低深浅的不同,所以不能一味盲目地追求大道而忽略细小的工夫。

按照儒家传统的观点,"洒扫应对进退"诸事被视为"小学",而子游所说的"道"则是大学,在子游看来前者是末,后者是本;而子夏却认为"小学"与"大学"只是为学次第存在先后,而不能将他们视为本末的关系。如此一来,二人在为学工夫上的对立就非常清晰:子游强调为学要"立乎其大者",尽管子游并没有完全否认"末",但他认为做好大本大源上的工夫已然足够,细枝末节小学工夫可以不必在意,而如果有"末"而无"本",便会出现偏失;而子夏认为小学工夫是为圣人之学的必然途径,要从小学的积累推扩到大学上去。《论语》还有几处记载子夏论为学,可见他的这种为学工夫是其一以贯之的:

> 子夏曰:"贤贤易色,事父母能竭其力,事君能致其身,与朋友交言而有信。虽曰未学,吾必谓之学矣。"㉜
> 子夏曰:"虽小道,必有可观者焉;致远恐泥,是以君子不为也。"㉝
> 子夏曰:"博学而笃志,切问而近思,仁在其中矣。"㉞
> 子夏曰:"百工居肆以成其事,君子学以致其道。"㉟

从子夏所说的"博学笃志切问近思"和"学以致其道"可以看到他非常重视"学",他追求渊博的知识和坚定的志向,通过切问近思的为学方法达到"道"的境界。同时,他所说的学不仅仅是学问,还包括躬行实践,子夏强调要从细小之事做起,做好每一件小事,通过由近到远、由小到大的次第而进入圣人之域,所以他主张要不断向贤能的人学习,无论是侍奉父母、君主还是与朋友相处,都要竭尽全力做好分内之事。同时,也许是因为子夏担心他人——诸如其门人小子误解他说的从小事上做工夫,所以他说:"即使是小技艺,也一定有可取之处,但执着钻研这些小技艺,恐怕会妨碍从事远大的事业,所以君子不做这些事。"以此警示诸人,他说的小道并非指"旁门左道"的技能技艺,而是圣人为学之事。

孔门后学在修养工夫上大致可以归纳为"尊德性"与"道问学"两种不同的进路,二者各有所侧重,简单来说,前者主内,重视自我省察,发扬人的内在本性从而不断完善自我;后者务外,重视向外求索,强调不断体认外在世界而获取知识。通过比较我们可以看到,子游与子夏在为学工夫上的分野可以用上述标准加以区分,子游更加重视内在的"道",可以归之为主内的"尊德性";子夏更加侧重于外在的修养,坚持从细小处为学,可以归之为务外的"道问学"。

结　语

　　《孟子·公孙丑上》记载："子夏、子游、子张皆有圣人之一体。"子游、子夏二人作为孔门高弟，深受孔子的影响，两人都博学于学问，他们在行孝、为政、交友、为学工夫等方面的修养各有胜负。两人之间鲜明的思想差异，表现出孔门弟子的多样性，从中亦可窥见孔子因材施教的高明。同时，这也让我们对两人的思想产生了更全面地认识，尤其是对子游的思想特征有了更直观地展现，但子游相关的史料不足确实制约着学者对他的进一步研究，对此，我们也只能寄希望于将来会有相关出土文献的发现，为我们提供这位孔门高弟子更加丰富的资料。

　　子游与子夏的差异虽然体现在多个方面，但这些具体行为上的差异最根本、最显著的在于修养工夫的不同，孔门四科中，子游排在子夏之前，可能在孔门弟子们看来子游比子夏更为高明。《论语》中的子游强调从宏大之处入手，追求为学之本，这显然与后来注重心性的思孟学派更为接近；而追求盈科后进，从细小之处做工夫的子夏，同样大有功于圣门。洪迈在《容斋随笔》中说道："孔子弟子惟子夏于诸经独有书。虽传记杂言未可尽信，然要为与他人不同矣。"㊱孔门诸经多赖子夏所传，同为传经大儒的荀子为子夏一派的后学，多受其影响。子游、子夏两人的不同，似乎已经向我们展现了孔门后学不同的发展理路。

注释

① 朱熹：《四书章句集注·论语集注》卷六《先进第十一》，中华书局，1983，第123页。
② 同上。
③ 王先谦：《荀子集解》卷十九《大略篇第二十七》，中华书局，1988，第508页。
④ 何晏等注，邢昺疏：《论语注疏》卷十一《先进第十一》，中华书局，2009，第5426页。
⑤ 朱熹：《四书或问》卷十一《先进第十一》，上海古籍出版社、安徽教育出版社，2002，第787页。
⑥ 朱熹：《四书章句集注·论语集注》卷一《为政第二》，中华书局，1983，第56页。
⑦ 马银琴：《子夏的思想特征及其家学渊源》，《文学评论》2016年第1期。
⑧ 张晚林、杜燕：《论子夏之学及其在后世的影响与流变》，《管子学刊》2022年第1期。
⑨ 梁涛：《孔子思想中的矛盾与孔门后学的分化》，《西北大学学报（哲学社会科学版）》1999年第2期。
⑩ 步如飞：《子夏及其学派研究》第三章《性格特点与人生态度》第三节《与其他同门比较》，博士学位论文，山东大学历史文化学院，2007，第45—58页。
⑪ 朱熹：《四书章句集注·论语集注》卷一《为政第二》，第56页。

⑫ 同上。
⑬ 皇侃撰,高尚榘点校:《论语义疏》卷一《为政第二》,中华书局,2013,第 30 页。
⑭ 同上。
⑮ 朱熹:《四书章句集注·论语集注》卷一《为政第二》,第 56 页。
⑯ 黎靖德编:《朱子语类》卷二十三《论语五·为政篇上》,上海古籍出版社、安徽教育出版社,2002,第 824 页。
⑰ 同上书,第 825 页。
⑱ 同上书,第 824 页。
⑲ 朱熹:《四书章句集注·论语集注》卷三《雍也第六》,第 853 页。
⑳ 朱熹:《四书章句集注·论语集注》卷九《阳货第十七》,第 944 页。
㉑ 司马迁:《史记》卷六十七《仲尼弟子列传第七》,中华书局,1982,第 2206 页。
㉒ 黎靖德编:《朱子语类》卷三十二《论语五·为政篇上》,第 1140 页。
㉓ 朱熹:《四书章句集注·论语集注》卷三《雍也第六》,第 853 页。
㉔ 朱熹:《四书章句集注·论语集注》卷七《子路第十三》,第 913 页。
㉕ 同上书,第 914 页。
㉖ 朱熹:《四书章句集注·论语集注》卷二《里仁第四》,第 840 页。
㉗ 朱熹:《四书章句集注·论语集注》卷六《颜渊第十二》,第 902 页。
㉘ 朱熹:《四书章句集注·论语集注》卷十《子张第十九》,第 957 页。
㉙ 蔡邕:《蔡邕集编年校注》卷一《正交论》,邓安生校注,河北教育出版社,2002,第 77 页。
㉚ 以上见朱汉民、汪俐:《从工夫到工夫论》,《湖南大学学报(社会科学版)》2019 年第 4 期。
㉛ 朱熹:《四书章句集注·论语集注》卷十《子张第十九》,第 959 页。
㉜ 朱熹:《四书章句集注·论语集注》卷一《学而第一》,第 815 页。
㉝ 朱熹:《四书章句集注·论语集注》卷十《子张第十九》,第 957 页。
㉞ 同上书,第 958 页。
㉟ 同上。
㊱ 洪迈:《容斋随笔·续笔》卷十四《子夏经学》,孔凡礼点校,中华书局,2005,第 397 页。

《史记》《汉书》疏证示例
——兼说史文裁接

□杨胜强*

摘要：比较《史记》《汉书》，前贤成果虽夥，然，"就两书内涵的丰富而言"，仍有发明。是所获诸例，全非二书相异，亦有《史记》内部存异而《汉书》因之同例。今校所示：史文兼存诸多杂糅、失序；战事相关之人，战功同时相冠，而冠时或是或非；校字疑误时，未必误，或灵活用语；异文之方位词存两言者，或非误；"叙语"与"话语"之异致使史文有差；史文"概称"言是者校之"详述"时或是或非；等等。盖读二书，疏证示例，辨史文裁接之式，知其之失，又知其失之所由，从一例并见诸类例，举此偶反，推正例、变例，就整体观部分，引《史》《汉》避以孤为证，其义可彰彰明矣。

关键词：《史记》；《汉书》；疏证；示例；裁接

徐复观《两汉思想史·〈史〉〈汉〉比较研究之一例》曰：

> 将《史》《汉》加以比较的工作，前人已从不同的角度做了不少。我所做的或者比前人前进了一步。但就两书内涵的丰富而言，感到这里所写的，依然只能算是"一例"。希望有人能继续做这种工作。①

诚然，前人"做这种工作"，非但不少，还尤繁夥。其间历史，可参张大可先生《略论马班异同的内容与发展历史》一文②，略见概貌。清儒王鸣盛《十七史商榷》、王念孙《读书杂志》、钱大昕《廿二史考异》、赵翼《廿二史札记》等，乃一代通人之作，已较难逾。然，"就两书内涵的丰富而言"，仍有发现，理所宜然。且继续发现，所持方法，古今同一，不出其囿，如赵翼《廿二史札记·小引》"是以此编所就正史纪、传、表、志中参互勘校，其有牴牾处，自见辄摘出，以俟博雅君子订正焉"③云云，执此成效，往往卓著。

盖《汉书》异《史记》处，今见二书间变化，本客观存在，两相校读，比史推例，彰而显

---

* 杨胜强，福建师范大学文学院中国古典文献学博士。

之。同时,辨史文裁接,随文以申解。其中,《史记》同一史载前后有别,或移文失序,或字词存异,或逻辑阻滞,或追叙随意等,若《史记》内部牴牾而《汉书》因之,则称《史记》内部存异而《汉书》因之同例。是以笔者不揣浅陋,撰此浅文,示例诸条,部分之下,又附类例,不当之处,祈请方家教正。

一、樊哙、周勃"非同时将兵"击燕王卢绾

《史记·高祖本纪》:

> 二月,使樊哙、周勃将兵击燕王绾。赦燕吏民与反者……郦将军往见审食其,曰:"……陈平、灌婴将十万守荥阳,樊哙、周勃将二十万定燕、代……"④

按《汉书·高帝纪下》同之⑤。据《史记·陈丞相世家》:"燕王卢绾反,上使樊哙以相国将兵攻之。既行,人有短恶哙者。高帝怒曰:'哙见吾病,乃冀我死也。'用陈平谋而召绛侯周勃受诏床下,曰:'陈平亟驰传载勃代哙将,平至军中即斩哙头。'"⑥又《史记·绛侯周勃世家》:"燕王卢绾反,勃以相国代樊哙将。"⑦此二例观之,樊哙先将兵击燕王卢绾,被谗后而为周勃所代,故樊哙、周勃"非同时将兵",为连书也⑧。就此,《绛侯周勃世家》中"勃既定燕而归,高祖已崩矣"⑨之"定燕",与《樊哙列传》"其后燕王卢绾反,哙以相国击卢绾,破其丞相抵蓟南,定燕地,凡县十八,乡邑五十一"⑩之"定燕地",其中"樊哙定燕地"可待商之,须一为二而视。此为《史记》内部存异而《汉书》因之同例。

二、战功误冠:陈胜、吴广未曾至戏

《史记·淮南衡山列传》:

> 王曰:"陈胜、吴广无立锥之地,千人之聚,起于大泽,奋臂大呼而天下响应,西至于戏而兵百二十万。"⑪

按《汉书》同之。考《史记·陈涉世家》"陈王与之将军印,西击秦"⑫等知,实至戏者为"周文(周章)"。此是战事相关之人,战功同时相冠,而冠时或是或非。类例者如"项梁

已破东阿下军,遂追秦军"⑬、"章邯走而西,项梁因追之"、"项梁既追章邯,章邯兵益盛"⑭之"项梁……追"云云,无法说明《项羽本纪》"项梁使沛公及项羽别攻城阳,屠之。西破秦军濮阳东,秦兵收入濮阳"⑮具有项梁亲至濮阳东的史实⑯。又如《史记·李斯列传》:"章邯以破逐广等兵。"⑰考《陈涉世家》,吴广实被其将田臧所杀,而田臧则为章邯所破。又如《史记·李斯列传》:"及二世所使案三川之守至,则项梁已击杀之。"⑱项梁并非击杀李由之人。又如《史记·郦生列传》:"(郦食其曰:)'汉王……下井陉,诛成安君;破北魏,举三十二城。'"⑲考《史记·淮阴侯列传》,实诛井陉、破魏者为韩信。又如《史记·匈奴列传》:"高后欲击之,诸将曰:'以高帝贤武,然尚困于平城。'"⑳考《史记·季布列传》,言请战者乃樊哙,而"诸将皆阿吕后意,曰'然'"㉑,唯有季布谏曰不可,故"以高帝贤武,然尚困于平城"的施言者应是季布,恐非诸将。诸误冠者误冠之由,或以上级统下级,或以整体代部分。此为《史记》内部存异而《汉书》因之同例。

三、同功一体:相同战功战事归于与之相关之人

笔者在阅读史料时曾发现,战事相关之人,战功同时相冠,而冠时或是或非。此述冠时为是现象。要知秦楚之际,部分史文载存:参与同一战役的众将,诸人所经战事、所获战果在各《传》中均得获记,概之可称——"同功一体"(相同战功战事归于与之相关之人)㉒。此类文例,在在多有。下仅举《史记》,若《汉书》同,则不列之。

1."得齐相田光"者,《史记·曹相国世家》为曹参,《史记·田儋列传》《史记·灌婴列传》为灌婴。

2."得周兰"者,《史记·曹相国世家》为曹参,《史记·灌婴列传》为灌婴。

3."斩/得王黄"者,《史记·高祖功臣侯者年表》为刘泽,《史记·樊哙列传》为樊哙,《史记·陈豨列传》记为汉兵。

4."击田解"者,《史记·高祖功臣侯者年表》分别记为庄侯冷耳、圉侯王周,《史记·列传》为傅宽。

5."斩田吸"者,《史记·田儋列传》为"韩信……使灌婴破杀齐将田吸于千乘",《史记·灌婴列传》为灌婴。

6."斩陈豨"者,《史记·高祖本纪》《史记·卢绾列传》《史记·陈豨列传》为樊哙,《汉书·高帝纪下》《史记·绛侯周勃世家》为周勃㉓,《史记·高祖功臣侯者年表》为孝侯公孙耳。

7."残东垣"者,《史记·高祖本纪》为"高祖""上",《史记·樊哙列传》为樊哙,《史

记·郦商列传》为郦商,《史记·灌婴列传》为灌婴。

8."破曹咎"者,《史记·高祖功臣侯者年表》为顷侯温疥㉔,《史记·高祖功臣侯者年表》分别记为敬侯陈署、夷侯吕臣,《史记·惠景间侯者年表》为贞侯朱通。另外,《史记·项羽本纪》《史记·高祖本纪》均为"曹咎自刭汜水上"。

9."斩龙且"者,《史记·项羽本纪》"淮阴侯与战,骑将灌婴击之,大破楚军,杀龙且"㉕(《史记·高祖本纪》、《史记·灌婴列传》同之),《史记·秦楚之际月表》"汉将韩信破杀龙且"㉖(《史记·淮阴侯列传》同之),《史记·高祖功臣侯者年表》分别记为敬侯丁复、敬侯蔡寅、节侯丁礼、围侯王周,《史记·曹相国世家》为曹参,《史记·田儋列传》"汉将韩信与曹参破杀龙且,虏齐王广……韩信已杀龙且,因令曹参进兵破杀田既于胶东,使灌婴破杀齐将田吸于千乘"㉗,此作"韩信因令曹参"。

10."斩项羽"者,《史记·高祖功臣侯者年表》分别记为庄侯吕胜、庄侯吕马童、庄侯王翳、庄侯杨喜、庄侯杨武(均言"斩项羽"),《史记·高祖功臣侯者年表》为定侯戴野"击籍,籍死"㉘,《史记·高祖功臣侯者年表》为庄侯周定"破籍东城"㉙,《史记·高祖本纪》"使骑将灌婴追杀项羽东城,斩首八万,遂略定楚地"㉚,《史记·灌婴列传》"项籍败垓下去也,婴以御史大夫受诏将车骑别追项籍至东城,破之。所将卒五人共斩项籍,皆赐爵列侯"㉛,此作"所将卒五人共斩项籍"。又《史记·项羽本纪》"项王乃曰:'吾闻汉购我头千金,邑万户,吾为若德。'乃自刎而死。王翳取其头,余骑相蹂践争项王,相杀者数十人。最其后,郎中骑杨喜,骑司马吕马童,郎中吕胜、杨武各得其一体。五人共会其体,皆是。故分其地为五:封吕马童为中水侯,封王翳为杜衍侯,封杨喜为赤泉侯,封杨武为吴防侯,封吕胜为涅阳侯"㉜,此与《灌婴列传》稍有不同。

类例者于《史记》犹见㉝,兹不繁举。另外《史记·项羽本纪》《史记·高祖本纪》载"曹咎自刭汜水上",《史记·项羽本纪》载"项羽乃自刎而死",为《史记》兼存异说,姑且不论。至于史书"同功一体"现象的产生,归根到底,是《史记》纪传体及《月表》《年表》本身特点所致,非仅史源不同:众将参与同一战役,诸人所经战事、所获战果均得获记。然而冠时,或是或非,非者如第一则示例樊哙、周勃"非同时将兵"击燕王卢绾,如第二则示例陈胜、吴广未曾至戏等。若析言之,如第二则,从书法角度,以施令者代实施事者,合情;但就史实角度,则不合理,甚至为误。众所周知,治经者推演经例,早已渊源有自㉞,而治史者倘如治经者,比史推演史例,亦可得其大者矣。要知一书自有正例,正例之外杂有变例,变例之发生亦存"原则性"规律㉟。经书如是㊱,史书亦然。秦楚战事史文,战事相关之人,战功同时相冠,此为正例;而冠时或非,此乃变例;误冠之因,或以上级统下级,或以整体代部分,或战事相关而分疏不明,斯是变例发生之"原则性"规律。盖明乎史例,则于前后非一,诸说相兼者,旨始了然矣。

四、"汉王南出"非南出于荥阳

《史记·淮阴侯列传》：

> 楚方急围汉王于荥阳，汉王南出，之宛、叶间，得黥布，走入成皋，楚又复急围之。㊲

按《汉书》同之。考《史记·高祖本纪》"将军纪信乃乘王驾，诈为汉王，诳楚，楚皆呼万岁，之城东观，以故汉王得与数十骑出西门遁"㊳知，纪信扮刘邦出荥阳东门以诱敌，故汉王得与数十骑出西门遁，此"西门遁"指刘邦从荥阳城之西门逃出至成皋，其中逃至成皋云云，见《汉书·高帝纪上》"汉王出荥阳，至成皋。自成皋入关，收兵欲复东"㊴。自刘邦出荥阳至成皋，又入武关，收兵欲复东之时，袁生说刘邦曰："……愿君王出武关，项羽必引兵南走，王深壁，令荥阳成皋间且得休。"㊵于是，"汉王从其计，出军宛、叶间，与黥布行收兵。项羽闻汉王在宛，果引兵南"㊶。可见，"汉王南出"非从荥阳南出，乃汉王先西至成皋，自出武关后，再南至宛、叶间。"楚方急围汉王于荥阳"与"汉王南出"非直接相关，为前后二事，是以《史记·淮阴侯列传》应句读为"楚方急围汉王于荥阳。汉王南出，之宛、叶间"。另外，《史记·项羽本纪》："汉王之出荥阳，南走宛、叶，得九江王布。"㊷《汉书·项籍传》作"汉王西入关收兵，还出宛、叶间，与九江王黥布行收兵。"㊸如前述细绎之，《汉书》较《史记》得其实，《项羽本纪》先"汉王之出荥阳"后"南走宛、叶"云云，如《淮阴侯列传》"楚方急围汉王于荥阳，汉王南出"，易有汉王南出于荥阳之误识；而据《史记·高祖本纪》"汉王之出荥阳入关，收兵欲复东"可知，由武关复入荥阳为东，则从荥阳入武关为西，是以《汉书》"汉王西入关收兵"未失，不沿《史记》潜在之误。类例者，犹有《史记·屈原列传》"因留怀王"非在武关。是详述于后。

五、"击破王武、程处军于外黄"与"项羽败汉王于彭城"之先后

《史记·樊哙列传》：

> 从攻项籍，屠煮枣。击破王武、程处军于外黄。攻邹、鲁、瑕丘、薛。项羽败汉王于彭城，尽复取鲁、梁地。㊹

按《汉书》同之。“击破王武、程处军于外黄”与“项羽败汉王于彭城”二事先后，《樊哙列传》先“击破王武、程处军于外黄”，后“羽败汉王于彭城”，而《史记·曹相国世家》：“东取砀、萧、彭城。击项籍军，汉军大败走。参以中尉围取雍丘。王武反于黄，程处反于燕，往击，尽破之。”㊺《史记·灌婴列传》：“复以中谒者从降下砀，以至彭城。项羽击，大破汉王。汉王遁而西，婴从还，军于雍丘。王武、魏公申徒反，从击破之。攻下黄，西收兵，军于荥阳。”㊻《史记·靳歙列传》：“从东击楚，至彭城。汉军败还，保雍丘，去击反者王武等。”㊼这三则与《樊哙列传》相反。整体考察史文，《曹相国世家》《灌婴列传》《靳歙列传》各作“王武反于黄”“王武、魏公申徒反”“去击反者王武等”，且据《史记·高祖本纪》“汉王以故得劫五诸侯兵，遂入彭城……当是时，诸侯见楚强汉败，还皆去汉复为楚”㊽，可知汉王入彭城前，有劫五诸侯兵之势，王武等人何得去汉？是以击王武、程处军，当在刘邦败于彭城之后，《樊哙列传》失序。王先谦《汉书补注》“此传俱在外黄，与《参传》微异”㊾云云，虽察其异，未得其实。此为《史记》内部存异而《汉书》因之同例。

六、“击章邯军东阿、濮阳下”与“破李由军雍丘下”之先后

《史记·夏侯婴列传》：

从击秦军砀东，攻济阳，下户牖，破李由军雍丘下，以兵车趣攻战疾，赐爵执帛。常以太仆奉车从击章邯军东阿、濮阳下，以兵车趣攻战疾，破之，赐爵执珪。㊿

按《汉书》同之。《史记·项羽本纪》：“居数月，引兵攻亢父，与齐田荣、司马龙且军救东阿，大破秦军于东阿……沛公、项羽乃攻定陶。定陶未下，去，西略地至雝丘，大破秦军，斩李由。”(51)《史记·高祖本纪》：“居数月，北攻亢父，救东阿，破秦军……军濮阳之东，与秦军战，破之。秦军复振，守濮阳，环水。楚军去而攻定陶，定陶未下。沛公与项羽西略地至雍丘之下，与秦军战，大破之，斩李由。”(52)从这两则史文知，“破李由军雍丘下”当发生在“击章邯军东阿、濮阳下”之后，《夏侯婴列传》二事乃失序。此为《史记》内部存异而《汉书》因之同例。

七、“从东垣过赵”与“赵王献之美人”之先后

《史记·淮南衡山列传》：

> 高祖八年，从东垣过赵，赵王献之美人。厉王母得幸焉，有身。赵王敖弗敢内宫，为筑外宫而舍之。㊾

按《汉书》同之。据史文，刘邦至楼烦后，过赵有二：其一，高祖七年，过赵，赵王朝夕侍奉，刘邦不礼赵王。《史记·张耳陈馀列传》："汉七年，高祖从平城过赵，赵王朝夕袒韝蔽，自上食，礼甚卑，有子婿礼。高祖箕踞詈，甚慢易之。"㊿其二，高祖八年，过赵欲宿，贯高等将谋弑，高祖觉，不宿而去。《史记·张耳陈馀列传》："汉八年，上从东垣还，过赵，贯高等乃壁人柏人，要之置厕。上过欲宿，心动，问曰：'县名为何？'曰：'柏人。''柏人者，迫于人也！'不宿而去。"㊶《史记·高祖本纪》亦同。㊷既然刘邦不宿而去，赵王张敖必无有献美人事，献事当在高祖七年，赵王朝夕侍奉刘邦之际。《史记》"高帝八年，从东垣过赵"（第二次过赵），《汉书》近同，是句系于"赵王献美人……为筑外宫而舍之"（第一次过赵）之前，致使二者既为连书，前后又成失序。两次"过赵"杂糅，乃司马子长混而误记。此为《史记》内部存异而《汉书》因之同例。

八、《汉书》"我守荥阳城弗能下"之"守"乃"围"义补

《史记·陈涉世家》：

> 将军田臧等相与谋曰："周章军已破矣，秦兵旦暮至，我围荥阳城弗能下，秦军至，必大败。不如少遗兵，足以守荥阳，悉精兵迎秦军……"……田臧乃使诸将李归等守荥阳城……㊸

按《汉书·陈胜传》作"我守荥阳城不能下"㊹。李古寅曾述："单从这一段文字中又出现的两次'守荥阳'，便可明确判断'我围荥阳'显系误，'围'当为'守'，只有将'围'改为'守'，前后才没有矛盾，文意才能通畅。"㊺李说非是。邹维一对李说进行辨正，认为"守"乃"围"义，二词是"同一史实的不同记载""并非是《史记》误或《汉书》误，而是《史记》《汉书》表述方式不同所致"㊻。所辨得实。据史文语境，《史记》两处"守荥阳"，所指皆是楚军围秦军所坚守之荥阳城。一般而言，"守"谓"据城抵御"，但同时亦存"围城进攻"义。"守""围"同义，后世文献时见，如李光华《"围"字释义辨正》与《魏晋南北朝常用词语考释三例》二文已有述及，颇有见地。且值得一提的是，"守"训"围"者犹见载于《史记》，如《高祖本纪》"于是沛公乃夜引兵从他道还，更旗帜，黎明，围宛城三匝……（南阳守龁）乃踰城

见沛公,曰:'臣闻足下约,先入咸阳者王之。今足下留守宛。宛,大郡之都也,连城数十,人民众,积蓄多,吏人自以为降必死,故皆坚守乘城……'"㊿,其中,"今足下留守宛"之"守",以及《淮南衡山列传》"(汉武帝)遣中尉安、大行息即问王,王具以情实对。吏皆围王宫而守之"之"守"㊾,《汉书》同之。此二"守"均可训成"围",非"御"义:前者指刘邦围攻宛城,后者指包围王宫。

九、"汉王从五诸侯入彭城"之"从"未必为误

《史记·叔孙通列传》:

> 汉二年,汉王从五诸侯入彭城,叔孙通降汉王。汉王败而西,因竟从汉。㊿

按《汉书》同之。其中,《史记·项羽本纪》:"春,汉王部五诸侯兵,凡五十六万人,东伐楚。"㊿又《史记·高祖本纪》:"汉王以故得劫五诸侯兵,遂入彭城。"㊿此外,《汉书·项籍传》稍异《史记》,作"汉王劫五诸侯兵"㊿。对此,王念孙《读书杂志·史记》曰:"念孙案:作'劫'者是也。《高祖纪》及《汉书·高祖纪》《项籍传》并作'劫'。《陆贾传》亦曰:'汉王鞭笞天下,劫略诸侯。'隶书'劫''部'形相近,故'劫'误为'部'。"㊿王氏言"'劫'误为'部'"者,于此辨者甚多㊿。愚以为"部"字未必为误,《叔孙通列传》"汉王从五诸侯"之"从"亦得其实。检《史记·项羽本纪》"沛公旦日从百余骑来见项王"㊿,及《史记·陈丞相世家》"高帝从破布军还,病创,徐行至长安"㊿知,"汉王从五诸侯"之"从",其语境义,犹率也㊿,可与"劫""部"相通,犹《史记·黥布列传》"阴令人部聚兵,候伺旁郡警急"㊿。因之,《史记》所见异文有三,一方未必为误,诸异可能皆是,为通许之辞,或子长记史笔法,类如前述"围""守"互用现象也。

十、"受事"与"施事"混淆

《汉书·卫青霍去病传》:

> 苏建至,上弗诛,赎为罪人。青赐千金。㊿

按《史记·卫将军骠骑列传》："右将军建至，天子不诛，赦其罪，赎为罪人。大将军既还，赐千金。"⑭《汉书》删"既还"，改"大将军"为"青"，作"青赐千金"。据《史记》，"赐千金"为天子赐大将军卫青千金，卫青受事，合于史实；据《汉书》则"卫青赐千金"，卫青施事，殊为失之。此或《汉书》删"既还"而未及将"青（大将军）赐"改"赐青"，或传抄有误，致施事与受事相倒。

十一、"因立""欲自立"与"自立"之别

《史记·黥布列传》：

及项籍杀宋义于河上，怀王因立籍为上将军，诸将皆属项籍。⑮

按《汉书·黥布传》："及籍杀宋义河上，自立为上将军，使布先涉河，击秦军，数有利。"⑯《史记·项羽本纪》："（诸将）乃相与共立羽为假上将军。使人追宋义子，及之齐，杀之。使桓楚报命于怀王。怀王因使项羽为上将军，当阳君（黥布）、蒲将军皆属项羽。"⑰《汉书·黥布传》改作"自立为上将军"未得其实。二者结果，虽无差别，然以史笔叙事而言，《史记》更为实录。类例者，如《史记·留侯世家》"汉四年，韩信破齐而欲自立为齐王，汉王怒"⑱，及《史记·淮阴侯列传》"汉四年，遂皆降平齐。（韩信）使人言汉王曰：'……愿为假王便。'……汉王大怒，骂曰：'……乃欲自立为王'"⑲。在行动上，"欲自立"并未"亲自立"，二者稍异，因此《史记·灌婴列传》"齐地已定，韩信自立为齐王"⑳未达一间。另外，方回《续古今考》载有"项羽自立为上将军"一目，其曰："诸将畏羽之威共立羽为假上将军，报命于王，此与韩信求为假王何异？怀王因以羽为上将军，此与汉王就立韩信为齐王何异？"㉑方回连类比较，认为诸将共立项羽与怀王因立项羽，韩信求为假王与刘邦因立韩信，两两无异，颇有史识，但据前述，方氏却忽视项羽、韩信只是"欲自立"仍未"亲自立"。各篇所载项羽立为上将军、韩信立为齐王之事，结局固然无异，史笔却为不同。秦末汉初，就项羽（指项羽称王之前）、韩信当时之立场，二人决难不顾怀王、刘邦而擅为自立。故《汉书·黥布传》《史记·灌婴列传》"自立"云云当审慎待之，犹如前述"项梁追之"非"项梁追至"，"项梁杀之（李由）"非"项梁亲杀"。质言之，司马子长、班孟坚叙史，其间虚实变化，当务必留心辨别。

十二、异文之方位词存两言者，或非误

《史记·秦楚之际月表》：

（汉表）周市东略地丰沛间。(82)

按《史记·陈涉世家》："陈王令魏人周市北徇魏地。"(83)《汉书》均同。《月表》言"东略丰沛间"，《陈涉世家》言"北徇魏地"，二者似有牴牾。其实不然。据《史记·高祖本纪》"陈王使魏人周市略地。周市使人谓雍齿曰：'丰，故梁徙也。今魏地已定者数十城。齿今下魏，魏以齿为侯守丰。不下，且屠丰'"(84)，知丰属魏地，史文一曰"丰"，一曰"魏"并无不妥。又，丰地在陈郡（陈王在处）的东北，周市自陈郡略地至丰地，言"北"或"东"皆可。是以异文的方位词存两言者，科用其一，或非误。类例者，如《史记·高祖本纪》："楚军去而攻定陶，定陶未下。沛公与项羽西略地至雍丘之下。"(85)而《史记·曹相国世家》："（曹参）南救雍丘，击李由军，破之，杀李由，虏秦侯一人。"(86)雍丘在定陶之西南，故楚军（按：包括项羽、沛公、曹参，无项梁）自定陶至雍丘时，言"西"或"南"均是。又如《史记·陈涉世家》："田臧乃使诸将李归等守荥阳城，自以精兵西迎秦军于敖仓。"(87)其中，《史记·项羽本纪》下《集解》曰："瓒曰：'敖，地名，在荥阳西北，山临河有大仓。'"且《正义》曰："《括地志》："敖仓在郑州荥阳县西十五里，县门之东，北临汴水，南带三皇山，秦时置仓于敖山，名敖仓云。"(88)敖仓在荥阳城的西北，田臧言"西"迎秦军者亦不误。

十三、《汉书》删《史记》"不"字，义亦通

《史记·魏其武安侯列传》：

武安曰："天下幸而安乐无事，蚡得为肺腑，所好音乐狗马田宅。蚡所爱倡优巧匠之属，不如魏其、灌夫日夜招聚天下豪杰壮士与论议，腹诽而心谤，不仰视天而俯画地，辟倪两宫间，幸天下有变，而欲有大功。臣乃不知魏其等所为。"(89)

按《汉书·窦田灌韩传》阙"不"字，作"卬视天，俛画地"(90)。泷川资言曰："《汉书》删'不'字，义亦通。"(91)类例者，如《史记·季布列传》"尝为中司马，中尉郅都不敢不加

礼"⑨²,《汉书》作"尝为中司马,中尉郅都不敢加"⑨³。王先谦补注:"周寿昌曰:'虽以都之严峻,不敢加于彼。'先谦曰《史记》作'不敢不加礼'。"⑨⁴ 此泷川氏无按语。然,据语境,《史记》"不敢不加礼"与《汉书》"不敢加"文义相同,均指中尉郅都礼敬季布之弟季心。《史记》"加礼"者,以礼相待也,如《史记·魏其武安侯列传》:"灌夫为人刚直,使酒,不好面谀。贵戚诸有势在己之右,不欲加礼,必陵之;诸士在己之左,愈贫贱,尤益敬,与钧。"⑨⁵之"加礼"是一证。然而,加,亦陵也。《索隐·管蔡世家》曰:"裴氏引贾逵注云'以小加大'者,加,陵也,小即曹也,大谓晋及宋也。"⑨⁶《汉书》"不敢加"即"不敢陵",据《史记·魏其武安侯列传》,不加礼即为陵也。是以《史记》"不敢不加礼"与《汉书》"不敢加"近同。又如,《史记·李将军列传》"百姓闻之,知与不知,无老壮皆为垂涕"⑨⁷,《汉书·李广传》删"无"⑨⁸,句亦通。"无老壮"是例又类见于敦煌抄本中。《史记·项羽本纪》"且天之亡秦,无愚智皆知之"⑨⁹,《汉书·项籍传》同,敦煌抄本《汉书·项羽传》作"且天亡秦,愚智知之"⑩⁰,句亦通。另外,史文删"不",其义前后有别之例,如《史记·淮南衡山列传》"爵或至关内侯,奉以二千石,所不当得,欲以有为"⑩¹,《汉书》删"不"及"欲以有为",作"奉以二千石所当得"⑩²。王先谦以为《史记》"不"字为衍⑩³。泷川资言案:"'不'字不必衍……所不当得,言诸侯王不当有此事也。"⑩⁴所谓"奉以二千石",乃淮南王刘长收有罪亡者,赐其爵禄田宅,或至关内侯,奉以二千石。《史记》言"所不当得,欲以有为",指刘长不当如此。实际上,有罪亡者不当得二千石,刘长亦不当赐二千石,盖《汉书》作"奉以二千石所当得"非是。

十四、《汉书》删《史记》"不"字,致施言者变化

《史记·淮阴侯列传》:

> 上常从容与信言诸将能不,各有差。上问曰:"如我能将几何?"信曰:"陛下不过能将十万。"上曰:"于君何如?"曰:"臣多多而益善耳。"上笑曰:"多多益善,何为为我禽?"信曰:"陛下不能将兵,而善将将,此乃信之所以为陛下禽也。且陛下所谓天授,非人力也。"⑩⁵

按《汉书·韩信传》:"上尝从容与信言诸将能各有差。"⑩⁶据语境,"不"通"否",《汉书》删之,致《史记》"(韩信言)各有差"的施言者发生转移。《史记》是"韩信言诸将能",《汉书》为"刘邦与韩信俱言"。从下文韩信曰刘邦"不能将兵,而善将将",可知"言诸将

能"在于"能将几何",刘邦与韩信所论诸将带兵之能,刘邦问,韩信答。《汉书》阙"不",混淆史文"各有差"的施言者。另外,史文有改他字为"不"而义不变者,如《史记·吴王濞列传》"错为御史大夫,说上曰:'……文帝弗忍,因赐几杖,德至厚。当改过自新。乃益骄溢……'"[107],《汉书》改"当"作"不"[108],二书皆言吴王濞未能改过自新。

十五、话语变叙语,改之致生色大减

《史记·张耳陈馀列传》:

> 上使泄公持节问之箯舆前。仰视曰:"泄公邪?"泄公劳苦如生平驩,与语,问张王果有计谋不。[109]

按《汉书·张耳陈馀传》改作"印视泄公,劳苦如平生欢"[110]。泷川资言引斋藤谦曰:"'泄公邪'三字,极有情致,而《汉书》删去之。"[111]此论甚是。贯高遭"吏治榜笞数千,刺剟,身无可击者,终不复言",及至见泄公贯高,只道"泄公邪"。短短三字,言简意远,欲言而终不言,被描绘得极致。《汉书》删"曰"使"话语变叙语"之例犹见,如《史记·叔孙通列传》"二世喜曰:'善。'尽问诸生"[112],《汉书》"二世喜,尽问诸生"删"曰善"[113]。又如《史记·季布列传》"(滕公)意季布匿其所,乃许曰:'诺'"[114],《汉书》"意布匿其所,乃许诺"删"曰"[115]。又如《史记·佞幸列传》:"江都王怒,为皇太后泣曰:'请得归国入宿卫,比韩嫣。'"[116]《汉书》删"曰"为"江都王怒,为皇太后泣,请得归国入宿卫,比韩嫣"[117]。此删"曰",致江都王怒之声色大减。值得注意的是,台湾学者吴福助的《史汉关系》载有"删省对白"一节[118],书中所示,乃将繁之对白,改成简之对白,删削后仍是对白。另外,《汉书》有增"曰"使"叙语变话语"例,如《史记·武安侯列传》"其春,武安侯病,专呼服谢罪。使巫视鬼者视之,见魏其、灌夫共守,欲杀之。竟死"[119],《汉书》作"上使视鬼者瞻之,曰:'魏其侯与灌夫共守,笞欲杀之。'竟死"[120]。据《汉书》,《史记》"魏其、灌夫共守,欲杀之"乃巫视鬼者之言。《史记》《汉书》各阙"曰"而为叙语者,是否传抄脱落,未详孰是。

十六、话语变叙语,改之致引语出处不明

《史记·田叔列传》:

会事发觉,汉下诏捕赵王及群臣反者。于是赵午等皆自杀,唯贯高就系。是时汉下诏书:"赵有敢随王者罪三族。"⑫

按《汉书·田叔传》:"会赵午、贯高等谋弑上,事发觉,汉下诏捕赵王及群臣反者。赵有敢随王,罪三族。"⑫可知《汉书》删"是时汉下诏书",致"赵有敢随王,罪三族"句由引语变叙语。又,是句之后,《史记》载:"叔叩头对曰:'是乃孟舒所以为长者也。夫贯高等谋反,上下明诏,赵有敢随张王,皋三族。……'"⑫《汉书》作:"叔叩头曰:'夫贯高等谋反,天子下明诏,赵有敢随张王者罪三族,……'"⑫据前述,"赵有敢随张王(者),罪三族"乃诏书之语。又如《史记·栾布列传》"已而枭彭越头于洛阳下,诏曰:'有敢收视者,辄捕之'"⑫,《汉书·栾布传》作"枭首雒阳,下诏有收视者辄捕之"⑫。故《史记》《汉书》中本为引语之语者,句读时当在相应句上加单引号以示区别。此外,《汉书·田叔传》删《史记·田叔列传》"于是赵午等皆自杀,唯贯高就系。是时汉下诏书",致使"汉下诏捕赵王及群臣反者"之"下诏",与"赵有敢随王,罪三族"似出自同一诏书。其实非也。《史记·张耳陈馀列传》:"于是上皆并逮捕赵王、贯高等。十余人皆争自刭,贯高独怒骂曰……乃槛车胶致,与王诣长安。治张敖之罪。上乃诏赵群臣宾客有敢从王皆族。"⑫《汉书·张耳陈馀传》删"上乃诏赵群臣宾客有敢从王皆族"。据《史记·田叔列传》《史记·张耳陈馀列传》知,第一次下诏乃"会事发觉,下诏捕反者",第二次下诏乃禁止赵王群臣宾客从王至长安。《汉书》"汉下诏捕赵王及羣臣反者"与"赵有敢随王,罪三族",非自同一诏书,《汉书》删"是时汉下诏书"等语,致二者连书。有识于此,《汉书·张耳陈馀传》所删,乃弱化赵王群臣宾客忠信之叙事色彩;班固所改,又似有削异姓诸侯王,以汉为主的大一统观念,或如孔颖达引《公羊》文十三年传"封鲁公以为周公也。周公拜乎前,鲁公拜乎后。曰生以养周公,死以为周公主。然则周公之鲁乎?曰不之鲁也。曷为不之鲁?欲天下之一乎周也"后,疏曰"言若周公之鲁,恐天下归心于鲁,故不之鲁,使天下一心以事周"⑫。班固欲使天下一心以事汉,而删"上乃诏赵群臣宾客有敢从王皆族",义为然乎?

十七、话语变叙语,改之致"以引语为己语"

《史记·淮南衡山列传》:

被曰:"被所善者黄义,从大将军击匈奴,还,告被曰:'大将军遇士大夫有礼,于士卒有恩,众皆乐为之用。骑上下山若蜚,材干绝人。'被以为材能如此,数将习兵,未易当也。……"⑬

　　按《汉书·伍被传》:"被曰:'臣所善黄义,从大将军击匈奴,言大将军遇士大夫以礼,与士卒有恩,众皆乐为用。骑上下山如飞,材力绝人如此,数将习兵,未易当也……'"⑭《汉书》删"还,告被"及"被以为",致"己语""引语"相混。《史记》"被以为材能如此,数将习兵,未易当也"是伍被"己语",伍被引黄善告伍被语为"引语",然《汉书》将黄善告伍被语"引语",即"骑上下山如飞,材力绝人"窜入作伍被"己语",以致"引语"作"己语"。因此,《汉书》"骑上下山如飞,材力绝人如此,数将习兵,未易当也"句读失当(按:王先谦《汉书补注》与点校本同),其应读作"言'大将军遇士大夫以礼,与士卒有恩,众皆乐为用,骑上下山如飞,材力绝人'。如此,数将习兵,未易当也"。

　　古代典籍引文时见"以引语所引为引者语"情况,此可参见《〈史记〉引文札记与后世引文问题说略——兼说"刘向明不歌而颂"为引者所引为引者语》,论之十分精审。⑮类例者,如《史记·吴王濞列传》"使者对曰:'……且夫"察见渊中鱼,不祥"。今王始诈病……'"⑯,《汉书》删"且夫",故《汉书》"察见渊中鱼,不祥"⑰为以引语所引为引者语。又如《史记·韩长孺列传》"安国曰:'……且强弩之极,矢不能穿鲁缟;冲风之末,力不能漂鸿毛……'"⑱,《汉书》作"安国曰:'……且臣闻之,冲风之衰,不能起毛羽;强弩之末,力不能入鲁缟……'"⑲。据《汉书》所增"臣闻之"三字,可知《史记》"且强弩之极,矢不能穿鲁缟;冲风之末,力不能漂鸿毛"为引者所引之引语。又,明人于慎行《读史漫录·西汉》:"及观伍被对淮南王之言,乃知青有名将之风,人所不可及者。被云:'大将军遇士大夫以礼,与士卒有恩,骑上下山如飞,才力绝人,……乃渡。'"⑳于氏摘录史文阙漏"黄义""告",致"己语""引语"相混,将黄善告伍被语"引语",变为伍被"己语"。另外,《汉纪·孝武皇帝第十二》:"被曰:'臣闻大将军遇士大夫以礼,与士卒有恩,众皆乐为用。骑上下山谷若飞,材力绝人……乃渡。'"㉑《汉纪》虽删"黄义""还,告被""被以为"等语,但其所增"臣闻"切当,亦不误也。综上,《汉书》"骑上下山如飞,材力绝人"为引者所引之语,"如此,数将习兵,未易当也"为引者之语,《汉书》将二句合为一句作引者之语,亦是"非一处话语而并为一句"之例。

十八、非一处话语而并为一句

　　《史记·张耳陈馀列传》:

上贤贯高为人能立然诺,使泄公具告之,曰:"张王已出。"因赦贯高。贯高喜曰:"吾王审出乎?"泄公曰:"然。"泄公曰:"上多足下,故赦足下。"⑬⑧

按《汉书·张耳陈馀传》:"上贤高能自立然诺,使泄公赦之,告曰:'张王已出,上多足下,故赦足下。'"⑬⑨此《汉书》合并泄公两处话语为一处。类例者,如《史记·季布列传》"(朱家)因谓滕公曰:'季布何大罪……'……朱家曰:'臣各为其主用……'"⑭⓪,《汉书·季布传》改作"(朱家)乃之洛阳见汝阴侯滕公,说曰'季布何罪?臣各为其主用……'"⑭①。《汉书》删藤公语,合朱家两处话语为一处,并略作增删。又如,《史记·田叔列传》"田叔曰:'上毋以梁事为也。'上曰:'何也?'曰:'今梁王不伏诛,是汉法不行也……'"⑭②,《汉书·田叔传》改作"叔曰:'上无以梁事为问也。今梁王不伏诛,是废汉法也……'"⑭③。《汉书》删《史记》"上曰:'何也'",并田叔两句为一句。《汉书》非一处话语而并为一句,是例之失,如前所言,"引者所引之语"与"引者之语"混而成一,误为"引者所引为引者语"。此其一。其二,弱化对话艺术色彩。要知《汉书》"非一处话语而并为一句"例,与将非一时空史事裁接一处,大判言之,二者其理不异,又亦连书一显明可见之例也。

十九、所概称史料战事,追叙时往往倒书

《史记·高祖功臣侯者年表》:

(靳歙)以车骑将军攻黥布、陈豨。⑭④

按《汉书·高惠高后文臣功臣表》改作:"(靳歙)以将军攻豨、布。"⑭⑤先豨后布者,有如《史记·陈丞相世家》"其后常以护军中尉从攻陈豨及黥布"⑭⑥及《史记·夏侯婴列传》"以太仆击陈豨、黥布军"⑭⑦等,《汉书》同之。必知陈豨先反,黥布后反者,首先,《史记·淮阴侯列传》"(韩信)阴使人至豨所,曰:'弟举兵,吾从此助公'"⑭⑧,知陈豨始反时⑭⑨,曾与韩信接触。其次,《史记·黥布列传》"十一年,高后诛淮阴侯,布因心恐"⑮⓪,知韩信被诛后,黥布心恐。据此推知,陈豨先反,黥布后反。再次,《史记·靳歙列传》"别击陈豨丞相敞,破之,因降曲逆。从击黥布有功,益封,定食五千三百户"⑮①,《高祖本纪》《樊哙列传》等亦如是载。可见靳歙无疑"先攻陈豨"再"后击黥布",盖《史记·高祖功臣侯者年表》"(靳歙)以车骑将军攻黥布、陈豨"的战事追叙失序。

事实上,详考史文,可以发现,多个战事的简要追叙,《史》《汉》记载随意,频见失序,

不胜枚举,亦如前述"击章邯军东阿、濮阳下"与"破李由军雍丘下"、"击破王武、程处军于外黄"与"项羽败汉王于彭城"、"从东垣过赵"与"赵王献之美人"等两两相倒。此现象可述作:概称史料之战事,追叙时往往倒书。是类例者,兹举如下:

1.《史记·项羽本纪》:"项王闻淮阴侯已举河北,破齐、赵,且欲击楚,乃使龙且往击之。"[152]按《史记·高祖本纪》同之,《汉书·高帝纪上》"项羽闻韩信破齐,且欲击楚,使龙且救齐"删"赵"[153]。考《史记·淮阴侯列传》知,韩信先破赵,再下齐,而《高帝纪上》删"赵"缘为整饬文字,救齐不再言"破赵"。

2.《史记·高祖本纪》:"郦将军往见审食其,曰:'……陈平、灌婴将十万守荥阳,樊哙、周勃将二十万定燕、代……'"[154]按:"定燕"存在三种史文语境:韩信使燕降;刘邦亲定燕(臧荼);代樊哙后,周勃定燕。然"定燕"为何语境,皆在"韩信灭赵"之后。另外,"破代"亦有四种史文语境:韩信破代兵(在破赵前);刘邦亲击("燕王臧荼反,攻下代地……使丞相哙将兵攻代"[155]);樊哙从刘邦击韩王信于代;陈豨反代地,燕王卢绾亦反,樊哙、周勃定代,周勃代樊哙后定燕。因此,"燕"为"周勃代樊哙后定燕",樊哙、周勃"非同时将兵"击燕王卢绾,且陈豨被斩时燕王卢绾未叛。由此,《高祖本纪》"燕、代"失序。

3.《史记·秦楚之际月表》:"梁击杀景驹、秦嘉,遂入薛,兵十余万众。"[156]按《史记·黥布列传》:"项梁涉淮而西,击景驹、秦嘉等。"[157]据《史记·项羽本纪》"乃进兵击秦嘉。秦嘉军败走,追之至胡陵。嘉还战一日,嘉死,军降。景驹走死梁地"[158]知,秦嘉先于景驹被杀。

4.《史记·高祖功臣侯者年表》:"(曹参)以将军入汉,以左丞相出征齐、魏"之"齐、魏。"[159]按《汉书·高惠高后文功臣表》作"魏、齐"[160]。据史文,汉先定魏,再灭齐,《汉书》所改为是。

5.《史记·高祖功臣侯者年表》:"(召欧)入汉,以骑将定燕、赵。"[161]按:据史文,无论是何种定燕语境,应是灭赵后,方定燕。

6.《史记·留侯世家》:"汉王乃遣随何说九江王布,而使人连彭越。及魏王豹反,使韩信将兵击之,因举燕、代、齐、赵。"[162]按:检《史记·淮阴侯列传》,"燕、代、齐、赵"的顺序应是"代、赵、燕、齐"。

7.《史记·淮阴侯列传》:"汉王遣张耳与信俱,引兵东,北击赵、代。"[163]按:检《淮阴侯列传》,韩信先定代,再击赵。

8.《史记·郦生列传》:"(郦生曰)方今燕、赵已定,唯齐未下。"[164]按:此处"燕已定"是"韩信使燕降",是以韩信先定赵,再定燕。

9.《史记·郦生列传》:"(郦生曰)下井陉,诛成安君;破北魏,举三十二城。"[165]韩兆琦《史记笺证》曰:"破魏原在灭赵前,今郦生叙述失序。"[166]可谓切中肯綮。

余 论

　　如前所述,比史推例,例有正例、变例。详述战事为正例,概称战事若乖正例,则称变例。详述既为史文之重,笔墨多费,然概称时,治史者无暇参照前后,致粗载不审,有"实数"与"成数"之别。换言之,详述战事是记事之典,须委曲备言;概称战事是疏通之教,故举大略小。故于诸变例,读史者不可局以科段,望文解义。且纵退万步,概称史料追叙战事的倒书,为史家便文,乃细枝末节,不足怪哉,然管见所及,司马迁作史时,间因潜意识作怪者,还有可举。

　　《史记·五帝本纪》:"然尚书独载尧以来;而百家言黄帝,其文不雅驯,荐绅先生难言之。"[167]《史记·平准书》:"太史公曰……所从来久远,自高辛氏之前尚矣,靡得而记云。故书道唐虞之际,诗述殷周之世……"[168]由是而知,律以叙史惯例,高辛之前靡得而记,尧舜以来独载言之,似是较为普遍的史识[169],然而,《史记·太史公自序》中,子长在概述全书体例,及各篇宗旨之前,却曰:"于是卒述陶唐以来,至于麟止,自黄帝始。"[170]此后置"自黄帝始",极可能为司马迁潜意识误作"陶唐",至忽觉"陶唐"无法统概全书一百三十篇之时,才后补上"自黄帝始"。同篇《太史公自序》末"太史公曰:余述历黄帝以来至太初而讫,百三十篇"[171]可足为明证。

　　是以同一史事,史文常见"详述"与"概称"之别,较于"详述","概称"易致误乱者,比比皆是,可总述为:"概称"言是者校之"详述"时或是或非,"概称"更易误乱,成为变例。如上述诸论:战事相关,战功相冠的或是或非;"汉王南出"非南出于荥阳;破李由、破王武、献美人等史文失序;追叙战事的倒书;等等。对此,读史若疏忽不察,未考史文裁接之法,将其中一句匆遽视作铁证,认为司马迁如是说,言之凿凿,肯定无误,则未免"想当然"。

　　如《史记·屈原贾生列传》"太史公曰:余读《离骚》《天问》《招魂》《哀郢》,悲其志"[172],是句在《招魂》作者问题上[173],对其能否成为作者乃屈原的一条"力证",楚辞学界至今,依然争论不止。殊不知孤例而证,往往令人难以从服,因为史文"概称",本是变例,未必得实,"余读……《招魂》,悲其志"者,未必能够说明子长具有《招魂》作者权归属于屈原[174]之意,犹如刘邦两次"过赵"之史文混记,及樊哙、周勃"非同时将兵",而史文"使樊哙、周勃将兵击燕王绾"并云"樊哙定燕"之淆载。《招魂》"与《离骚》《天问》《哀郢》"并称,或为前后二事间接相关,而逻辑无法直接承接的连书现象,类于"非一处而并为一处",此推量为义,良有以也。

　　且同是《屈原列传》篇中,其曰:"怀王卒行。入武关,秦伏兵绝其后,因留怀王,以求割地。怀王怒,不听。亡走赵,赵不内。复之秦,竟死于秦而归葬。"⑮乍看,"武关"与"因留怀王,以求割地",具有一事前后发生之直接联系,疑为秦国在武关强留怀王以求割地。可详考史文,实际上又非如此。

据《史记·楚世家》:"昭王诈令一将军伏兵武关,号为秦王。楚王至,则闭武关,遂与西至咸阳,朝章台,如蕃臣,不与亢礼。楚怀王大怒,悔不用昭子言。秦因留楚王,要以割巫、黔中之郡。楚王欲盟,秦欲先得地。楚王怒曰:'秦诈我而又强要我以地!'不复许秦。秦因留之……二年,楚怀王亡逃归,秦觉之,遮楚道,怀王恐,乃从间道走赵以求归。赵主父在代,其子惠王初立,行王事,恐,不敢入楚王。楚王欲走魏,秦追至,遂与秦使复之秦。怀王遂发病。顷襄王三年,怀王卒于秦,秦归其丧于楚。"⑯

由此,"入武关,秦伏兵绝其后"对应"楚王至,则闭武关",而留怀王、迫割地及"怀王怒,不听"等,其发生地均在咸阳。在武关时,楚怀王未觉秦绝其后之意(否则不会"从间道走赵以求归"),仍从至咸阳,是以楚王被强留割地之事,皆在秦都咸阳。因之,此句应读作:"怀王卒行。入武关,秦伏兵绝其后。因留怀王,以求割地,怀王怒,不听。"可见,将孤立之文献,置于整体中考察,以马还马,辨史文裁接,"想当然"与"事实上"之别,不难焕然分明,并令"概称"史文与全书犁然沟通,庶后世引证时,不以误为误也。

综上所述,文似而义异者甚众,不可以一方求之,否则端绪莫寻,殊失解义,类如前文所论:"围"与"守";"劫""部"与"从";"受事"与"施事"之淆;"因立""欲自立"与"自立"之别;异文之方位词存两言者,或非误;《汉书》删《史记》"不"字,致施言者变化;话语变叙语,致前后诏书二合为一,致"以引语为己语";等等。盖以为子长为谬,纵观全书其未必误;以为子长是说凿凿,殊不知乃叙史变例。惟辨史文裁接之式,知其之失,又知其失之所由,从一例并见诸类例,举此偶反,推正例、变例,就整体观部分,引《史》《汉》避以孤为证者,其义可彰彰明矣。故今比史,不揣浅陋,特互其文,参验情事而为此说,以俟后贤,教之正之。

注释

① 徐复观:《两汉思想史》(第三卷),华东师范大学出版社,2001,第276页。拙稿在修订过程中,承蒙萧旭先生指出训诂问题,并提供颇具价值的材料,在此谨致谢忱。
② 张大可:《略论马班异同的内容与发展历史》,《渭南师专学报(社会科学版)》1994年第1期。
③ 赵翼:《廿二史札记校证》,王树明校证,中华书局,2013,第1页。
④ 《史记》卷八《高祖本纪》,中华书局,2014,第491—492页。
⑤ 《汉书》卷一《高帝纪下》,中华书局,1962,第77—80页。按:若《史记》内部存异而《汉书》因之,则不

注《汉书》出处,惟《汉书》异《史记》时皆出注。下同。

⑥《史记》卷五六《陈丞相世家》,第 2501 页。

⑦《史记》卷五七《绛侯周勃世家》,第 2515 页。

⑧按《史记》《汉书》连书现象并不鲜见,如郜积意曰:"知马迁撰史,有诸事连书之例,不尽循年月之序。"(郜积意:《〈史记〉〈汉书〉年月考异》,上海古籍出版社,2015,第 23 页)是书考证年月,在前人基础上,发前人所未发,示例颇多,时见精解。

⑨《史记》卷五七《绛侯周勃世家》,第 2516 页。

⑩《史记》卷九五《樊哙列传》,第 3222 页。

⑪《史记》卷一〇八《淮南衡山列传》,第 3754 页。

⑫《史记》卷四八《陈涉世家》,第 2371 页。

⑬《史记》卷七《项羽本纪》,第 387 页。

⑭《史记》卷九四《田儋列传》,第 3208 页。

⑮《史记》卷七《项羽本纪》,第 387 页。

⑯《史记》《汉书》皆载"西破秦军濮阳东",而至濮阳东者之施事者,历来却存三说:(一)只有项羽、刘邦,没有项梁;(二)只有项梁,没有其他二人;(三)项梁、项羽、刘邦三人同至。是讼,笔者在《〈史记〉文献内证的虚实变化——以项梁的行军路线为讨论中心》(《西安石油大学学报》第 31 卷第 6 期)已详辨之。

⑰《史记》卷八七《李斯列传》,第 3099 页。

⑱同上书,第 3107 页。

⑲《史记》卷九七《郦生列传》,第 3266 页。

⑳《史记》卷一一〇《匈奴列传》,第 3500 页。

㉑《史记》卷一〇〇《季布列传》,第 3307 页。

㉒《史记》卷九一《黥布列传》,第 3159 页:"往年杀彭越,前年杀韩信,此三人者,同功一体之人也,自疑祸及身,故反耳。""同功一体"言功绩与地位相同,此取字面义。又,《史记》卷八九《张耳陈馀列传》,第 3131 页:"陈馀客多说项羽曰:'陈馀、张耳一体有功于赵。'""一体"训为"一样,相同"。是文"同功一体"释作"相同战功归于与之相关之人身上"。

㉓按:卢绾反,派樊哙将兵击卢绾。樊哙被谗,高祖派陈平去军中杀樊哙,并让周勃接替樊哙将兵。《汉书》所改史文没有问题。参见《史记》卷五七《绛侯周勃世家》及卷九五《樊郦滕灌列传》。

㉔按:史文原作"以燕将军汉王四年从曹咎军"(第 1109 页)。汉将决无从曹咎军,故疑阙"破"字,或应作"从破曹咎军"。

㉕《史记》卷七《项羽本纪》,第 417 页。

㉖《史记》卷一六《秦楚之际月表》,第 954 页。

㉗《史记》卷九四《田儋列传》,第 3211 页。

㉘《史记》卷一八《高祖功臣侯者年表》,第 1096 页。

㉙同上书,第 1088 页。

㉚《史记》卷八《高祖本纪》,第 477 页。

㉛《史记》卷九五《灌婴列传》,第 3236 页。

㉜《史记》卷七《项羽本纪》,第 425 页。

㉝ 如“定魏”者、“定代”者(按:指楚汉之际)、“定齐”者、“破田横”者、“夺吕禄印”者、“虏章邯”者、“破臧荼”者等。

㉞ 如马楠曰:“‘比经推例’乃成春秋治学之本:(一)公穀以‘比经推例’传经;(二)三传学者以之注传;(三)孔杨徐以之疏注;(四)后学以之论辨三传是非,由是舍传言经。”(马楠:《比经推例》,新世界出版社,2011,第 32—33 页)

㉟如顾迁曰:“《仪礼》十七篇仪数繁复,学者推演经例,正例外且杂有变例,变例也有其发生的‘原则性’规律。”(顾迁:《敖继公〈仪礼集说〉与清代礼学》,《史林》2012 年第 3 期)

㊱ 董仲舒:《春秋繁露》:“故告籴于齐者,实庄公为之,而《春秋》诡其辞,以予臧孙辰。以酅入于齐者,实纪侯为之,而《春秋》诡其辞,以与纪季。所以诡之不同,其实一也。”(苏舆:《春秋繁露义证》卷四《玉英》,钟哲点校,中华书局,1992,第 83—84 页)

㊲《史记》卷九二《淮阴侯列传》,第 3176 页。按:1959 年中华书局《史记》点校本第 2619 页亦是。

㊳《史记》卷八《高祖本纪》,第 471 页。

㊴《汉书》卷一《高帝纪上》,第 41 页。

㊵《史记》卷八《高祖本纪》,第 472 页。

㊶ 同上书,第 472 页。

㊷《史记》卷七《项羽本纪》,第 415 页。

㊸《汉书》卷三一《项籍传》,第 1814 页。

㊹《史记》卷九五《樊哙列传》,第 3220 页。

㊺《史记》卷五四《曹相国世家》,第 2459—2460 页。

㊻《史记》卷九五《灌婴列传》,第 3233—3234 页。

㊼《史记》卷九八《靳歙列传》,第 3282 页。

㊽《史记》卷八《高祖本纪》,第 469 页。

㊾ 王先谦:《汉书补注》第十一卷,上海古籍出版社,2008,第 3435 页。

㊿《史记》卷九五《夏侯婴列传》,第 3230 页。

(51)《史记》卷七《项羽本纪》,第 386—387 页。

(52)《史记》卷八《高祖本纪》,第 450—451 页。

(53)《史记》卷一一八《淮南衡山列传》,第 3739 页。

(54)《史记》卷八九《张耳陈馀列传》,第 3133 页。

(55) 同上书,第 3134 页。

(56)《史记》卷八《高祖本纪》,第 485 页。

(57)《史记》卷四八《陈涉世家》,第 2373 页。

(58)《汉书》卷三一《陈胜传》,第 1792 页。

(59) 李古寅:《标点本〈史记〉〈汉书〉辨误五则》,《中州学刊》1989 年第 5 期。

(60) 邹维一:《〈史记〉〈汉书〉异文考述》,硕士论文,上海师范大学人文学院历史系,2010,第 10 页。

(61)《史记》卷八《高祖本纪》,第 456 页。

(62)《史记》卷一一八《淮南衡山列传》,第 3762 页。

(63)《史记》卷九九《叔孙通列传》,第 3295 页。

(64)《史记》卷七《项羽本纪》,第 409 页。

(65)《史记》卷八《高祖本纪》,第 469 页。

(66)《汉书》卷三一《项籍传》,第 1812 页。

(67) 王念孙:《读书杂志》第一册,徐炜君等点校,上海古籍出版社,2014,第 202 页。

(68) 如萧旭曰:刘宝楠亦谓当作"劫"。张玉春说全同王念孙,纵不知刘宝楠说,而王说极易检得,张氏却不提王氏说,何耶?吴国泰曰:"隶书'劫'字与'部'字形并不相近,王氏之言殆非也。盖'部'者'迫'之借字。迫,逼迫也。劫、迫,其字虽异,其义则同,固无所谓一是一不是也。""部"字不误,《文选·汉高祖功臣颂》李善注引作"部"。"部"读如字亦可,《叔孙通传》作"汉王从五诸侯入彭城",《通鉴》卷 9 作"率诸侯兵","部"与"率"义近,从亦率也。如据《高祖本纪》及《汉书·高祖纪》《项籍传》《陆贾传》作"劫"说之,则"部"读作逼。《说文》:"趞,读若匐。"《山海经·海内经》郭璞注引《开筮》"剖之以吴刀",《初学记》卷 22 引《归藏》、《吕氏春秋·行论》"剖"作"副"。《汉书·扬雄传》《解嘲》:"四分五剖,并为战国。"宋祁曰:"剖,韦本作副,《字林》:'副,判也。'""副"同"副"。《楚世家》:"陆终生子六人,拆剖而产焉。"《集解》引《诗》"不拆不剖",《诗·生民》"剖"作"副"。王力指出"剖"、"副"同源。《晏子春秋·内篇问上》"以无偪川泽",银雀山汉简本"偪"作"伓","音"从"不"得声。此皆其相通之证。(萧旭:《史记校补》,花木兰文化出版社,2021,第 63—64 页)

(69)《史记》卷七《项羽本纪》,第 399 页。

(70)《史记》卷五六《陈丞相世家》,第 2501 页。

(71) 如裴学海曰:"《御览》引韩子作'又率韩魏之兵以伐赵',王先谦《韩非子集说》据《御览》改'而从'为'又率'。按韩改非也。'而'与'又'同义,'从'与'率'同义。《御览》作'又率'者,则据《说苑》以改韩子耳。古谓'率'曰'从',故《战国策·赵策》作'知伯从韩魏兵以攻赵',文与韩子同。又《齐策》'昔吴王夫差,以强大为天下先,强袭郢而栖越,身从诸侯之君',亦谓身率诸侯之君也。"(裴学海:《古书虚字集释》下册,中华书局,1954,第 543 页)

(72)《史记》卷九一《黥布列传》,第 3158 页。

(73)《汉书》卷五五《卫青霍去病传》,第 2478 页。

(74)《史记》卷一一一《卫将军骠骑列传》,第 3545 页。

(75)《史记》卷九一《黥布列传》,第 3152 页。

(76)《汉书》卷三四《黥布传》,第 1882 页。

(77)《史记》卷七《项羽本纪》,第 391 页。

(78)《史记》卷五五《留侯世家》,第 2481 页。

(79)《史记》卷九二《淮阴侯列传》,第 3178 页。

⑧⓪《史记》卷九五《灌婴列传》,第3235页。

⑧①方回:《续古今考》卷五,收录《景印文渊阁四库全书》第853册,(台北)商务印书馆,1983,第175页。

⑧②《史记》卷十六《秦楚之际月表》,第927页。

⑧③《史记》卷四八《陈涉世家》,第2370页。

⑧④《史记》卷八《高祖本纪》,第447—448页。

⑧⑤《史记》卷八《高祖本纪》,第451页。

⑧⑥《史记》卷五四《曹相国世家》,第2456页。

⑧⑦《史记》卷四八《陈涉世家》,第2373页。

⑧⑧《史记》卷七《项羽本纪》,第412页。

⑧⑨《史记》卷一〇七《魏其武安侯列传》,第3448页。

⑨⓪《汉书》卷五二《窦田灌韩传》,第2389页。

⑨①[日]泷川资言考证:《史记会注考证》卷一〇七,杨海峥整理,上海古籍出版社,2015,第3710页。

⑨②《史记》卷一〇〇《季布列传》,第3308页。

⑨③《汉书》卷三七《季布传》,第1979页。

⑨④《汉书补注》第七卷,第3317页。

⑨⑤《史记》卷一〇七《魏其武安侯列传》,第3443页。

⑨⑥《史记》卷三五《管蔡世家》,第1902—1903页。

⑨⑦《史记》卷一〇九《李将军列传》,第3476页。

⑨⑧《汉书》卷五四《李广传》,第2449页。

⑨⑨《史记》卷七《项羽本纪》,第394页。

⑩⓪法国国家图书馆编:《法藏敦煌西域文献34》之p.5009,上海古籍出版社,2005,第13页。

⑩①《史记》卷一一八《淮南衡山列传》,第3741页。

⑩②《汉书》卷四四《淮南衡山传》,第2141页。

⑩③《汉书补注》第十四卷,第3528页。

⑩④《史记会注考证》卷一一八,第4010页。

⑩⑤《史记》卷九二《淮阴侯列传》,第3185页。

⑩⑥《汉书》卷三四《韩信传》,第1877页。

⑩⑦《史记》卷一〇六《吴王濞列传》,第3419页。

⑩⑧《汉书》卷三五《吴王濞传》,第1906页。

⑩⑨《史记》卷八九《张耳陈馀列传》,第3135页。

⑩⑩《汉书》卷三二《张耳陈馀传》,第1841页。

⑪⑪《史记会注考证》卷八九,第3360页。

⑪⑫《史记》卷九九《叔孙通列传》,第3295页。

⑪⑬《汉书》卷四三《叔孙通传》,第2124页。

⑪⑭《史记》卷一〇〇《季布列传》,第3306页。

⑮《汉书》卷三七《季布传》,第1975页。
⑯《史记》卷一二五《佞幸列传》,第3881页。
⑰《汉书》卷九三《佞幸传》,第3725页。
⑱吴福助:《史汉关系》,文史哲出版社,1987,第67—69页。
⑲《史记》卷一〇七《武安侯列传》,第3452页。
⑳《汉书》卷五二《田蚡传》,第2393页。
㉑《史记》卷一〇四《田叔列传》,第3360页。
㉒《汉书》卷三七《田叔传》,第1982页。
㉓《史记》卷一〇四《田叔列传》,第3360页。
㉔《汉书》卷三七《田叔传》,第1982页。
㉕《史记》卷一〇〇《栾布列传》,第3310页。
㉖《汉书》卷三七《栾布传》,第1980页。
㉗《史记》卷八九《张耳陈馀列传》,第3153页。
㉘《礼记注疏》卷三一《明堂位》,艺文印书馆,2001,第577页。
㉙《史记》卷一一八《淮南衡山列传》,第3753页。
㉚《汉书》卷四五《伍被传》,第2169页。
㉛力之:《〈史记〉引文札记与后世引文问题说略——兼说"刘向明不歌而颂"为引者所引为引者语》,《内蒙古师大学报》(哲学社会科学版)2000年第1期。
㉜《史记》卷一〇六《吴王濞列传》,第3417页。
㉝《汉书》卷三五《吴王濞传》,第1905页。
㉞《史记》卷一〇八《韩长孺列传》,第3461页。
㉟《汉书》卷五二《韩长孺传》,第2402页。
㊱于慎行:《读史漫录》卷三,黄恩彤参订,李念孔等点校,齐鲁书社,1996,第56页。
㊲荀悦:《汉纪》卷三,张烈点校,中华书局,2002,第205页。
㊳《史记》卷八九《张耳陈馀列传》,第3136页。
㊴《汉书》卷三二《张耳陈馀传》,第1842页。
㊵《史记》卷一〇〇《季布列传》,第3305—3306页。
㊶《汉书》卷三七《季布传》,第1975页。
㊷《史记》卷一〇四《田叔列传》,第3361页。
㊸《汉书》卷三七《田叔传》,第1983页。
㊹《史记》卷一八《高祖功臣侯者年表》,第1055页。
㊺《汉书》卷一六《高惠高后文臣功臣表》,第533页。
㊻《史记》卷五六《陈丞相世家》,第2501页。
㊼《史记》卷九五《夏侯婴列传》,第3231—3232页。
㊽《史记》卷九二《淮阴侯列传》,第3185页。

⑭ 按：反叛时间多有异文，韩春平："关于陈豨反叛的时间，在《史记》一书中至少已有如下多种表述：(1)高祖十年八月，十年九月，十年秋；(2)十一年，十一年秋；(3)七年。"（韩春平：《〈史记〉〈汉书〉陈豨史事考辨》，《渭南师范学院学报》2017年第1期）

⑮ 《史记》卷九一《黥布列传》，第3158页。

⑯ 《史记》卷九八《靳歙列传》，第3283页。

⑰ 《史记》卷七《项羽本纪》，第417页。

⑱ 《汉书》卷一《高帝纪上》，第43页。

⑲ 《史记》卷八《高祖本纪》，第492页。

⑳ 同上书，第480页。

㉑ 《史记》卷一六《秦楚之际月表》，第929页。

㉒ 《史记》卷九一《黥布列传》，第3152页。

㉓ 《史记》卷七《项羽本纪》，第384页。

㉔ 《史记》卷一八《高祖功臣侯者年表》，第1053页。

㉕ 《汉书》卷一六《高惠高后文功臣表》，第531页。

㉖ 《史记》卷一八《高祖功臣侯者年表》，第1057页。

㉗ 《史记》卷五五《留侯世家》，第2478页。

㉘ 《史记》卷九二《淮阴侯列传》，第3071页。

㉙ 《史记》卷九七《郦生列传》，第3264页。

㉚ 同上书，第3266页。

㉛ 韩兆琦：《史记笺证》，江西人民出版社，2004，第5029页。

㉜ 《史记》卷一《五帝本纪》，第54页。

㉝ 《史记》卷三〇《平准书》，第1738页。

㉞ 班固亦曰："唐、虞以前，虽有遗文，其语不经，故言黄帝、颛顼之事未可明也。"（《汉书》卷六二《司马迁传赞》，第2737页）又，郑玄《诗谱序》载："大庭、轩辕逮于高辛，其时有亡载籍，亦蔑云焉。"（《毛诗正义》，艺文印书馆，2001，第1页）

㉟ 《史记》卷一三〇《太史公自序》，第4006页。

㊱ 同上书，第4029页。

㊲ 《史记》卷八四《屈原贾生列传》，第3034页。

㊳ 王逸序《招魂》云："《招魂》者，宋玉之所作也。"（洪兴祖：《楚辞补注》卷九，中华书局，2006，第197页）

㊴ 力之：《〈楚辞〉与中古文献考说》之《〈招魂〉考辨》《〈招魂考辨〉补说》，巴蜀书社，2005，第144—169页。如第159页："司马迁此说本身是不确定的，即他可以读他人代屈原设言之作而悲屈原之志。"极具卓识。

㊵ 《史记》卷八四《屈原贾生列传》，第3012页。按：1959年中华书局《史记》点校本第2484页亦是。

㊶ 《史记》卷四〇《楚世家》，第2081—2083页。

从《资治通鉴》有关齐国君王后事迹的历史书写看司马光的史学思想

□ 李欣雨 *

摘要：《资治通鉴》是司马光欲以史为鉴写给君臣作政治经验参考的史书，其每一条史料与史论都包含着司马光对于历史上君主与大臣行为的思考。书中的君王后作为战国时期王后当政的典型代表，是司马光为达到"资政"的目的，对《战国策》与《史记》中君王后的史料通过长编考异之法进行的再塑造。考察司马光笔下的君王后，其在位时期面临的政治形势和问题与宋代有诸多相似之处。结合司马光的上书，不难发现，司马光对君王后史事的书写，包含着其对宋代皇权政治现实的关怀与对宋辽西夏民族问题的思考。从《资治通鉴》有关齐国君王后事迹的历史书写来看司马光的史学思想，有助于我们进一步了解司马光的政治观念与《资治通鉴》资政的内涵。

关键词：《资治通鉴》；君王后；司马光的史学思想

关于司马光的史学思想，清人王夫之、王鸣盛、赵翼都曾有所研究。他们以《资治通鉴》（以下简称《通鉴》）司马光笔下的人物进行评价以表述其与司马光观点之异同。在20世纪80年代，当代学者李之勤、陶懋炳、牛致功等认为司马光属于封建地主阶级，不可避免地将地主阶级保守派的反动思想体现在史学写作中；[①] 施丁在《司马光史论的特点》指出司马光论史寓论政，而且往往映射现实；吴怀祺在《〈资治通鉴〉的价值和司马光的历史观》中认为鉴于《通鉴》针对的读者首先是人君，所以《通鉴》中的"臣光曰"属于唯心主义的"君心"决定盛衰论，同时指出司马光也有重视"人"的作用，反对神秘主义历史观的进步思想。21世纪以来，其他学者利用比较史学的方法，将司马光与范祖禹、欧阳修、司马迁、王夫之、刘知几、朱熹、程颐等史学家的史观进行对比，强调宋代文人士大夫身上具有强烈的历史责任感与时代感。[②] 史学家在研究司马光的史学思想时，多着笔于其历史书写的"资治"功能，却较少会以具体人物或事例分析《通鉴》体现了司马光对宋代社会现实有哪些方面的反思。

---

* 李欣雨，上海社会科学院历史研究所硕士研究生。

君王后作为先秦女主掌政的典型,《战国策》《史记》《通鉴》中都有其相关史料,但关于君王后的研究却很少,大部分研究也多是将其放在先秦妇女的整体研究中泛泛而谈。③笔者在阅读过程中发现,《战国策》《史记》《通鉴》在描述君王后的形象与齐国灭亡过程的问题上,表述记录各有异同。④《通鉴》关于君王后的史事基本是选取《战国策》和《史记》的内容,但在材料选择、史事排列上有所偏重。本文以此探究一下《通鉴》这样安排的原因,并由此研究司马光的史学思想。

一、《战国策》《史记》《通鉴》关于君王后形象的记载与塑造

(一)《战国策》对君王后形象的记述

《战国策》中关于君王后事迹的记述集中于卷十三《齐六》,齐负郭之民有孤狐咺者、齐闵王(齐湣王)之遇杀两事件中:

> 太子乃解衣免服,逃太史之家为溉园君王后,太史氏女,知其贵人,善事之。田单以即墨之城,破亡余卒,破燕兵,绐骑劫,遂以复齐,遽迎太子于莒,立之以王。襄王即位,君王后以为后,生齐王建。⑤
>
> 齐闵王之遇杀,其子法章变姓名,为莒太史家庸夫。太史敫女,奇法章之状貌,以为非常人,怜而常窃衣食之,与私焉。……襄王立,以太史氏女为王后,生子建。太史敫曰:"女无谋而嫁者,非吾种也,污吾世矣。"终身不睹。君王后贤,不以不睹之故,失人子之礼也。⑥

《战国策》记载的要点首先是关于君王后的身世,"君王后,太史氏女",从原文的补充我们又可以知道君王后的父亲是"莒太史敫"。莒国在西周时本来是一个诸侯国,但是后"简王元年,北伐灭莒",⑦时当周考王十年(前431)。《汉书·地理志》谓莒传在"三十世为楚所灭",至周赧王三十一年(前284)"燕攻齐,取七十余城,唯莒、即墨不下"⑧。由此推测,莒虽然在被楚攻克后,或因离楚地太远,楚王治理成本太大,后归齐。同年"湣王去,走邹、鲁,有骄色,邹、鲁君弗内,遂走莒"⑨。莒虽然后来归齐,成为齐国的属地,但其具有一定的自主性。史称:"肇自黄帝有之,自后显著。夏太史终古,商太史高势。周则曰太史、小史、内史、外史。而诸侯之国,亦置其官。又春秋、国语引周志及郑书,似当时记事,各有其职。"⑩莒能置"太史",说明其内部在政治上仍保留着作为诸侯国才有的机构。

君王后作为太史之女,教育文化水平较高,史称:"知其贵人,善事之。"从外表行为就

能看出法章的与众不同,足见其识人之能。"怜而常窃衣食之,与私焉。"是君王后人生的第一个转折点,在法章困难时君王后有恩于他,并与其私订终身,这就为之后襄王上位后立君王后为后,又立其子田建,奠定两人同患难的情感基础。在其父亲以其婚嫁不通过父母,不知礼数而责难于她时,她依旧尽自己作为子女的本分,"不失人子之礼也",足见德行之"贤"。有关君王后"贤"之表现的第二处记载文字是:

> 襄王卒,子建立为齐王。君王后事秦谨,与诸侯信,以故建立四十有余年不受兵。⑪

从这段文字中可以得知:在襄王死后,君王后之子被立为齐王,君王后掌握大权。她深知秦之强势,齐国不可轻易得罪,要想争取齐的和平与安定,就需谨慎地侍奉秦国。秦国君王曾"尝使使者遗君王后玉连环,曰:'齐多知,而解此环不?'"⑫这体现出秦王对齐国抱有对属国的挑衅以及对于君王后的质疑,君王后最后破解出玉连环不仅是对她本人才智的证明,也是对于秦国的回击:齐国虽然对秦恭敬,但绝不是无条件地妥协。齐国在维护与秦国外交关系的同时,还需与其他五国维持一个相对友好的关系,尽量避免在军事上产生冲突。在这种和平友好的外交政策下,既保持了齐国的国家完整与独立又可以免受灾祸、战乱,这在当时似乎是明智之举,君王后也是依靠着这种和平保守的外交政策获得贤名。但事实上,看似安全的交往中隐藏着层层危机。君王后死后,秦国买通后胜及一众宾客。在一众间谍的谗言下,齐王建以为能通过自动放弃国家主权的方式获得秦国的庇护,没想到最后落得国破家亡的结局——其实这在君王后选择向秦妥协之时就该料想到会有这一局面的出现。秦之贪婪是各诸侯所能明见的,而君王后此举实是助纣为虐。正如鲍彪评价的"君王后,贤智妇人也,惜其不能正始"。吴师道注曰:"信秦之谋,不助诸侯,又何智之有?"⑬

最后,《战国策》以齐国人的一段歌谣作为评价,"松耶柏耶?住建共者客耶?"⑭将齐国的悲惨结局多归咎于齐王建未与诸侯合纵攻秦,听信奸臣及宾客的话以致亡国,痛恨齐王建使用宾客不注意审察。

(二)《史记》对君王后形象的记述

《史记》中关于君王后的记载与《战国策》大同小异。

首先,法章逃亡期间遇见并与君王后结合的史事:

> 湣王之遇杀,其子法章变名姓为莒太史敫家庸。太史敫女奇法章状貌,以为非恒人,怜而常窃衣食之,而与私通焉。淖齿既以去莒,莒中人及齐亡臣相聚求湣王

子,欲立之。法章惧其诛己也,久之,乃敢自言"我湣王子也"。于是莒人共立法章,是为襄王。以保莒城而布告齐国中:"王已立在莒矣。"

以上《史记》的记述与《战国策》基本相同,可能为同源史料。

其次,用两个片段从德行、才能层面论述君王后的"贤":

> 襄王既立,立太史氏女为王后,是为君王后,生子建。太史敫曰:"女不取媒因自嫁,非吾种也,污吾世。"终身不睹君王后。<u>君王后贤,不以不睹故失人子之礼。</u>⑮
>
> 四十四年,秦兵击齐。齐王听相后胜计,不战,以兵降秦。秦虏王建,迁之共。遂灭齐为郡。天下壹并于秦,秦王政立号为皇帝。始,君王后贤,事秦谨,与诸侯信,齐亦东边海上,秦日夜攻三晋、燕、楚,五国各自救于秦,以故王建立四十余年不受兵。君王后死,后胜相齐,多受秦间金,多使宾客入秦,秦又多予金,客皆为反间,劝王去从朝秦,不修攻战之备,不助五国攻秦,秦以故得灭五国。五国已亡,秦兵卒入临淄,民莫敢格者。王建遂降,迁于共。故齐人怨王建不蚤与诸侯合从攻秦,听奸臣宾客以亡其国,歌之曰:"松耶柏耶?住建共者客耶?"疾建用客之不详也。⑯

与《战国策》简单地陈述君王后的外交表现不同,司马迁先是夸赞其"贤",而后再具体写君王后的外交贡献。在叙述齐国40余年不受兵时,增添"齐亦东边海上,秦日夜攻三晋、燕、楚,五国各自救于秦"几句话,指出"王建立四十余年不受兵"的原因还包括齐国距离秦国遥远、位居海边的地理优势以及其他五国转移了秦国的注意力。在描写齐国灭亡的原因时,除与《战国策》中秦国买通后胜及齐国宾客之外,《史记》另增添了一句"不助五国攻秦,秦以故得灭五国",认为齐王建不帮助其他五国来抵御秦国,使得其他五国被灭。这一行为助长了秦国的气焰,打击了齐国百姓的信心,使得百姓在受到秦国攻击时没有勇气去拿起武器反抗。这句话也暗含着司马迁对齐国外交的否定,认为在合纵中齐国应起到表率作用,带领其他五国对抗秦国,而非主动放弃自己的国家。

(三)《资治通鉴》对君王后形象的记述

不同于《战国策》、《史记》中对于君王后政治表现的书写,《通鉴》且直接点明在齐襄王死后,其子田建年少,因此君王后执掌大权的事实:"齐襄王薨,子建立。建年少,国事皆决于君王后。"⑰

齐襄王死的这一年,田建14岁,可能是考虑到未有处理国事的能力,精明强干的君王后总揽大权。《通鉴》中关于君王后的部分以一段作为总述,其书写亦有生动地细节记述:

初，齐君王后贤，事秦谨，与诸侯信；齐亦东边海上。秦日夜攻三晋、燕、楚，五国各自救，以故齐王建立四十余年不受兵。及君王后且死，诫王建曰："群臣之可用者某。"王曰："请书之。"君王后曰："善！"王取笔牍受言，君王后曰："老妇已忘矣。"君王后死，后胜相齐，多受秦间金。宾客入秦，秦又多与金。客皆为反间，劝王朝秦，不修攻战之备，不助五国攻秦，秦以故得灭五国。⑱

司马光把《战国策》和《史记》中关于君王后的零散记述糅合成一个有机整体。关于"齐王建立四十余年不受兵"的原因，《通鉴》直接采用《史记》中的资料。这说明司马光是比较赞同司马迁的这部分评价。而与《史记》不同的是，《通鉴》另采用了《战国策》中"及君王后且死，诫王建曰"这个史料。关于君王后死前对于齐王建的劝谏，鲍彪在《战国策》注中认为"盖怒建之不心受，托以病昏耳"。司马光虽未考证君王后到底为何"忘"，但书写的用心大致也应与鲍彪的一致，都为突出君王后专政时期齐王建不关心政事。

君王后长期代齐王建总揽大权，间接造成了齐王建的怠政，对于朝中的大臣都不甚了解。在君王后死前劝谏其可用之才时，田建曾打断君王后，请求拿笔记录。这一行为令君王后直言自己忘记大臣的姓名，最后造成了在其死后后胜趁机上位，田建不听良言致使佞臣作乱的后果。齐王入朝于秦，是多方作用的结果。除了外部秦国的诱导，内部间谍大臣的谗言外，还有一个更为重要的原因，就是齐王自身不明辨是非。当时的齐国，朝内还是有忠臣的，只是齐王没有听从他们的劝告。雍门司马前与即墨大夫都曾劝过齐王保住国家社稷，可以利用辽阔的地域，吸引三晋的人力，收百万之师，再收楚国故地通武关，重振齐国之威战胜秦国。⑲对于任何一个有抱负的君王来说，听到这样的劝告，不会仍然坚持把自己的国家拱手相让，而是愿意放手搏一搏。但是齐王建没有，反而甘愿以陈驰承诺的"五百里地"入秦，相信残暴的秦国能够给他一条生路。

而对于齐国未坚持合纵这一行为，司马光作了评价：

从衡之说虽反覆百端，然大要合从者，六国之利也。昔先王建万国，亲诸侯，使之朝聘以相交，飨宴以相乐，会盟以相结者，无他，欲其同心勠力以保家国也。向使六国能以信义相亲，则秦虽强暴，安得而亡之哉！夫三晋者，齐、楚之藩蔽；齐、楚者，三晋之根柢；形势相资，表里相依。故以三晋而攻齐、楚，自绝其根柢也，以齐、楚而攻三晋，自撤其藩蔽也。安有撤其藩蔽以媚盗。曰"盗将爱我而不攻"，岂不悖哉！⑳

司马迁从齐国外交内政的具体后果分析齐国灭亡的原因，认为齐王建没有与其他诸侯合纵攻秦，反而见死不救的行为间接影响到齐国百姓的斗志。又加上后胜等小人谗言的影响,最后主动选择投降导致了齐国灭亡。司马光则从宏观战略层面和时代主题的角度分析,认为若六国可以放下国家间的仇恨,联合起来反抗暴秦,那么六国就不会灭亡。各诸侯国在秦国不断地进行侵略兼并而担忧不止时,曾进行过合纵行动,只是他们联合的信念不够坚定,彼此缺乏信任。这种信任的缺失追溯历史,是因为国与国之间因为利益冲突所产生的仇恨难以消磨。但更重要的是,六国只考虑到短期利益,未将目光放长远。对于有野心的君主来说,他们渴望成为统一全国的主导者,但仅凭他们自身无法战胜强大的秦国,联合才是制胜的出路;对于软弱的君主来说,他们更希望通过不断忍让的方式来避免战争,换取国家安宁,他们没有考虑到雄心勃勃的秦国不可能放过吞并弱国的机会。两者在对待秦国的方式上存在差异,这种差异使得他们联合的意愿微弱。以齐国为代表,司马光在叙述苏秦游说齐威王合纵时,就曾提到过齐王想要向秦称臣。这说明在齐襄王之前的齐国君王,就在合纵与连横之间摇摆不定。[21]到了齐襄王时期,基本是采取合纵的政策:"魏复与齐合从"[22]"秦伐赵,齐救之"[23]。那么为什么在齐王建上位之后,齐国彻底放弃了合纵的政策,而这一决定又直接导向了迅速亡国的结果呢?

在司马光看来,这无疑也是齐国掌权者君王后和虚君齐王建共同的责任。君王后贤在"事秦谨,与诸侯信"。但是,笔者认为,司马光的论述也表现出君王后也存在不贤的一面,即君王后没有在她在位期间与其他五国合纵抗秦,而是贪图一时的安逸;没有教会齐王建如何处理与各诸侯国的关系,在赵向齐求救时,拒绝伸出援手;[24]没有吩咐好身后之事,选出忠臣辅助齐王建。而齐王建自身则未承担起一国之主的责任,对国事不上心,不够贤明却不肯采纳贤臣的建议。[25]

二、司马光书写君王后史事的原因与方式

司马光意图通过书写齐王建与君王后二人的所为,来引起宋代统治者包括皇帝与太后的反思,避免重蹈历史的覆辙。在具体处理幼主与太后的关系上,司马光秉持着儒家孝悌、仁爱的美德。希望皇帝能孝顺太后,太后宽宥幼主,两宫和睦相处;在政务上,司马光虽认为太后主政有可取之处,但毕竟不是国家真正的管理者,幼主应多承担政事,担负起名义上的责任;在具体的外交事务上,司马光提倡对外和平交往的同时,应加强国力,以防出现齐国不修武备的情况。

(一)从《通鉴》君王后史事书写看司马光对宋代皇权政治现实的关怀

与《通鉴》中的君王后摄政情况类似,在司马光所处时代即(1019—1986)宋仁宗、宋英宗、宋神宗时期,也存在着太后摄政的情况。宋代史籍中多以"垂帘听政"来形容宋仁

宗时期的刘太后、宋英宗时期的曹太后、宋神宗时期的高太后在君王年少时代替其处理国家大事的情况。这几位太后听政期间都在维持国家安定方面作出了巨大贡献,但是也都有任用奸邪、感情用事、贪恋权势的缺点。司马光的反思反映在对历史书写的文字组织中,在《通鉴》中既肯定了宋代太后的贤能,也表达了对所谓太后干政的消极看法。

同司马光描述的君王后一样,宋代的太后在处理政事上都有自己的想法,行事果断且谨慎。刘皇后出身官员之家,父亲刘通曾任嘉州刺史,后家道中落。在章穆皇后薨后,被立为皇后,同君王后一样,刘后是真宗欲立之,与真宗有一定的情感基础。通过真宗在位时处理政事陪伴身侧,刘后了解到许多政事及真宗的理政方法,故刘氏后来在处理后宫之事也总是能引经据典,处理有方。㉖后真宗不豫时,国事就多由刘氏来处理。不同于汉唐,宋代皇后大多出身不高,没有家族势力作为支撑,执政时只能听从辅臣,遇事即诏辅臣商议。刘氏垂帘决事初期,"丁谓与雷允恭协比专恣,内挟太后"。后在大臣的帮助下,刘氏才铲除权臣丁谓、允恭,得以任用贤臣王钦若等。㉗刘氏在位 11 年,创设谏院、发行交子、完善科举、兴办州学,被司马光赞赏"纲纪四方,进贤退奸,镇抚中外,于赵氏实有大功。"㉘曹皇后垂帘听政只有 13 个月时间,充分尊重和听取大臣意见,赏罚分明,不贪图权力与地位"垂帘听政,宫省肃然"。高太后"临政九年,朝廷清明,结夏绥安,杜绝内降侥幸","文思院奉上之物,无问巨细,终身不取其一,人以为女中尧舜"。在她当权的九年间,以身作则不过度升迁外戚,注重宣扬儒家礼教伦常,重新提倡失落的伦理道德。史称:"光、公著至,并命为相,使同心辅政,一时知名士汇进于廷。"

与齐王建在位时期小人作祟的情况相似,刘太后在位期间也曾出现用人不当或姻亲家人多利用其身份肆意横行的情况。史称:"王蒙正为荆南驻泊都监,挟太后姻横肆""部吏马崇正,太后姻家,滑横不法"。㉙司马光对此评价:"但以自奉之礼或尊崇太过,外亲鄙猥之人或忝污官职,左右谗谄之臣或窃弄权柄,此所以负谤于天下也。"㉚司马光旨在通过刘太后的例子劝诫曹太后多用贤臣,少用小人,并指明朝中的贤臣与小人。在《通鉴》中司马光经常提到关于佞臣对国家的危害,君王后的书写中齐亡的教训就是一个典型案例。

宋代的太后干政与君王后的情况也有不同之处。

首先,不同于君王后与齐王建是亲生母子,3 位太后与其辅佐的皇帝都没有血缘关系。宋代帝后的感情不单单是皇帝的家事,还关乎朝廷的和谐稳定。仁宗因为年纪较小,刘太后还可以与其培养感情。英宗却不同,本因病体的拖累把权力拱手相让,心中就有所不满,再加上小人的挑唆,与曹太后嫌隙渐宽。再者,英宗继承皇位不符合嫡长子继承制,易被有心之人挑唆产生非议,影响政局。于是司马光与吕诲相互配合多次上书皇帝与太后,劝谏皇帝不要听任奸邪只信谗言,应当谨守孝道,恭敬地侍奉曹太后;同时,劝谏皇太后应体谅皇上疾病未愈,珍惜母子之情。

其次,不同于君王后的全权干政,宋代的军事与国事分离,太后垂帘听政没有干预军事的权力。刘氏在临朝初期,曾欲干预军事,内降补军吏者,被王德等大臣指责。到曹太后辅政时期,为了防止太后干涉皇帝处理军事,分设两处供太后与皇帝分别理政。这样不仅可以限制太后的权力,让皇上听取更多大臣的建议,同时还可以锻炼皇帝处理政事的能力。

(二) 从对齐国外交政策的书写看司马光对宋、辽、西夏民族问题的思考

1. 大一统观念

战国后期,中原地区的主要问题是七国之间的交往与战争。秦汉完成大一统之后,中原内部割据问题基本解决,民族问题显现。在某些朝代,少数民族侵扰边境成为威胁国家安定的严重隐患。五代十国时期,有些民族更是趁着中原朝廷连年战乱,疲软无力,直接入主中原,争夺中心地区。对此司马光明确以"九州合为一统"作为正统与否的标准,将宋代以前中原政权与外族政权同时存在的情形类比战国时期七国各自称霸的状况。他认为因时代的不同,"华""夷"可以各自存在合法的统一的政权,这样的政权有仁厚与暴虐、大与小、强与弱的区别。但总的来说,它们都与古代的列国没有什么不同。唯独尊崇一个政权为正统,而认为其余的都是窃国的伪政权,这种观念是不合理的:

> 臣光曰:天生民,其势不能自治,必相与戴君以治之。敬能禁暴除害以保全其生;赏善罚恶使不至天乱,斯可谓之君矣。……臣愚诚不足以识前代之正闰,窃以为苟不能使九州合为一统,皆有天子之名,而无其实者也。虽华夷仁暴,大小强弱,或时不同,要皆与古之列国无异,岂得独尊奖一国谓之正统,而其余皆为僭伪哉!若以自上相授受者为正邪,则陈氏何所授?拓跋氏何所受?若以居中夏者为正邪,则刘、石、慕容、苻、姚、赫连所得之土,皆五帝、三王之旧都也。若有以道德者为正邪,则蕞尔之国,必有令主,三代之季,岂无僻王!㉛

司马光在这段文字中对"正统"提出评判标准:虽然"正""闰"不好辨别,但能够除暴安良,保障百姓的正常生活;赏罚分明,使社会不发生动乱,就是具有合法性的君主,而这样的君主若使全国统一,便可具有天子之实。司马光在评价战国问题上也是以一统为标准。他批判秦焚书坑儒、压迫百姓的行为,但是对于秦一统的行为本身是不否定的。而关于司马光惋惜六国未能联合起来抵抗暴秦,也是因其以后人的视角来反观这段历史,在设想六国抵抗暴秦后,于各国君王中选出一位贤明仁爱之君主集结万国而加以统治为反思的基础上产生的感慨。

2. 和平保守的外交路线

《通鉴》中君王后走和平保守的外交路线，与各国保持友好关系。到宋代前期，和平保守路线成为处理割据势力，如契丹、党项等民族政权关系的主要准则。宋真宗在处理与辽夏关系时，继承先帝的静边政策，往往以金帛招纳、岁赐钱币为主要手段，以议和、停战为最终目的，求久远之利。与真宗、仁宗和平保守的外交政策相反，宋神宗时期坚持"多事四夷"的思想。一反前几位帝王的被动的保守思想，神宗更倾向于汉武帝那样"怀服伐叛"通过武力征服反叛者，厚加抚慰主动归顺者的思想。通过司马光给英宗的上书，可以看出司马光是更倾向支持于真宗、仁宗的外交思想，即以怀柔为中心，先治其内后立功：

> 臣愚窃惟真宗皇帝亲与契丹约为兄弟，仁宗皇帝赦赵元昊背叛之罪，册为国主，岁损百万之财，分遗二敌，岂乐此而为之哉？诚以屈己之愧小，爱民之仁大故也。今陛下嗣已成之业，守既安之基，而执事之臣数以争桑之忿心，不思灌瓜之大计，使边鄙之患纷纷不息，臣窃为陛下惜之。
>
> 近者闻契丹之民有于界河捕鱼及于白沟之南翦伐柳栽者，此乃边鄙之小事，何足介意？而朝廷以前知雄州李中祐不能禁御为不材，别选州将以代之。臣恐新将之至，必以中祐为戒，而以赵滋为法，妄杀敌人，则战斗之端，往来无穷矣。况今民力彫弊，仓库虚竭，将帅乏人，士卒不练。夏国既有愤怨，屡来侵寇，祸胎已成，若又加以契丹失欢，臣恐国力未易支也。伏望陛下严戒北边将吏，若契丹不循常例，小小相侵，如鱼船、柳栽之类，止可以文牒敕会，道理晓谕，使其官司自行禁约，不可以矢刃相加。若再三晓谕不听，则闻于朝廷，虽专遣使臣至其王廷，与之辨论曲直，亦无伤也。若又不听，则莫若博求贤才，增修政事，待公私富足，士马精强，然后奉辞以讨之，可以驱穹庐于漠北，复汉、唐之土宇，其与争渔柳之胜负，不亦远哉！㉜

司马光大加赞赏真宗、仁宗宽宥契丹、夏，维护民族之间和平的外交行为，劝谏英宗应守好祖宗留下的基业，不要只求一时之快，使得边境陷入战乱，人民陷入困苦。至于契丹百姓越界捕鱼这种小事，更是无须计较。另一方面，司马光从现实出发，提醒英宗，国家目前没有实力驱逐夷狄。这主要是因为真宗在宋辽、宋夏议和后，过于依赖和约的遏制侵略作用，放松了对于国防的重视，不修武备，不练兵事，轻视武装抵抗，一味地屈服让步，使得国家军事实力迅速下降。司马光在《通鉴》中书写齐国时也指出了这一点：君王后与齐王建在与各国交好，依靠强秦时忽略了加强国家的军事实力。点明君主若一味地依靠外交周旋、让步来换取国家的和平是不能长久的。

(三) 长编考异之法在《通鉴》君王后史事书写中的体现

司马光写《通鉴》是为了资政,与以往史书有两点不同:其一,凸显历史的以古鉴今功能:"鉴前世之兴衰,考当今之得失,嘉善矜恶,取是舍非,足以懋稽古之盛德,跻无前之至治";㉝其二,该书在选材上与以往史书记载繁杂史事不同,它主要围绕或突出两大主题——"国家盛衰"和"民生问题",体现了帝王教科书的特点。既要全面又要有指向的挑选,就需要司马光在浩如烟海的史料中厘清线索,用"资政"这条主线贯穿其中。司马光在治史的过程中形成了自己的方法,即长编考异之法,并把此方法传授给他的后继者范祖禹㉞。此后不断有学者继承了此种治史方法。李焘的《续资治通鉴长编》、李心传的《建炎以来系年要录》继承长编之体制,徐梦莘的《三朝北盟会编》以长编之法载徽宗、钦宗、高宗三朝历史迭变。

王永兴先生在《陈寅恪先生史学述略稿》提到,陈寅恪先生的史学渊源于宋贤之史学思想及治史方法,而宋贤史学的代表正是司马光和欧阳修。陈寅恪先生继承两位大师的史学思想和治史方法,并有较大发展;㉟陈寅恪也曾在《杨树达论语疏证·序》中赞赏杨树达汇集古籍中与论语有关者,考订是非,解释疑滞,此司马君实李仁甫长编考异之法,诚可谓治经者开辟一个新途径,树立一个新楷模。㊱由此看出,司马光长编考异之法作为史学方法的运用,不仅是对于当时的史学产生了重大影响,也是当今史学家离不开的治史方法。

司马光对于君王后史事的书写符合长编考异之法。在组织文字时,司马光倾向于用精练的语言去书写历史人物。在处理关于君王后的史料时,他紧紧把握资政的主题,有目的地选取《战国策》与《史记》中的记载,通过寥寥数语刻画了一个生动的女主形象,选材与取舍有方,抓住的书写重点是王权政治运作。

三、结　语

第一,司马光既具有宋代史学家普遍具有的史家自觉精神,而对儒学也高度认同,其史学又被限制在儒家思想的框架之内。

这个特点与司马光自幼接触的文化教育环境及阅读过的书籍有密切的关系。司马光出生在官宦之家,在耳濡目染的家庭熏陶下,爱上读书,尤其喜爱阅读儒家经典。这使得其形成了以儒家道德纲常为旨归的价值标准,这种价值观影响到司马光的政治观点、史学思想、为人处世的方方面面。以"孝""德"这两种儒家提倡的修身品行来说,司马光认为君主不仅需要在处理家庭关系时做到尊老爱老;在教化百姓方面还要以德服人。㊲

《通鉴》中,君王后在父亲不愿意认她这个女儿时,依旧是谨守自己作为儿女的孝道,这与司马光认为一国之主要把孝作为基本的道德要求,以身作则、教化百姓的观念契合,故其书写之以提倡宣扬。

第二,司马光在撰写《通鉴》时,有强烈的经世意图。

他出生于政局动荡、社会矛盾不断加深的宋代初期,仕于真宗、仁宗、英宗、神宗四朝。他试图以《通鉴》为工具,用史论晓之以情、动之以理地去影响甚至培养理想的君主。可现实是残酷的,此时的宋朝内政外交都存在不少问题,外患作为危及大统的不稳定因素随时可能爆发,同时太后专政被指威胁朝纲。他将皇帝作为《通鉴》的主要读者,分析国家存亡的原因,谈论生民休戚的重要性,希望皇帝能从其中找到治理国家的方法。以齐王建在君王后主政期间不作为的行为为典型,司马光在书写这段史事时可能也是出于对英宗的劝导。英宗身体虚弱,总是生病,政事由曹太后处理。韩琦、司马光等人虽然对于太后专政无异议,但是一直督促着英宗要有所为,例如通过求雨祭祀等国家礼仪活动安抚人心。[38]

第三,司马光对于太后参政具有矛盾的观点。

作为官方史学家,他的言行以封建统治为宗旨,不可避免地受时代与阶级局限的影响;但作为以史明道的知识分子,他的观念又有一定的开放性。例如,对于女子是否能受教育方面,不少士大夫反对女子读书识字,但司马光认为在接受教育方面男女没有区别,女子也需要读《孝经》《论语》来略通大义,并可以找专门的老师来进行讲授[39],他对于古代学有所成的女子也表现出肯定的态度[40]。他认为女子若是能具有识人、用人之能,爱民之仁,也可以把国家治理得很好。但女主毕竟不是皇权合法继承人,以防出现武后专权的类似事件,就需要对女主的权力进行限制。以司马光对刘太后的评价就可以看出:一方面司马光对于太后专政抱有宽容态度,另一方面还防备着太后的势力必须被限制在不威胁皇帝权力的范围之内,这主要是因为他认为皇权不可旁落,皇帝需要掌握朝廷的用人大权,不可让太后的外亲或者左右侍从操控权柄,架空皇帝的权力。[41]

司马光关于君王后的历史书写,暗含着其对于宋朝政局的诸多看法,包括太后专政应被控制在一定的权力范围内,年幼的皇帝在上位以后应快速着手政事,有所作为,人君应善用人才,虚心纳谏,宋朝应坚持和平保守的外交政策,妥善处理好与辽、西夏这些北方民族的关系等等。司马光力图通过《通鉴》将历史的"资治"功用发挥到最大,希望无论是皇帝还是辅政的太后都能明辨贤良,成为理想的统治者,造福百姓,带领国家走向兴盛。这反映《通鉴》写作的主旨,以及司马光史学思想中最本质的特征。

注释

① 参见李之勤:《评〈资治通鉴〉关于商鞅变法的论述——论司马光的曲笔之一》,《人文杂志》1980 年第 1 期;陶懋炳:《"鉴前世之兴衰,考当今之得失"——评司马光的史学思想》,《求索》1982 年第 2 期;牛致功:《从司马光对唐朝几个问题的评论看〈资治通鉴〉的中心思想》,《陕西师大学报》(哲学社会科学版)1980 年第 3 期。

② 参见汪高鑫:《司马光范祖禹唐史观点不一致论》,《安徽史学》2000 年第 1 期;孙颖涛:《司马光儒门史学实践的内在冲突——兼论程颐、朱熹与司马光史观之差异》,《史学月刊》2016 年第 11 期;武少民:《司马迁与司马光史学思想的异同》,《社会科学辑刊》2002 年第 5 期;聂翔雁:《谈王夫之与司马光史学思想的相似性》,《白城师范学院学报》2003 年第 2 期;陈光崇:《司马光与欧阳修》,《史学集刊》1985 年第 1 期;郭学信:《略论宋代士大夫的"史学自觉"精神》,《山东师大学报》(社会科学版)2000 年第 6 期。

③ 参见朱阿丽、金一兰、石艳玲:《先秦女子参政考论》,《管子学刊》2016 年第 1 期;蔡玥:《浅析礼制与春秋、战国时期女性涉政现象的关系》,硕士学位论文,南京大学中国古代史专业,2011。

④《战国策》,上海古籍出版社,1985;《史记》,中华书局,1959;《资治通鉴》,中华书局,1976。

⑤《战国策》卷十三《齐六》,第 449 页。

⑥ 同上书,第 471—472 页。

⑦《史记》卷四十《楚世家》,第 1719 页。

⑧《战国策》卷十三《齐六》,第 451 页。

⑨《史记》卷四六《田敬仲完世家》,第 1879 页。

⑩《通典》卷二一《史官》,中华书局,1988,第 567 页。

⑪《战国策》卷十三《齐六》,第 472 页。

⑫ 同上书,第 472 页。

⑬ 同上书,第 474 页。

⑭ 同上书,第 475 页。

⑮《史记》卷四六《田敬仲完世家》,第 1901 页。

⑯《史记》卷四六《田敬仲完世家》,第 1902 页。

⑰《资治通鉴》卷五《周纪五》,第 165 页。

⑱《资治通鉴》卷七《秦纪二》,第 232 页。

⑲ 同上书,第 233 页。

⑳ 同上书,第 234 页。

㉑《资治通鉴》卷三《周纪三》,第 106 页:公元前 306 年,楚王与齐、韩合从;第 109 页:公元前 303 年齐、韩、魏以楚负其从亲,合兵伐楚。楚王使太子横为质于秦以请救。秦客卿通将兵救楚,三国引兵去;第 111 页:公元前 299 年齐王、魏王会于韩;《资治通鉴》卷四《周纪四》,第 116 页:公元前 296 年齐、

韩、魏、赵、宋同击秦,至盐氏而还。秦与韩武遂、与魏封陵以和。

㉒《资治通鉴》卷四《周纪四》,第 147 页。

㉓《资治通鉴》卷五《周纪五》,第 163 页。

㉔《资治通鉴》卷五《周纪五》,第 170 页:前 260 年,齐人、楚人救赵。赵人乏食,请粟于齐,王弗许。

㉕ 参见《资治通鉴》第 7 卷,"秦纪二":司马前即墨大夫都曾劝谏过齐王建,齐王建均不听。

㉖《宋史》第 242 卷《后妃传上》,中华书局,1977,第 8612—8616 页。

㉗ 同上。

㉘ 司马光:《上慈圣皇后论任人赏罚要在至公名体礼数当自抑损》,收录赵汝愚编《宋朝诸臣奏议》第二十六卷《皇太后》,上海古籍出版社,1999,第 249 页。

㉙ 李焘:《续资治通鉴长编》卷一五〇,中华书局,1995,第 2437 页。

㉚《续资治通鉴长编》卷一九八,第 4801 页:"大臣忠厚如王曾,清纯如张知白,刚正如鲁宗道,质直如薛奎者,殿下当信之用之,与共谋天下之事。鄙猥如马季良,谗诣如罗崇勋者,殿下当疏之远之,不可宠以禄位,听采其言也。"

㉛ 参见《资治通鉴》卷六十九《魏纪一》,第 2187 页。

㉜《续资治通鉴长编》卷二五〇,第 4970 页。

㉝ 参见《通鉴》卷尾《进〈资治通鉴〉表》。

㉞ 司马光:《贻范梦德书》,收录王云五主编《司马文正公传家集》第 63 卷,商务印书馆,1937,第 777 页。司马光在本篇中,通过举例子的方法将自己的长编考异之法该如何运用详尽地讲述给范祖禹。

㉟ 王永兴:《陈寅恪先生史学述略稿》,"序言",北京大学出版社,1998,第 14—16 页。

㊱ 陈寅恪:《论语疏证陈序》,载杨树达:《论语疏证》,上海古籍出版社,1986,第 1 页。

㊲ 参见《司马文正公传家集》第十八卷《进古文孝经指解表》,第 253—254 页:"圣人之德莫加于孝……爱敬尽于事亲,而德教加于百姓……黎民安、四夷服、草木禽鱼靡不茂豫,此诚孝德之极致也。"

㊳ 参见《续资治通鉴长编》卷二〇一,第 4864 页:"……臣愚伏望陛下断自圣心,于一两日之间,车驾早出,为民祷雨,以副中外颙颙之望……"

㊴ 司马光:《司马氏书仪》第四卷《婚仪下》,同治七年,江苏书局初印本。

㊵ 司马光:《家范》第六卷《女》,《钦定四库全书本·子部》,中国书店,2018。

㊶《续资治通鉴长编》卷一九八,第 4801 页:"往者大行皇帝嗣位之初,章献明肃皇太后保护圣躬,纲纪四方,进贤退奸,镇抚中外,于赵氏实有大功。但以自奉之礼或尊崇太过,外亲鄙猥之人或忝污官职,左右谗诣之臣或窃弄权柄,此所以负谤于天下也。……"

读史札记

《晋疆纪事》作者及成书年代考辨

□ 孙中旺*

摘要：《晋疆纪事》为研究明末清初山西一带历史的罕见文献，具有重要史料价值。《中国古籍善本书目》《稀见地方志提要》《中国方志学史》《山西文献总目提要》《明代方志考》等书均误将《晋疆纪事》著录为明代马天骐撰，并将其作为明代方志的代表。本文通过考证，确定此书撰于清初，作者为马天骐之子马云举，并对成书年代及影响进行了考察。

关键词：《晋疆纪事》；马天骐；马云举

上海图书馆藏有《晋疆纪事》一卷，①著录为抄本，一册，索书号"线善822571"。该书半页9行，行24字，无界行。书高27厘米，宽16.7厘米。书前有归庄墨笔题跋，并有徐开禧《小引》，书后附有《王父大参讱庵公王妣顾太恭人行述》及《先赠公暨顾太孺人行略》。扉页和卷端分别钤有"丁丑以后景郑所得""景郑藏书"及朱文方印，可知此书原为著名文献学家潘景郑先生所藏，但检诸潘先生所著《著砚楼读书记》及《著砚楼书跋》等著作，均无涉及此书。

该书所记为明末清初山西河曲县事，因河曲为三晋极边之地，故书名曰《晋疆纪事》。作者时任河曲县令，以亲历者的角度详细记载了到任后采取的保境安民措施，以及在兵乱中九死一生的经过。虽篇幅不长，但详略有度，纵览全书，易代之际河曲的形势、关隘、兵戎、养马、赋役、物产、风俗、灾祥、盗贼、讼案诸事，均历历在目，并审其利病，详其得失，对民间疾苦之状及姜瓖反清复明的记载尤为翔实，为研究明末清初山西一带历史的罕见资料，具有重要价值。

20世纪80年代以来，该书颇受学界重视，除《中国古籍善本书目》著录外，著名方志学家陈光贻先生在其所著的《稀见地方志提要》中对此书进行了深入介绍。②他在另一部著作《中国方志学史》中更是把该书作为明代方志的代表进行了重点论述。③此外《山西

---

* 孙中旺，苏州图书馆研究馆员。

文献总目提要》④、《山西通志·附录》⑤、《明代方志考》⑥诸书及一些论文⑦均对《晋疆纪事》进行了介绍和论述。

以上诸书均认为《晋疆纪事》的作者是明人马天骙，如《中国古籍善本书目》著录该书为"明马天骙撰，清抄本，清归庄跋"⑧。陈光贻先生在《中国方志学史》中对该书的介绍为："《晋疆纪事》一卷，明稿本，清昆山归庄手跋。马天骙纂修。天骙字空凡，号嵋轮，昆山人。明太学生，赠文林郎，崇祯九年知山西河曲县，亲自纂修县志。……明代知县亲自纂修县志，而又不用县的真名，此书可为一例。"《山西文献总目提要》、《山西通志》、《明代方志考》诸书对《晋疆纪事》的介绍基本上沿袭了以上陈光贻先生的内容。另外赵国璋《江苏艺文志·苏州卷》中亦著录《晋疆纪事》为"明马天骙撰"。⑨上海图书馆所编的《上海图书馆善本题跋真迹》中著录该书为"(清)马天骙撰"，虽然朝代记载不同，但都确认了马天骙为《晋疆纪事》的作者。

但仔细研读《晋疆纪事》及其他相关资料可以发现，《晋疆纪事》的作者并非马天骙，而是马天骙之子马云举。《晋疆纪事》也不可能成书于明代，而应成书于顺康之际。对于归庄的题跋及相关资料的解读，也可以看出《晋疆纪事》在当时的影响，现予以考辨如下。

一、《晋疆纪事》的作者为马云举

欲考《晋疆纪事》的作者，最可靠的当然是来自此书本身的证据。而在书中这样的证据很多，均证明作者为清初的河曲知县马云举，而非明代的马天骙。下面仅举本书开头一例说明。

本书一开头就云："岁丙子，予乡荐部墨为京省冠，声籍甚。再偾公车，继厄两艰。□以顺治丁亥上春官，甲于高阳李太史（即今坦园相国）之房，遂登第，一时铨揆诸公拟试予馆职，余雅慕刘忠宣、王端毅之为人，勤恤民隐，留心道济，不愿以簪笔校书为务，遂循次授河曲令，任所尚也。"

此段内容明确记载了作者本人为顺治丁亥（即顺治四年，1647）进士，并被授予河曲令。国家图书馆藏同治《河曲县志》卷四《职官》有如下记载："马云举，号嵋轮，江南昆山县人，进士，顺治四年任。才美自负，重修县志，山水登临，啸歌酣饮，建庾公楼、清啸阁，虽修筑多怨，而伟观一邑，亦公遗念也，值姜乱去。"这位顺治四年（1647）任河曲县令的昆山进士马云举，与上引《晋疆纪事》开头的内容相合，并曾重修过县志，应即为此书作者。

当然，我们还需要其他证据证明同治《河曲县志》中关于马云举任县令的记载无误，来自马云举家乡的文献也明确予以证实。据苏州图书馆藏稿本康熙《昆山县志》卷八《科第表》载,顺治四年昆山中进士的就有"马云举(河曲知县,嵋轮)"。这些记录都说明马云举确实担任过河曲县令。另外,本卷记载的崇祯九年(丙子,1636)举人也有"马云举(汉翔,见本朝进士)",这与《晋疆纪事》开头的"岁丙子,予乡荐部墨为京省冠"的记载也契合无间。至此,我们可以确认《晋疆纪事》的作者为马云举无疑。

那么前述诸书为何均错载《晋疆纪事》的作者为马天骕呢?笔者认为,可能是被《晋疆纪事》卷末所附马云举所撰的《王父大参讱庵公王妣顾太恭人行述》中的相关内容所误导,该《行述》为马云举为其祖马玉麟夫妇所撰,其中有云"次先考空凡府君,讳天骕,赠文林郎、山西河曲知县"。可能是因此认为马天骕曾担任山西河曲知县,此文又写河曲之事,故误以为此书为马天骕所著。但此处的"赠文林郎、山西河曲知县"仅为死后所赠,而并非实授。检光绪《昆新两县续修合志》卷二十《选举表四·历朝封赠》中载有顺治朝"马天骕(以子云举赠河曲知县)"。另据同治《河曲县志》卷四《职官》记载,明代崇祯一朝任河曲知县的仅有高修、秦乐天、崔允升、钱永守、郭宗述、于继经六人,可见马天骕在崇祯时确实从未担任过河曲知县。陈光贻先生在《中国方志学史》及《稀见地方志提要》中介绍的马天骕"崇祯九年知山西河曲县"确为误记。

更有甚者如《山西通志·附录》中的《历代旧志述略》中的记载:"(崇祯)晋疆纪事:纂于明崇祯元年至八年(1628—1635)间,由马天来纂修。天来,又名云举,字空凡,号嵋轮,江南昆山人。顺治四年进士,崇祯九年任河曲知县。今藏上海图书馆。"⑩该记载把马天骕和马云举当作一人,名、字、号均混为一谈,更是由陈光贻先生"崇祯九年知山西河曲县"的误记,逆推得《晋疆纪事》"纂于明崇祯元年至八年(1628—1635)间",可谓错上加错。

二、《晋疆纪事》的成书年代

通过以上的考证,我们可以确定《晋疆纪事》成书于顺治四年马云举任河曲知县之后,是一部不折不扣的清代文献,故前述诸书中把其列为明代方志,甚至视其为明代方志的代表,均误。但此书究竟成于清初何时,尚可进一步探讨。

马云举著《晋疆纪事》的起始年代,在前引此书开头中"□以顺治丁亥上春官,甲于高阳李太史(即今坦园相国)之房"的记载中可以推得。此"高阳李太史(即今坦园相国)",应即李霨(1625—1684),号坦园,直隶高阳人。检李霨行实,其人年少成名,顺治三年(1646)即中进士,次年加行会试,李霨担任会试考官,马云举此科中式,即出李霨之门。李霨于顺治十五年,以内宏文院大学士入阁,位致宰辅,年方34岁。马云举著《晋疆纪事》时,既注明李霨已经担任"相国"之职,说明此书之撰不早于顺治十五年,即李霨初任宰辅之年。

关于马云举的生平,其婿徐秉义在《培林堂文集》卷八《河曲知县马公暨顾孺人合葬墓志铭》中有详细记载。⑪该文一开始就记载马云举"字汉翔,号崌轮",由此可知马云举有"汉翔"之字,并且记载了马云举"康熙戊申四月十八日卒,享年六十有四",可见马云举卒于康熙七年(1668),则《晋疆纪事》成书的下限必在此时以前。

不过,由于《晋疆纪事》卷末归庄的题跋,我们还可以把《晋疆纪事》成书的下限提早到康熙二年(1663)以前,由此可以确定《晋疆纪事》的成书应在顺治十五年至康熙二年。由于行文的需要,《晋疆纪事》成书的下限为康熙二年以前的考证过程将在下文展开。

三、《晋疆纪事》在当时的影响

《晋疆纪事》成书后,在当时颇受重视,甚至间接影响到了清政府对江南的政策,这从关于该书的两则跋文中可以看出。

一是现在书后附的归庄跋,内容如下:

> 余尝谓士大夫仕则当有益于一方,居乡则当有补于桑梓。汉老此文,于民间疾苦,言之历历如指诸掌。闻去岁御史大夫龚公一疏实自此文发之,汉老可谓大有造于江南矣。至于文字明爽条畅,不愧大方家,又不待言。弟庄僭评。

此跋中"汉老",即指马云举,因其字汉翔,故有此尊称。"弟庄",即明末清初的昆山名士归庄(1613—1673),与顾炎武齐名,时有"归奇顾怪"之目。顾炎武为徐秉义之舅,马云举为徐秉义岳父,归庄又为顾炎武好友,诸人均为昆山同邑,归庄在马云举所著的《晋疆纪事》上题跋也顺理成章。

值得注意的是,归庄跋中的"闻去岁御史大夫龚公一疏实自此文发之,汉老可谓大有造于江南矣"之句。"御史大夫龚公"当为与钱谦益、吴伟业并称"江左三大家"的龚鼎孳(1615—1673)。检龚鼎孳行实,其担任左都御史之职有两次,一是顺治十一年(1654)五月至顺治十三年(1656)四月,一是康熙二年(1663)至康熙三年(1664)十一月。龚鼎孳的奏疏集于《龚端毅公奏疏》中,检此书可知,在其两次担任左都御史期间,对江南民生有重要贡献的上疏主要是康熙二年六月所上的《宽民力以裕赋税之源疏》,载于该书卷四,该疏上后,引起清廷的重视,此后减去江南积赋三百余万。该疏的内容和《晋疆纪事》中爱护民力的思想如出一辙,归庄言此疏由《晋疆纪事》引发必有所据,故云马云举"大有造于江南"。由此还可推得《晋疆纪事》最迟在龚鼎孳于康熙二年六月所上《宽民力以裕赋税之源疏》之前已经完成,否则不可能被龚鼎孳看到而引发此疏。另外,由此亦可推得归庄此跋应作于康熙三年(1664)。

二是大学士李霨在《晋疆纪事》的篇端题识。

该题识载于前述徐秉义所撰《河曲知县马公暨顾孺人合葬墓志铭》中,内容如下:

> 君负经济才,亟思自见于世,而得边鄙小邑,遭变不屈,卒莫能白其志,抑郁已殁。反覆此书,慷慨呜咽,可为流涕。今归之令嗣及诸孙藏之,他日传吏治者或有采焉。

李霨为顺康间宠臣,多年担任大学士,位高权重。其人与马云举的渊源前文已有所论及。马云举去世后,其婿徐秉义曾往见李霨,"李公道公生平不胜叹息",并在《晋疆纪事》篇端题识如上。

这样薄薄的一册《晋疆纪事》在成书后竟然受到大学士李霨、御史大夫龚鼎孳和名士归庄等人的关注,甚至间接引起了清廷政策的改变,可见在当时的影响。

注释

① 此书卷端题名为"晋疆纪事",后人提及此书时多作"晋疆纪事",按《汉语大字典》,"疆"在表示"界"之意时,可通"疆",为行文方便,本文一律作"晋疆纪事"。
② 陈光贻:《稀见方志提要》,齐鲁书社,1987,第170—171页。
③ 陈光贻:《中国方志学史》,福建人民出版社,1998,第122—123页。
④ 刘纬毅:《山西文献总目提要》,山西人民出版社,1998,第324页。
⑤ 山西省史志研究院:《山西通志·附录》,中华书局,2001,第1166页。
⑥ 林平、张纪亮:《明代方志考》,四川大学出版社,2001,第40页。
⑦ 这方面的论文主要有梁锦秀《中国地方志联合目录补遗(六则)》(《中国地方志》1998年第3期)及《〈中国地方志联合目录〉山西篇补遗》(《中国地方志》1998年第6期)。
⑧ 《中国古籍善本书目》编辑委员会:《中国古籍善本书目》(史部下),上海古籍出版社,1993,第973页。
⑨ 赵国璋主编《江苏艺文志·苏州卷》,江苏人民出版社,1999,第1985页。
⑩ 山西省史志研究院:《山西通志·附录》,中华书局,2001,第1166页。
⑪ 徐秉义(1633—1711),康熙十二年(1673)探花,昆山人,为顾炎武之甥。其兄徐乾学与其弟徐元文也分别高中探花和状元,同胞三鼎甲,皆官贵文名,号称"昆山三徐"。徐秉义所撰的《河曲知县马公暨顾孺人合葬墓志铭》中有记曰:"(马云举)女七人,长即吾妻也。"可见其为马云举之婿。

《明史》校释一则

□ 高 明*

摘要：《明史》卷二二《熹宗本纪》、卷三二○《朝鲜传》关于册封仁祖一事的时间前后牴牾，将《明实录》《李朝实录》等中朝文献堪比考订，厘清了明朝从下诏册封、至正式完成册封仁祖的复杂过程及原因。

关键词：朝鲜仁祖；明史；朝鲜史

《明史》卷二二《熹宗本纪》"（天启三年）十二月癸巳，封李倧为朝鲜国王"；而卷三二○《朝鲜传》称"（天启）四年四月，封倧为国王。"夏燮编《明通鉴》时即发现这个问题："（考异）《明史·本纪》是年十二月，封李倧为朝鲜国王。证之《朝鲜传》，封倧国王在明年四月，是年十二月，则命暂理国事也，今据《朝鲜传》。"故曰："（天启三年）十二月癸巳，命朝鲜李倧暂统国事。"①"（天启四年夏四月）是月，封李倧为朝鲜国王。"②似乎圆满地解决了这个问题。

笔者检阅《明熹宗实录》和朝鲜《李朝仁祖实录》等史料，发现册封李倧其实有一个较为复杂的过程。

天启三年（1623）三月，朝鲜宣祖国王的王后昭敬王大妃在国人的支持下，宣布废掉光海君李珲，立其侄绫阳君李倧为国王，史称"仁祖反正"。消息传到北京，时值后金在辽东地区对明王朝步步紧逼的非常时期，朝鲜作为与明朝联系最为紧密的宗藩国，发生了篡立事件，自然引起了明朝上至内阁、六部及言官，下至边关将领的强烈反应。明廷对此事展开了激烈的讨论，礼部尚书林尧俞总结说："内外诸臣，抒忠发愤，有请声罪致讨者，御史田唯嘉也；谓必讨其罪而当再诘其详者，登莱抚臣袁可立、礼科都给事中成明枢也；谓不可不讨而不可遽讨，且弗受方贡，细核颠末者，督饷臣毕自严也；谓当令毛文龙诘问，责以大义，察其舆情之向背者，关臣潘云翼、南台臣王允成也；谓当诘此事，只以通奴不通奴为主，珲诚通奴，则倧之立非篡也，但擅立为罪耳，而责以讨奴自洗者，御史游士任

---

* 高明，上海社会科学院图书馆副研究馆员。

也。"③熹宗下旨命礼部会同兵部"再遣贞士信臣，同毛文龙公集举国之臣民，再四细询"④。

早在是年四月，李倧派奏请使韩平君李庆全、副使同知中枢府事尹暄、书状官李民宬前往北京请封其为朝鲜国王。⑤八月，朝鲜奏请使到达北京。李庆全等一直滞留北京多方活动，"请封之陪臣，相率哀吁，回还无日"，乞求明熹宗先"颁敕谕一道"，"以朝鲜国王名号统领国事"。⑥十二月十三日，内阁、六部、九卿、科道、御史诸官廷议册封李倧事，"商议定夺，致得朝议归一"。⑦后熹宗颁旨："李倧既系该国臣民，公同保结伦叙，相应又翼戴恭顺，输助兵饷，准封朝鲜国王。先与敕谕，著登莱巡抚官差官同陪臣赍赐，其册使侯事宁查照旧例行"⑧，命李倧暂署国事。

天启四年四月，李庆全一行才携敕书回到朝鲜，"(仁祖二年四月)癸卯，上幸慕华馆迎皇敕，敕书若曰：朝廷封殖藩邦，用以屏卫疆域。近因建酋未靖，尔邦谊切同仇。属当多事之时，宜定军国之主，名位以正，号令乃行。兹具该国昭敬王妃暨臣民奏结，尔伦序相应，人心收属，且翼戴恭顺，输助兵粮，戮力图功，允宜褒锡。特用封尔为朝鲜国王，统领国事。……俟东事稍平，查照旧例，仍遣勋戚重臣，持捧节册，完此封典。"⑨仁祖二年（天启四年）七月，朝鲜派奏请使正使汉城府判尹李德泂、书状官洪翼汉出发，十月由朝阳门入京。⑩本年四月，登莱巡抚袁可立派加衔游击李惟栋、中军参将陈继盛前往朝鲜行查，后袁可立据公本结状上奏称"彼国臣民之众，拥戴已经一岁之久，迄无异言；人心所在，天命攸归；封倧之典，似不容已者。但册典宜重，以朝使则遵旧章、隆大典。倧之受命而王也，感戴之忱，将与戴砺而同永矣"⑪。十月二十八日，明廷对李倧封典一事进行讨论。礼科左给事中刘懋称："朝鲜册礼，不为准许于上年，诸公未晓其意耶？责效灭虏，乃许准封。朝议已定，岂可容易许之？"认为不可轻易册封。而礼科右给事中顾其仁认为："不可。朝鲜事大，二百余年，列圣诰命，自有定章。而反为稽滞，则非特有乖规例。陪臣万里跨海，再使来请，今若不许，必令复至。天朝待小邦之道，故为颜甲，而其妨害于辽事者，安保其必无也。"⑫认为朝廷应尽快派使前往朝鲜举行封典。朝中大臣皆以为顾其仁所言为是，建议即日抄送礼部，待礼部议覆。天启五年二月，李倧又派陪臣来京"赴京谢恩，及进贺皇子诞生，并奏祈颁降诏命冕服"⑬。

毛文龙则在"仁祖反正"前后扮演了一个非常重要的角色。自从天启元年初被广宁巡抚王化贞授予练兵游击之职，并于七月收复镇江（九连城）后，便步步高升，八月擢毛文龙为副总兵，从此在辽东沿海地区为明朝开辟了第二战场，牵制后金对辽东的进攻，并时时威胁后金的后方，使后金陷入两线作战的不利境地。毛文龙也因此受到明熹宗的器重，天启二年六月，被授予平辽总兵，加封左都督，成为明朝在海上的一员封疆大吏。⑭毛文龙转奏朝鲜议政府左议政朴弘者的揭报称"而嗣王珲，忘恩被德，罔畏天威。督府东来,义声动人,策应不诚,未效同仇,神人之愤,至此以极"。称李倧即位是"人望所归,王太妃克顺人情,俾承先绪"⑮。难怪礼部尚书林尧俞言:"其谓珲实悖德,倧讨叛臣以赤心奉朝廷者,惟文龙一人耳。"⑯可以说毛文龙的个人意见在很大程度上影响了朝廷的处置策略。天启四年十二月,"适毛文龙将诰命事奏本人来"。明熹宗宣旨:"朝鲜国王诏册、冕服,着照例颁赐,差遣官员议妥具奏。"⑰

至于明朝为何没有立即派遣官员册封李倧,毕自严的奏疏最具有代表性,"固不必穷治其擅立之罪,使其铤而走险,亦不可遽与以封爵之荣,使其狃而成玩。俟其请封使至,止收表笺,一切方物,姑寄别所。即令来使言旋,顺赍明旨诘问,要见李珲是否当诛,李倧果否当立。俟其输服请罪,往返再三,而后许之。不则俟其进兵助剿,功绩昭著,而后封之。庶几操纵在我,刚柔互济,不以恩掩义,不以权废经,天朝之纲纪大伸,而属国之邪萌自戢矣。"⑱言下之意,就是承认既成事实,安抚李倧,让其安心继续与明朝合作;同时为了照顾天朝的颜面,暂不授封,以防其狂妄自大,难以控制。

还有一个重要原因就是辽阳失陷,与朝鲜的陆路交通完全被隔断,"天启元年八月,改朝鲜贡道,自海至登州,直达京师"⑲。而海路凶险,往往是九死一生,故天启三年十二月,内阁首辅叶向高对朝鲜奏请使说:"翰林科官,例当差遣,而以浮海之故,皆不要去。"不得已之下,朝廷想派武臣册封李倧,"又妨于事体,以此朝议未决"⑳。关于派遣差官的问题,毕自严也是格外地谨慎,生怕再节外生枝。首先他认为官员的级别要适中,"官卑则不足以示重,官尊又恐负固不服,反有亵于国体";其次规模要"宁稀勿数,宁简勿繁",尤其紧要的是"谢绝一切交际,毋得黩货,致轻中华"㉑。一直拖到天启五年二月,明朝才正式下诏"遣使册封朝鲜国王李倧,颁赐诏命冕服,"并告谕平辽总兵官左都督毛文龙,"遣内监司礼监管文书内官监太监王敏政、忠勇营副提督御马监太监胡良辅赍捧诏谕冕服,册封李倧为朝鲜国王"㉒。朝鲜使臣完成了奏请封典的使命,于是年二月二十五日踏上归国之程。

天启五年六月,王敏政、胡良辅到达朝鲜王京,正式册封李倧为朝鲜国王,妻韩氏为朝鲜王妃。"(仁祖三年六月)己卯,上率百官郊迎颁诏。"㉓

故,从纂修《明史》的立场来看,应记为"天启三年十二月,命李倧暂统国事";"天启四年四月,奏请使李庆全一行携敕书回到朝鲜","天启五年二月,正式下诏遣使册封李倧为朝鲜国王","天启五年六月,明朝册封使王敏政、胡良辅携敕书抵达朝鲜王京",正式完成封典大礼。

注释

① 夏燮:《明通鉴》卷七十八,沈仲九标点,中华书局,1959,第3036、3037页。

② 夏燮:《明通鉴》卷七十九,第3043页。
③ 《明熹宗实录》卷三七,天启三年八月丁丑,台湾"中央研究院"历史语言研究所,1962,第1916页。
④ 《明熹宗实录》卷三七,天启三年八月丁丑,第1917页。
⑤ 《李朝仁祖实录》卷一,仁祖元年四月丙戌,日本学习院东洋文化研究所,1953,第528页。
⑥ 《明熹宗实录》卷四二,天启三年十二月癸巳,第2186、2187页。
⑦ 《李朝仁祖实录》卷五,仁祖二年三月己巳,第597页。
⑧ 《明熹宗实录》卷四二,天启三年十二月癸巳,第2187页。
⑨ 《李朝仁祖实录》卷五,仁祖二年四月癸卯,第612页。
⑩ 洪翼汉:《花浦先生朝天航海录》卷一,天启四年十月十二日,林基中编《燕行录全集》第十七卷,韩国东国大学校出版部,2001,第189页。
⑪ 《明熹宗实录(梁本)》卷四一,天启四年夏四月辛亥,第2351页。
⑫ 洪翼汉:《花浦先生朝天航海录》卷一,天启四年十月二十八日,第200—201页。
⑬ 《明熹宗实录》卷五六,天启五年二月庚辰,第2544页。
⑭ 《明史》卷二十二,中华书局,1974,第299、300页。
⑮ 《明熹宗实录》卷三三,天启三年四月戊子,第1740、1741页。
⑯ 《明史》卷三百二十《朝鲜传》,第8303页。
⑰ 洪翼汉:《华浦先生朝天航海录》卷一,天启四年十二月十四日,第229页。
⑱ 毕自严:《石隐园藏稿》卷五《朝鲜情形疏》,收录景印文渊阁四库全书影印本1293册,台湾商务印书馆,1986,第519页。
⑲ 《明史》卷三百二十《朝鲜传》,第8302页。
⑳ 《李朝仁祖实录》卷五,仁祖二年三月己巳,第597页。
㉑ 毕自严:《石隐园藏稿》卷五《朝鲜情形疏》,第519页。
㉒ 《明熹宗实录》卷五六,天启五年二月丙午,第2590、2591页。
㉓ 《李朝仁祖实录》卷九,仁祖三年六月己卯,第11页。

《谈征》作者外方山人名讳补考

□李思源*

摘要：清中叶语言学著作《谈征》，作者外方山人名讳，现有段长基、伊秉绶二说。兹细绎该书诸序，并利用别集、方志、档案等史料，确定作者为段长基，对段长基生平仕履也做了一番梳理。

关键词：谈征；外方山人；段长基

清中叶外方山人所撰《谈征》，溯坊间习语常谈之来历，保存汉语史文献，语言学价值不容忽视，学界已有若干专题论文。该书有嘉庆二十年（1815）柯古堂初刻本，卷首冠"王玉树、吴煊序，外方山人自序，成一夔跋"。作者外方山人的真实名讳，雷梦水先生推定为段长基，孙殿起、曾昭聪等先生考定为伊秉绶。[①]兹以推原外方山人真实名讳为切入点，重新检视《谈征》诸序，略作申说，求教于学界同道。

《谈征》卷首四序。开篇的"序"是王玉树撰于嘉庆十一年（1806）正月：

> 昔余著《说文拈字》成，西厓序之。今西厓著《谈征》成，余亦叙之，累月而未脱稿。西厓讶之，余亦自讶之，然则余遂无以序西厓书乎哉！……西厓是书，共若干卷，厘名、言、事、物为四门。自天地人物，以及一言一字，无不穷搜其所自始，取材富，考义精。博物矣而无踏驳之弊，纪原矣而无芜杂之虞，阅者宜目为"珍珠船"也。

雷梦水云："随取《说文拈字》一观，见其后序，始悉是书（《谈征》）为偃师段长基撰。"然，未展开论证。孙殿起认为，"外方仙人即伊秉绶"。曾昭聪等说："查王玉树《说文拈字》，书前有伊秉绶序，书后有段长基跋"，认定《谈征》作者为伊秉绶。并结合伊秉绶仕履、别号，以及《谈征》内容等方面，进行了补充论证。[②]笔者认为，王玉树《说文拈字》，初刻于嘉庆八年（1803），卷首有伊秉绶嘉庆六年（1801）序，邱庭漋嘉庆九年（1804）序，卷尾段长基嘉

---

* 李思源，黑龙江大学古典文献专业硕士研究生。本文为国家社科基金艺术学一般项目（2021BF00156）阶段性研究成果。

庆八年跋。《谈征》作者,必为此三人之一。雷先生以"跋"为"后序",确定《谈征》作者即段长基;曾先生循前序后跋之常理,认定作者为伊秉绶,皆有所见。

王玉树著述颇多,除《说文拈字》外,尚有《经史杂记》《志学录》《芎林草堂诗钞》等,文集《芎林草堂文钞》四卷,亦行于世。今检《芎林草堂文钞》,《段秋崖谈征序》一文赫然在目③。与《谈征》卷首王玉树序文对看,别号固有"秋崖""西厓"之异,是同一篇序文则无疑。《谈征》作者即段长基,距定案应仅一步之遥了。续读《谈征》其余三序,又发现若干佐证。

《谈征》卷首的第二篇"序"为吴煊撰于嘉庆九年六月:

> 嘉庆甲子春,西厓先生以摄篆任别驾。予以薄游馆道南,两人适同日抵雄州,相遇于县舍。杯酒间,阴以神貌相倾契,旁观未之察也。既而往来益亲,异于诸朋好。吾儒结习,每当谈心写素,其生平得力,胸中郁郁勃勃之奇,激昂慷慨,往往流露于语言意象之间。吾因识西厓之学甚富,而西厓之遇甚穷也。西厓藏书数万卷,虽奔走劳瘁中,稍暇未尝不披览自娱,有所见闻,随手抄录。积时既久,得若干卷,名曰《谈征》。名物象数,类而分之,事必寻源,语必究实。

据此,知《谈征》作者"西厓",嘉庆九年春曾署理南雄通判("别驾"为通判古称)。道光《直隶南雄州志》"通判"栏内有:"段长基。(嘉庆)九年任。按,段号西涯,河南偃师人,拔贡。后升知县。"④段长基别号西厓(涯),此乃确证,《谈征》作者即段长基,至此可为定案。吴煊复有《段秋崖别驾以酒米见遗诗以谢之》《临歧段秋崖复置酒相饯即席赋》两诗⑤,与序文亦多印合。值得注意的是,王玉树、吴煊在诗文集内,皆呼段长基为"秋崖",《谈征序》中则皆呼"西厓"。四季中,秋天与西方相对,"秋崖""西厓",义本无别。段长基《历代疆域表》卷首,邵晋涵序云:"西厓,吾家香渚公所取而拔其尤者也。"即以"西厓"称段长基。邵庚曾(香渚)乾隆四十一年(1776)、四十二年(1777)督学河南,段长基为四十二年拔贡。

《谈征》卷首的第三篇序为作者自序,署"嘉庆二十年冬,外方山人自序"。按,伊秉绶"生乾隆十九年正月十一日,卒嘉庆二十年九月十一日,春秋六十有二"⑥。此篇自序撰于伊秉绶殁后,则"外方山人"非伊秉绶,应无疑义。段长基为河南河南府偃师县人,嵩山延伸县境,嵩山亦称外方山。⑦故段长基以"外方山人"自号。

《谈征》卷首第四篇,为成一夔跋,文中有"余以桑梓故,过从甚欢"之句。按,成一夔为河南怀庆府河内县人,与段长基有同乡之谊,伊秉绶则为福建汀州府宁化县人。成一夔此跋冠于卷首,雷梦水先生以段长基《说文拈字》之跋为"后序",皆不缪于古书之通例。

总之,《谈征》作者"外方山人"真实名讳,雷梦水先生之说可信。

最后,《谈征》作者段长基生平仕履,笔者略作归纳。吏部尚书英和于嘉庆十九年三月十一日题本后附段长基履历,颇为珍贵:

> 段长基,河南拔贡,就职直隶州州判。乾隆伍拾肆年拾贰月签掣广东,嘉庆伍年柒月丁父忧,嗣服满仍赴原省。拾年玖月,因拿获盗首林亚发案内贼匪出力,奉旨着以知县升用。拾陆年拾贰月,缉捕洋匪,著有劳绩,钦奉上谕,免其先补州判本班,俟有相当知县缺出,酌量补用,钦遵在案。今因署遂溪知县事,民人柯宗启家被盗掳捉伊妻子女,竟未通详,实属讳盗,照例议以革职。又于县属壮丁何文德等五名被盗杀死,兵丁李德光等四名被盗掳捉,未经起尸验看通详,亦属讳盗,照例再议以革职注册。⑧

复结合多种广东府县地方志,勉力勾勒如下:段长基,号秋崖、西厓、外方山人,河南河南府偃师县人。乾隆四十二年拔贡,五十四年(1789)十二月,以直隶州州判(秩从七品)分发广东。五十六年(1791)借署广州府东莞县京山巡检(从九品),六十年(1792)借署广州府新安县官富司巡检。嘉庆元年(1796)七月,暂署广州府新宁县知县(正七品),九月卸任。五年(1800)七月丁父忧归,服满仍赴广东候补。九年春,署南雄府通判(正六品),夏秋间卸任。十年(1805)九月,以获盗出力,准升知县。十四年(1809)署高州府石城县知县,十六年(1811)十二月,以缉捕洋匪有劳,免补本班,酌以知县补用。十七年(1812)署雷州府海康县知县,十八年(1813)六月,署琼州府会同县知县。十九年(1814)三月十一日,因前在遂溪县任内讳盗事落职。

段长基拔贡正途出身,以风尘末吏,奔走粤东州县二十余年,南至琼州,北至南雄。虽勤于缉匪,两邀奖擢,年近七旬⑨,仍未补缺实授。所撰《历代沿革表》《历代疆域表》《历代统纪表》《谈征》等,皆开雕于归田次年(嘉庆二十年),应以年事已高,寿之枣梨以立言。《谈征》一书,段长基以别号"外方山人"行世,或拟与《历代疆域表》等"三表"有所区分吧。

注释

① 《谈征》另有道光三年春上苑堂刻本,道光三十年拾芥园刻本。关于作者,《中国古籍总目》、温州市图书馆、宁波天一阁博物馆等著录为段长基,国家图书馆著录为伊秉绶。

② 雷梦水:《古书经眼录》,齐鲁书社,1984,第116页。孙殿起:《通学斋书目》第一期,第75页,民国24

年铅印本。曾昭聪、李进敏:《〈谈征〉的作者》,《辞书研究》2011年第3期。

③ 王玉树:《段秋崖谈征序》,收录《芗林草堂文钞》卷一,光绪间递修本。王玉树,字廷桢、松亭,陕西兴安府安康县人。乾隆二十八年(1763)生。乾隆五十四年(1789)拔贡,游宦广东。事具民国《续修陕西通志稿》卷一八三。

④ 道光《直隶南雄州志》卷四《职官》,道光四年刻本。

⑤ 皆见吴煊《菜香书屋诗草》卷九,嘉庆间刻本。吴煊字退庵,江西建昌府南城县人。乾隆五十四年举人。事具光绪《江西通志》卷三十五《选举表》。

⑥ 见赵怀玉《朝议大夫晋授资政大夫扬州府知府伊君墓表》文,载《亦有生斋文集》卷十六,道光间刻本。伊秉绶,字组似、墨卿,号墨庵,福建宁化人。乾隆四十四年举人,五十四年成进士。由刑部主事,仕至广东惠州、江苏扬州知府。撰有《留春草堂诗钞》等。

⑦ 乾隆《登封县志》,卷六《山川记上》云:"嵩岳之首,北抵偃、登界。"洪亮吉纂,乾隆五十二年刻本。乾隆《续河南通志》卷七《舆地志·山川》云:"嵩岳,古外方山二室诸峰之总名。"乾隆三十二年刻本。

⑧ 英和嘉庆十九年三月十一日《题为核议特参广东前署遂溪县知县段长基讳盗不报照例议处事》题本,开面题:"此案因讳盗不报之段长基,着照部议革职。余依议。"中国第一历史档案馆藏,档号02-01-03-09046-001。另,道光《琼州府志》卷六《建置》载,会同县万寿宫,嘉庆"二十年,署知县段长基捐修"。段长基年近古稀,此时正全力刊刻平生著述,府志所记,应为革职前一二年间事。

⑨ 段长基:《历代统纪表》,卷首武亿序,云"西崖与余为卯角交"。武亿乾隆十年(1745)生,段长基应与之年龄相若。杨展览等主编《地理学大词典》,安徽人民出版社,1992,第968页。以段长基乾隆四十五年(1780)生,不可从。

沈曾植几通书信的收件人

□秦 蓁*

摘要：《沈曾植书信集》收录寐叟尺牍八百多通，其中大部分收信人都已知晓，现据书札内容及其他资料，对尚未考得的人物及所涉史事加以澄清和判定。

关键词：沈曾植；尺牍；民国交游

《沈曾植书信集》（中华书局，2021，简称《书信集》）收录寐叟尺牍800多通，公私所藏，搜罗殆尽，尚可增补者，只有后来新见之札，如《袁昶友朋书札》（凤凰出版社，2021）刊布国家图书馆所藏沈札29通等。《书信集》内大部分收信人已经注出，但仍有十余人未能考明。然据书札内容及外部资料，可考知其中数人姓名仕履，以见寐叟与诸人之交谊，进窥当年世态人情。

《与李景虞》二通，上款"景虞老贤阮""镜渔贤阮"。"景虞"当是收信人表字，"镜渔"为其谐音别署。寐叟与朱彊村等人信中屡次提及李景虞，《书信集》据以补出姓氏，甚是。按李景虞名家淦，为寐叟内侄。札中所云："前晚令姑母忽发大寒热，泄泻，昨服林医药，寒热退而泻未止。请午前过我一谈，斟酌方剂。""令姑母"指夫人李逸静。逸静弟传元，有子家淦，字景虞，工岐黄术，尤精女科，寐叟以此请其"斟酌方剂"。

《与楚生》三通，第一通上款"楚生仁弟父台"。"父台"即指父母官，则此人必定为寐叟故乡浙江嘉兴之令长。考民初嘉兴县知事有汪莹，字楚生，安徽休宁人，民国9年（1920）农历十月由同省永嘉县调任。札中云："《骊唱集》签涂就呈上"。汪莹离任永嘉时，作七言律诗六首，留别邑中士绅，梅冷生、郑薑门、黄梅生等70余人咸有赓和，遂都为一集《瓯江骊唱集》，铅印刊行，封面五字书名，正是寐叟所题，下钤"菌阁"朱文小印。菌阁为寐叟别号中较为偏僻少人知者，存一实证。

《与鄂友》一通，上款"鄂友仁兄大人"，落款"沈曾植、文聚奎、魏殷修、江召棠、杜璘光全顿首"。札云："兹有新科贡士曾嗣元主政，膺上第于春官，作揖客于夏帅。"曾嗣元即曾

---

* 秦蓁，上海社会科学院历史所助理研究员。

熙,光绪癸卯科(1903)进士,补兵部武选司主事。夏帅,江西巡抚夏时。夏、曾两人为湖南同乡,曾熙登第不久后回湘,道经江西,顺访夏时。寐叟时为南昌府知府,率文、江、杜等本省知县共同作此启札,言"西江同宦,应共伸地主之情。望百朋远锡,俾得润色行囊"。收件人鄂友,即周景祁,浙江诸暨人,字子京,号鄂友,大挑举人,光绪二十九年(1903)任鄱阳县知县。鄂友上任未久,即遭此寐叟领衔替上官乡友打秋风之事,不知当时损俸几何?两甲子后,此纸流入拍场,审其墨迹非寐叟亲笔,当为抄胥誊录多张,以群发赣中官僚者。抽丰陋规,当时都城俗事如此,竟亦有人保存,可备掌故。

《与公达》一通,上款"公达大兄世讲"。称"世讲",当是故交之子弟。民国7年(1918)六月十四日,王国维与罗振玉书札有云:"午后诣寐叟谈,适文道希之子公达者至。"(《王国维书信日记》第332页)陈诗《文道希先生遗诗序》云:"先生既殁,公子永誉公达以诸生抱学穷居,亦历佐粤皖段少沧、沈子培两提学幕,有声于时。"可知公达即文道希之子文永誉。文永誉故后,陈诗搜缉遗文,为刊《天倪室遗集》一册,以存苔岑之契。

《与蛰庵》九通,上款"蛰庵仁弟""执安仁弟"。第二札云:"《江报》得暇闲翻数纸,极知良工苦心也。"《申报》光绪三十二年十二月二十三日(1907年2月5日)第九版《委员办理日日官报》条云:"江西日商《江报》现改《日日官报》,经洋务总局札委程蛰庵大令为监理,李振唐大令为经理,拟于明正出版。"可知蛰庵即《江报》的程蛰庵,名震瀛,湖北黄冈人,光绪三十年(1904)恩科进士。前此蛰庵以候补知县在江西,寐叟将随载泽等五大臣出洋考察,曾举荐蛰庵以小委员分任考察事务(《申报》光绪三十一年八月十一日)。蛰庵后实授江西南康县知县,寐叟第三札云:"小价林升是阁下所识者,厌皖清苦,愿从阁下饮高安水。"此为寐叟在安徽提学使任上介绍侍从林升与蛰庵,"饮高安水"乃泛指赣省,实欲荐林升入蛰庵南康县署办事。古人中常有诉说亲友辄以用人之柄相托的为难情形,故事不易悉罄,读此信札,大略可以仿佛。

偶有收信人误定者。《与陈汉第》一通,上款"汉弟",本非"汉第",而札中所言事,亦与陈汉第无涉。札云:"自应先告以家祭,请其改期,如不能改,再行辞谢。即由弟作札,两人名可也。汉弟。乙。"寐叟欲与此"汉弟"联名写信以家祭为由辞某事,则其人当是沈氏同宗而名字内含一"汉"字之族弟,本名待考。寐叟甚重家祭事,谢凤孙《学部尚书沈公墓志铭》云:"先生以孝养不能逮亲,遇家祭必泣。"寐叟《与沈瑜庆》第一札亦言及家祭事,"今日家祭,不能出席公局,请除弟份何如?或即请诸公公定一日,除廿二日外,均可遵办"(第249页);又陈夔龙《十六日花近楼社集得句奉呈诸老》诗尾注云"乙庵以家祭未预,平昔精研佛典"(《花近楼诗存》卷一),皆可参观。

另有《与吴玄眇》一通,上款"玄眇仁兄",信封书"吴玄妙先生"。吴氏其人不见于任何记载,而揆诸札中所言,又与寐叟甚为稔熟,令人不解。细思之,吴玄妙殆即李证刚之化名,证据有三。其一,札云:"前日枉过,惠谈极畅。到沪时不过晚否?"言玄妙自上海赴嘉兴访寐叟。寐叟与证刚札第八通云:"顷奉手书,知已至沪,甚慰甚慰。请即临禾,面商一切。"第十二通云:"公去此能至禾相访,至盼望。"寐叟乃屡有招证刚来嘉兴之举。其二,札云:"端士谓此间寂静,不异山林,刻方请出三论宗书逐日研究。"寐叟与证刚札第十通云:"比与端士研寻三论宗意。"均言寐叟与端士(即黎养正)同在嘉兴研究三论宗事。其三,札云:"外书单,请照购寄下。"寐叟与证刚札第六通云:"《江左三大家诗画合璧》、丁福保新医书、吴趼人《上海龌龊历史》发举希交下。"第九通云:"需购丁氏书单寄去,请代购携以来。"皆言在沪代购书籍事。

　　以上为内证,可初步推测"玄妙"即"证刚"。另有外证二。其一,寐叟与吴玄妙书一通,与李证刚书十二通,悉藏上海图书馆,图版已刊布于《东轩翰墨》(浙江大学出版社,2022),披览可见证刚于每叶笺纸上遍钤"李"、"翊灼"、"临川李氏伯子印"、"家在杨溪"、"撄宁馆"、"小李将军裔"等印章,而与吴玄妙一通上亦钤有"撄宁馆"印。其二,与吴玄妙书并信封装裱于与李证刚札两册中(《东轩翰墨》导言)。证刚若将寐叟与他人之尺牍郑重钤印,羼入与己书札中,装册珍藏,宁有此理?正如陈援庵先生所言"凡做档案工作者,不宜将档案轻易分散或移动,所谓秤不离砣也(《两封无名字无年月的信》)",而上海图书馆将寐叟与证刚信札原册庋藏,为推测书札主名留有可能。综此数端,谓吴玄妙即李证刚,几无疑意。至于李证刚为何化名吴玄妙居于上海汉口路小花园中国报馆俱进会中(据信封地址),尚不得而知,志此以俟高明。

书评

明末清初围绕舟山海域的东亚争夺
——兼论顾诚、南炳文、司徒琳《南明史》

□ 武 锋* 张丹怡*

摘要:明末清初舟山海域凭借其特殊的地理位置成为众多势力包括国际势力争夺的焦点,这些势力主要有南明政权、清政府、葡萄牙、荷兰、日本等。在各方势力的角逐中,清政府之所以在最后取得了胜利,因其控制了东亚的制海权,从而具备了相较其他力量的优势。明末清初,东亚地区各方势力围绕舟山海域的争夺说明进入大航海时代以来任何一个国家的发展几乎都被纳入国际轨道,而制海权获得与否关系国运兴衰。

关键词:明末清初;舟山海域;东亚;国际争夺

引 言

明末清初,[①]舟山海域的重要性逐渐上升,南明政权为建立抗清的根据地而争夺舟山海域。同时,清朝为彻底消灭反清势力也必须介入。在国际上,葡萄牙、荷兰、日本等国因贸易及各种原因也试图参与舟山海域的争夺,舟山海域成为众多海上势力的竞技场。围绕舟山海域的争夺,也是大航海时代以来中国在近代逐步卷入整个世界史中的缩影,同时对其后以及当下的海洋认识以及海权维护都有一定参考价值。

学界关于明末清初东亚地区各方势力争夺舟山海域的研究不多,有些论著涉及此方面,但并不系统,较为重要的研究包括如下两方面。

一方面,有关南明史的专门研究对此有所涉及。顾诚的《南明史》是有关此时段的经典著作,书中论述了唐王势力(隆武政权)与鲁王势力(鲁监国)之间为争夺正统地位和抗清领土等的斗争,中间穿插了双方在舟山海域的争锋,作者主要从南明内部的纷争中研

---

* 武锋,浙江海洋大学师范学院历史系副教授;张丹怡,海盐元济高级中学老师。

究舟山海域在其中所起的作用②。司徒琳在《南明史》中较为详细探讨了鲁王监国政权和隆武政权对舟山海域的争夺,并阐述了舟山海域对于南明抗清的重要性③。南炳文的《南明史》论述了隆武政权、鲁王监国政权、清军三方的直接斗争,还探讨了舟山海域在黄斌卿的控制下干涉南明政权向日本乞师的情况④。另一方面,有关明末清初历史的专题论文对此也有所涉及。祝太文的《清初浙江海禁的实施及其影响》研究了清初清军与南明势力在舟山海域的争夺,还提及清军为占领舟山海域、消灭鲁监国势力而颁布迁海令等海禁政策⑤。祝太文的另一篇论文《清代浙江沿海诸道平叛活动研究》则探讨了顺治年间清军与南明鲁王势力在争夺舟山海域的多次战争,并论及清军占领舟山后对自身政权的巩固与战后恢复⑥。

上述研究对本文的探讨有借鉴意义。但因为不是专门论述,故不够全面和体系,同时缺乏从国际背景来考虑相关问题,也没能从大航海时代以来的世界发展局势进行关照。因此,笔者尝试对之进行补正。

一、南明政权内部对舟山海域的争夺

南明诸政权虽然存在时间有久暂之别,但面对强敌而不能团结,甚至内斗不已,则是一致的。这从对待舟山海域的态度上也能看出。南明诸政权的内部斗争主要发生在隆武政权和鲁监国政权之间。

(一) 第一次争斗

朱聿键的隆武政权建立于1645年闰六月,朱以海的鲁监国政权建立于1645年七月(农历,下同),因为隆武政权建立在前,鲁监国政权建立在后,且朱聿键直接称帝,而朱以海则是监国,相较而言隆武政权更为正统。鲁监国本应当退位归藩,以隆武帝为尊,但是鲁监国一直拖延,导致了双方政权的对立与纷争。

1646年农历五月,清军向南推进,鲁监国在张名振等人的保护下离开绍兴到达台州,再从台州逃往海上直至舟山。农历六月初,清军占领绍兴后鲁监国所封的越国公方国安不战而降,兴国公王之仁乘船从蛟门到达舟山,打算与隆武帝所封的肃虏伯黄斌卿会合后共同抵抗清军。黄斌卿是福建人,崇祯时期就在舟山任参将,隆武政权建立后被封为肃虏伯,一直驻守舟山。他炮轰王之仁的船队,导致王之仁凿沉家属乘船,溺死全部家属,自己转向清军赴死⑦。鲁监国政权和隆武政权的矛盾由此开始并且表面化。

张名振在农历五月底护送鲁王自绍兴经台州逃至舟山,希望黄斌卿能拥鲁王为主,在舟山重建抗清政权。但是黄斌卿以自己受崇祯朝和隆武朝任命据守舟山,拒绝了鲁监国一行人⑧。鲁监国的船队只得在舟山海域内寻找小岛暂时落脚,直到郑彩把他们迎接到福建⑨。

这是南明内部因为舟山海域而进行的第一次争斗。当时隆武政权已经因为清军南下自顾不暇,而黄斌卿也并不愿意鲁监国留在舟山。鲁监国一行人逃难至舟山海域,兵力不足,本想拉拢黄斌卿,但黄斌卿不为所动,鲁监国势力只好选择暂时避让。

鲁监国系的张名振和隆武系的黄斌卿,都选择了以舟山海域来发展自己的力量,可见他们对海域的特殊性有所认识,也希望以此来延缓各自的政治生命。但因为所属阵营不同,双方势力冲突愈演愈烈,直至兵戎相见。

(二) 第二次争斗

南明政权内部第二次围绕舟山海域引起的争斗发生于1649年。鲁监国一行在1646年被郑彩迎接到福建地区之后因为内部矛盾失去了在福建的据点,所以再次返回浙江地区,随着张名振收复健跳所搬至健跳所。但是健跳所的地理位置不利于防守且物资匮乏难以立足,鲁监国势力不得不再次考虑以舟山为己援⑩。

1649年农历九月,张名振等人把鲁监国移驻到舟山,但舟山当时仍处于黄斌卿的控制之下,黄斌卿以自己是隆武朝的遗臣为借口拒绝接待鲁监国诸人,又以舟山城小粮食不够等原因表示难于供养鲁监国一行人,这使得张名振决定用武力方式取得舟山。对于张名振如何谋划杀死黄斌卿并夺取舟山的,不同的史料中呈现的具体情节有所不同,黄宗羲与和任光复的记载具有代表性。

黄宗羲在《舟山兴废》中的记载如下:"朝先遂与名振、阮进合谋,上疏监国。有旨进讨。斌卿遣将陆玮、朱玖御之,数战数败,求救于安昌王恭榥、大学士张肯堂,上章往罪:'所不改心以事君者,有如水。'又议和于诸营曰:'彼此皆王臣也,兵至无妄动,候处分。'九月二十四日,胥会于海上。初皆安堵,已而陆玮、朱玖背约出洋,阮进等疑斌卿之逃也,纵兵大掠,斫伤斌卿,沉之水中,二女从之死。"⑪在黄宗羲的记载中,黄斌卿遣将对阵张名振数次,屡战屡败,便以自己仍忠于隆武政权为由向安昌王恭榥和大学士张肯堂求救,之后又试图与张名振议和,最后被阮进砍伤后坠海死亡。

任光复的记载为:"仲冬二十一日,(王)朝先兵逼(黄)斌卿舟。斌卿备香烛,着冠服,手捧来旨大言曰:'圣上有旨,谁敢?谁敢?'……顷之,旗鼓尹明以诈禀投见,挥刃斩斌卿,沉之舟侧。其弟孝卿及家属尚在,匍匐江滩。任颖眉差兵救之,令舁入名振府第。寻迎鲁王至舟山,以参将府作行在。"⑫在任光复的记载中,黄斌卿受王朝先逼迫,最后被斩杀抛入水中,之后便找人通知张名振,把鲁王正式接到舟山。

黄宗羲和任光复的记载具体内容有所出入,但综合相关记述可以看出,鲁王政权的张名振等人设计杀死黄斌卿,然后迎鲁王至舟山。

在黄斌卿被杀之后，为了稳定舟山局势，尽量消弭鲁监国和隆武势力的矛盾，张名振厚葬黄斌卿及家属，安抚其部下，使得舟山局势暂时稳定了下来，继续从事抗清斗争，为郑成功在福建地区的活动创造了较为有利条件。

（三）第三次争斗

南明政权内部在舟山海域的第三次争斗发生在张名振和王朝先之间。

王朝先原本在舟山任职，因为受黄斌卿的压制而不满，于是在张名振谋取舟山时与张合作。王朝先在黄斌卿死后，把他的陆兵收为己用，这使得张名振不满，因而埋下恶果。之后，王朝先又因为张名振受到鲁监国重用，处处节制自己而更加怀恨，试图散布张名振谋杀黄斌卿的事情。张名振害怕事情传出会使得黄斌卿旧部联合发生叛乱，便决定先发制人。1651年二月，由阮进带人冲入王朝先营帐，"（王）朝先未衣，奋夺刀，杀（阮）进数人，势不敌，走阁部张肯堂邸，肯堂请避入室。朝先顾身裸不肯入，反与进对仗庭中"[13]。最后王朝先死于阮进手下，张名振把杀死黄斌卿的责任全推到他身上。但因为此事，王朝先的部下张济明、吕廷纪等人怒而投清，助清军攻打舟山。

四明山寨与舟山相呼应。1650年，清军为攻入舟山做准备时，为了防止在攻打舟山时四明山抗清势力从背后出手，清军先于当年农历九月攻打四明山区，当时鲁监国所封的兵部右侍郎冯京第被擒身亡，兵部左侍郎王翊前往舟山求助王朝先攻打杭州。但是当王翊到达舟山时王朝先已死于阮进手下，王翊求助无门便于1651年回到四明山，最后被严我公招降[14]。

从1644年明朝灭亡到1651年清军攻下舟山，鲁监国政权与隆武政权围绕舟山海域的争斗断断续续有八年之久，对其双方都是一种严重的实力损耗。

二、南明诸政权与清朝争夺舟山海域

舟山海域地形复杂，清军不善海战，较难攻入，舟山的南明力量可以对清军形成一定牵制，支援江浙地区的抗清活动；同样，若是清军拿下舟山，对南明的抗清势力也是一个重大打击。

隆武政权控制舟山海域时，并未发生大规模的争夺，在隆武政权灭亡后，以隆武遗臣自称的黄斌卿曾参与小规模的反清活动；之后鲁监国政权接管舟山海域也曾与清军争夺，但最终失去舟山海域而依附郑成功；永历政权时期，郑成功也曾与清军多次争夺过舟山海域。

（一）隆武政权与清朝的争夺

隆武政权所在地是福州，同时其政权真正控制的区域在福建地区，本节所说的隆武政权与清朝在舟山海域的争夺主要是指奉隆武帝为主的肃虏伯黄斌卿依靠舟山海域参与的一些抗清活动,此时清军还未攻占舟山。

1645年,黄斌卿受隆武帝任命负责协调杭州湾地区的反攻作战,但是他自恃舟山之险,更倾向于在舟山建立自己的领地,对于抗清活动比较消极,有时宁愿对其他抗清势力下手而不愿与清军作战,比较有代表性的事件是吴胜兆的反清活动。

吴胜兆原是明朝将领,降清后跟随清军南下,他因在顺治三年(1646)带兵围剿吴江县的起义时大肆抢掠被告发罚俸而不满,后又因为在扫荡抗清势力时招降不少人为己所用,同清江巡抚土国宝矛盾重重。这时的参谋戴之俊等人乘机劝他反清复明,并与陈子龙通谋。很快,他们与舟山的黄斌卿取得联系,希望黄斌卿能够出兵接应他们的反清活动。此时在舟山的张名振、张煌言等人知道消息后,认为接应吴胜兆有利于他们在江浙地区的反清活动,所以力主出兵。但是,黄斌卿犹豫不决,最后派出了部分兵力由张名振前去策应。但是在张名振出发后不久,因为突然的恶劣天气导致张名振带领的船队损失惨重且人员被冲散,无法继续接应吴胜兆的活动。在张名振船队出事后,或是因为消息滞后的原因,黄斌卿没有继续派人前去援助,最后吴胜兆被捕,起义失败。

如果黄斌卿能够积极主动配合吴胜兆的反清活动,结果可能就有所不同,若是从舟山出发的军队能够联合吴胜兆的部队,进可攻,退可守,就有收回松江、苏州两府的机会,甚至能够向北推进,明显改善南明势力抗清的被动局面。

另一件与黄斌卿有关的反清活动是发生于1647年的宁波"五君子翻城"事件。华夏、屠献宸等人试图联络多个抗清势力,将清军赶出浙东地区,他们联络的其中一方势力就是在舟山的黄斌卿。但是黄斌卿的态度和之前吴胜兆起义事件一样,依旧不同意,后经众人劝说,才勉强同意。黄斌卿率领舟山海师到达宁波东门,但是原定内应不敢响应⑮。黄斌卿估计破城无望,便在城外交战到黄昏就撤军返航。这次交战,黄斌卿的损失严重,副将李让战死,数十只船沉没⑯,遭受重创。

隆武系的黄斌卿虽然两次接应陆上抗清力量都没成功,但却能最后退回舟山,这与陆上大部分抗清势力较快被扑灭的命运有很大不同。

(二)鲁监国政权与清朝的争夺

1649年张名振设计杀死黄斌卿,鲁监国政权得以移驻舟山,鲁监国政权与清军在舟山海域的争夺也真正开始。

鲁监国进驻舟山,开始在浙东地区经营,同时与温州三盘和宁波四明山寨等地的势力相呼应,对于清朝构成了极大的威胁。当时,清军不善海战,所以清军在东部沿海的战略是一边以海门、定海(宁波镇海)、崇明三处为基地建立自己的远海舰队,另一边则在策反招降鲁监国的官员。

严我公在1649年投靠清军后,很快得到了重用,在替清方招降上做出了不少成绩。严我公以清朝钦差大臣的身份在四明山寨和舟山群岛四处游说策反,原来追随鲁监国的开远侯吴凯、义安伯顾奇勋等相继降清。吴凯被封为沙埕侯,总统沙埕、舟山、大岚、东白海岛军务总兵官[17],顾奇勋被封为舟山伯、舟山总兵[18]。除此之外,严我公还相继招降了不少将领,如开平将军姜君献、翼义将军陈龙等人。清方对于这些招降的人非常大方,或是给予他们高官厚禄,或是保留其原有官职爵位,吸引了不少南明只有虚职的官员。虽然清方的一系列招降活动真正能够获得的人才很少,但是对于浙东地区抗清势力的情报获取和人心的动摇都起了不小的作用。

清军在基本平定四明山区后,就没有了后顾之忧,打算大举进攻舟山海域,消灭鲁监国政权。清军先派提督田雄率兵与定海总兵张杰会合,做好渡海准备,之后又相继派固山额真金砺、刘之源、总督陈锦从杭州和衢州地区带兵前往定关。另外还有台州水路兵、吴淞水师等也在计划中前往舟山。而鲁监国方则在清军不善海战的观念下制定了由阮进守定关海域,刘世勋、张名扬、马泰等镇守舟山城,鲁监国和张煌言、张名振带领两军分别从南北两侧出击的计划。

1651年八月清军渡海攻打舟山。舟山岛上的明军发现后立即出兵,由阮进带领与清军战于横水洋(即金塘两岛之间的海峡)。最终,阮进重伤被擒,清军成功登岛[19]。在一番激战后,刘世勋、张名扬等人战死,鲁王正妃、大学士张肯堂等人自杀殉国,鲁王西宫妃和世子被捕[20],部分官员投降,舟山城被清军攻下。而当时鲁监国、张名振等人,在海上阻击从台州和吴淞前往舟山的清军,虽在收到阮进阵亡、舟山城危急的消息后急速返回支援,但是途中受到了清军的阻击,未能及时赶到。

舟山失守后,鲁监国等人被迫转移到温州海域的三盘,之后又投奔郑成功,试图等待时机再次收复舟山。但郑成功之前奉隆武帝为主,之后奉永历帝年号,不再承认鲁监国政权,所以鲁监国在实力不济的情况下,于1652年放弃监国称号,名义上承认永历帝的正统地位。

鲁监国政权失去舟山之后,鲁监国系的张名振和张苍水一直在舟山、宁波坚持抗清,甚至还发起了"三入长江"的壮举,但最后都失败了。随着张名振于1655年去世(张名振墓在舟山普陀南岙残存部分石构件)和张苍水于1664年被清军捕杀,鲁监国政权的抗清力量几乎完全被消灭。

(三) 永历政权与清朝的争夺

永历政权与清军对于舟山海域的争夺主要是由郑成功所主导。郑成功最初尊奉的是隆武帝,在隆武政权灭亡后又奉永历为正朔,成为永历政权中的重要人物,但其独立性很强。

1651—1652年,郑成功在福建沿海多次抗清,清朝试图对之招降,但由于清、郑双方各持己见,导致和谈失败,清军继续南下。郑成功在迎战清军时,主动放弃漳州、泉州,而把重心放在海上,在加强金、厦等岛屿的同时,派军北上攻打舟山,把舟山作为防御福建海域和攻击清军的前哨。1655年农历十月,郑成功政权的甘辉等人率军到达舟山,开始攻城,同时张名振也派兵参与舟山战役。明军成功收回舟山,部分清军将领投明,之后郑成功为增加在金、厦地区的兵力,召回部分主力,由总制陈六御"督定西侯张名振、英义伯阮骏等镇守之"[21]。这次攻打舟山先后持续两个月左右。

1656年,清军再次进攻舟山,明将阮骏、陈六御等迎战身亡,残余明军逃亡外洋,清军成功拿下舟山。之后,清军为了防止舟山再次被郑成功攻下成为南明的抗清基地,采取禁海迁民的政策,对抗清势力釜底抽薪。清军不仅召回了在舟山的驻扎军队,还把舟山居民全部迁到内陆,并拆毁所有民居,使舟山海域成为一片荒岛。浙江巡抚佟国器的奏疏说:"顺治十三年(1656)十一月间议弃舟山,业经奉文遵行讫。……惟是弃舟山之时,毁城迁民,焚毁房屋,当日虑为贼资,是以唯恐不尽。职查舟山旧城周围五里,仅存泥基,砖石抛弃海中。"[22]从中可见,舟山已成为弃地。

郑成功还以舟山海域为基地,发动过两次北上长江攻打清军的战役。

第一次北伐发生在1658年。在1656年失去舟山后,郑成功就"欲复舟山"[23],但到了1658年才正式实行。此年八月初九日,郑成功率军到达舟山洋山海面,准备北伐。但因为暴风以及灾害天气影响,郑军损失非常惨重,甚至有人员被吹到普陀港,郑军只得到舟山本岛重整战备,但已无力进一步北上。这次北伐郑成功在舟山海域停留两个月左右,一直到十月[24]。农历八月到十月正好是舟山台风天气,风大浪高雨多,郑军北伐应该是碰到了这样的恶劣天气。

第二次北伐发生在1659年。当年郑成功和张苍水联合,一起入长江进攻南京。农历五月初四日,郑成功到达舟山烈港,十七日到达洋山,准备北上。在烈港,郑成功发布申谕:"本藩亲统大师,不惮数千里□(长)驱跋涉,进入长江,克期恢复,上报国恩,下□(救)苍生。此行我师一举一动,天下见闻,关系匪细。"[25]这次北上虽然攻占瓜州、镇江、芜湖等地,进围南京,但最终失败。

两次以舟山海域为基地的北伐失败,再加上清军步步南下,郑成功海上力量进一步收缩到金、厦海域,甚至欲往台湾发展,但郑成功对舟山海域还是给予很大关注。1661年,防守舟山地方水师前镇阮美向郑成功汇报,清军可能在舟山采取行动以进一步南下[26],虽然郑成功已无法控制舟山海域,但却保存有"舟山地方水师"这样的官职。"郑成功设有舟山守将一职,收复台湾后,舟山守将一职仍保留下来。郑经当政后,舟山守将一职继续设立,可见郑氏父子对舟山的重视。"[27]同时,"郑成功和郑经一直着重海外贸易收入以养兵,舟山基地也成为郑氏向日本等海外贸易的重要港口"[28]。之后,随着清朝禁海令、迁海令的实施,浙江、福建沿海很多居民的内迁,郑成功也失去了给养,生存空间被挤压,所以后来从荷兰人手中夺取台湾作为进一步发展的基地。1683年,明郑被清军消灭,清朝夺得了台湾,完成了最后的统一。清军收复台湾用了四十年的时间,海上抗清势力完全失败,清朝获得了最终的制海权,并成为当时东亚海域的最强者。

海上抗清势力虽然失败,但却是各种抗清势力中坚持最久的。陆上抗清的结束可以1662年永历帝在今昆明被俘杀、李定国病死为标志,在明朝灭亡以后坚持了不到二十年,而海上抗清势力却坚持了四十年。正如马汉所指出:"从政治和社会观点来看,海洋使其本身成为最重要和引人注目的原因,在与它是一片广大的'高速公路'。……尽管海上有各种常见的和不常见的危险,但无论旅行还是运输,海路总比陆路便捷、便宜。"[29]两相对比可以看出,如果没有海上的保护和易于藏身,以及当时跨海作战存在较大难度,海上抗清势力难以维持如此之久。这说明,近代以来海洋的地位日益重要。

三、国际势力渗入舟山海域

随着世界大航海时代的到来,西方资本主义海洋强国开始全球扩张,它们很多因为拓展贸易和寻求资源而来到中国海域,把中国卷入国际化的浪潮之中。其中,来到舟山海域并产生较大影响的有葡萄牙与荷兰。海上的南明抗清势力为了挽救自身危机,也曾多次赴日乞师。明末清初的舟山海域具有了"国际化"的色彩,近代中国再也不能孤立于世界之外而独自发展了。

(一)葡萄牙在舟山海域的扩张

葡萄牙是世界近代史上较早进行海上扩张的国家,也是最早到达中国海域进行探索的早期资本主义强国。15世纪初,葡萄牙控制了马六甲作为与东方贸易的根据地。1516年,葡萄牙曾派使节与明朝通商,但未成功,因之辗转在广东、福建等地。1524年左右,葡萄牙北上到达浙江舟山双屿港,并联络本地海盗、倭寇等一起进行大规模走私贸易,使双屿港成为其海外扩张的据点。双屿港贸易曾经一度极为繁华,影响很大。[30] 1548年,屯聚于双屿港的走私集团被明军剿灭。双屿港失守,当时竟有1 290余艘海船往来海上寻找新的交易地盘[31]。日本学者认为:"双屿是多民族混合的贸易据点。"[32] 葡萄牙一直没有放弃在中国海域建立贸易据点的企图,后来把澳门作为新的贸易基地,给其全球商业活动带来丰厚回报。

明朝末年,面对关外满族的崛起,徐光启、李之藻等人给朝廷建议雇用在澳门的葡萄牙军队对付他们。葡萄牙要巩固在澳门的地位,并抗衡荷兰人对澳门的觊觎,所以同意了明廷的提议,先后三次谋划北上抗击满族。葡萄牙人的武器和技术起到一定效果,但后来在1631年登州之役因为孔有德反水,导致葡兵伤亡惨重。明廷招募葡兵计划虽然失败,但其武器技术随着孔有德等人降清被带过去,对清人的武器提升起到一定积极作用。㉝

葡萄牙是最先达到舟山海域并进行殖民扩张的国家,后来因为明朝的反击不能在舟山海域立足,辗转去往澳门。澳门历史性地置换了舟山。葡萄牙在中国沿海的活动给其他国家以"示范"作用,吸引了更多海洋国家的殖民侵略。

(二)日本与南明政权

明末清初,日本正好经历了战国结束、德川幕府建立、日本武士流落海上成为海寇等重大历史事件。而南明政权中很多水军将领都与海盗、商人有些关系,他们大多与日本也有联系,所以在面对强势尚武的清军时,南明的多个政权都曾向日本乞师。当时日本的德川幕府为了维持和平局面和巩固其统治,实行了海禁政策,不再与葡萄牙人、西班牙人等进行贸易,并且试图恢复战国开始后与明朝断绝的官方联系,所以面对南明政权的主动联系,日方做出了一定响应。

隆武元年(1645,即顺治二年)冬,隆武政权曾派周鹤芝负责日本乞师的任务,当时隆武帝任命周鹤芝为黄斌卿的副官,随黄斌卿驻扎在舟山。周鹤芝以林高为使者从舟山"至撒斯玛,诉中国丧乱,愿假一旅,以齐之存卫、秦之存楚故事望之"㉞。当时日本非常热情地接待了使者,但以日、明双方已无戡合关系为由进行了拒绝。实际上,日方希望的是能够恢复和明朝的朝贡贸易,这是出兵相援的条件。日方甚至已经拟派了军队,准备在隆武帝同意建立朝贡关系后立马出兵进驻舟山㉟。周鹤芝在收到来自日本的消息后,非常激动,决定派遣林龠作为使者再次出访日本,但是黄斌卿等人以担心再次出现"吴三桂乞师引狼入室"的旧事进行阻拦,因为当时使者都是从舟山海域出发,所以在黄斌卿进行阻拦后这次乞师不了了之,而周鹤芝也因此怒而投靠鲁监国政权。

在这之后,还有两次由冯京第所主导的日本乞师活动。1647年,隆武朝任命的官员冯京第在投靠黄斌卿后,曾带着安昌王和黄斌卿的弟弟黄孝卿再次前往日本乞师,但是因为冯京第提前返回舟山,黄孝卿能力不足,导致日本只是由岛津家族赠送了大量明朝铜钱到舟山,但是拒绝派兵㊱。直到1649年,冯京第受当时已经搬迁到舟山的鲁监国政权派遣,再次前往日本乞师。这次鲁监国的乞师活动受到了被日本驱逐的僧人湛微的欺骗。湛微是日本僧人,因犯罪被日本驱逐,为讨好日本,造谣说金钱无法使日本派军,只有明神宗之母所赐给舟山的《大藏经》才可,所以冯京第等人带着《大藏经》从舟山出发前往日本。但日方得知此事与湛微有关后再次拒绝了乞师的要求㊲。笔者怀疑表面上为僧人的湛微很有可能是日本与中国海域活动的海盗或海商,因为某些不法活动受到日本的惩戒,他来到舟山意图和当地势力联合向日本邀功,但并未如愿。在这之后,舟山海域内的南明政权不再前往日本乞师。

南明政权向日本乞师虽然没有效果,但日本萨摩藩主送给舟山南明政权数十万洪武铜钱㊳。同时,在舟山保存的铜钱中,除"宽永通宝"量比较大外,还发现不少长崎贸易钱,这些都是明末清初舟山与日本贸易的见证㊴。

(三) 荷兰人在舟山海域的活动

16世纪末17世纪初,荷兰进入亚洲。1602年,荷兰在印度尼西亚建立东印度公司作为向东方扩张的基地。1624年以后,荷兰开始逐步占据台湾,开始了以台湾为据点的贸易往来,1640年,甚至与郑芝龙海商集团达成贸易协定,直到1662年被郑成功驱逐出台湾。

荷兰人失去台湾据点后,曾流落到舟山海域。据记载,荷兰一舰队曾在1665年在舟山停驻,并往普陀山劫夺财物。裘琏所撰《康熙南海普陀山志》中有如下记载:

> 康熙乙巳(1665),黄毛之役,以闽海郑氏据其巢窟,余众遂浮海劫掠。素艳普陀富侈,于五月十三日突扬二艘抵山,帆舶异制,僧共讶之。既而数十人登岸,须发皆红黄色,蒙茸披覆,其前用两梳分发,从额摘向肩上,即用梳押之不去,眼俱直视不能左右。顾腰臂各缚短炮十余,用火石触之,随手辄放,取人畜百发百中。斧甚利,口上有钉,其他弓矢器械甚多。初至向僧索菜,与之虀蔬,挥之。问欲何需,则每手竖一食指,分顶旁如角状,口复"贺贺"作声,盖云牛也。僧不敢忤,以手指坡麓间放牛,令自取。彼即用臂上炮,毙牛数头,舁入舟去。次日,伴言欲作好事,诱山僧数十人入舟,拘系以索金宝,不可得。遂统众入寺,毁像,刳其中灵宝及寺僧所蓄、历代颁赐金佛、银钵、玉环、玛瑙、珊瑚、如意、锦绣、旛幢、帷褥之类。已,复斫厨出御赐藏经,褫其函袱,裂经缠径股以御露荆棘,至船则碎而投之于海,饱掠而去。于是僧藏尽倾,而宝地残毁不可言矣。山中静室及法雨寺皆然,无一免者。八月复来,掠牛畜去。比三次至,僧众斩木揭竿备,与相斗,遂不登岸㊵。

这次荷兰人骚扰普陀山,可以发现几点重要的信息:第一,荷兰人"船坚炮利",这种感受在时人中非常普遍,也与鸦片战争时期一些人对英国殖民者的观察一致;第二,荷兰人红黄色须发,所以当时被称为"红毛""黄毛",他们眼睛只能直视,显得笨拙,也与鸦片战争时期某些人对英国人的认识比较像;第三,荷兰人抢掠普陀山,造成佛寺、佛经等许多财物损失;第四,荷兰人虽三次袭扰普陀山,但人数不多,在几十人左右,最后被当地人士赶走。

许琰的《重修南海普陀山志》对于同一件事又增加了一些内容：

> 康熙四年(1665)，普陀遭红毛蹂躏。法雨寺大钟为大智禅师手铸者，亦被载去，至咬𠺕叭国门，钟顿重不可舁，遂置城外。雍正元年(1723)，其地忽有声如雷，昼夜不绝叽，众异，掘之而钟出焉。或以告监寺法泽。泽，闽人，谋于所熟洋商请归。六年(1728)，至南湾时，泽族兄许良彬总镇于湾许为载回。适九年(1731)春，圣恩发帑修建，法泽为寺住持，而彬已升授闽水师提督，乃转托粤浙封疆诸大吏宛转浮运。至十一年(1733)，钦工告竣，众僧于十月三十万寿日开场祝圣，而钟适以是日至，合山惊喜，叹为神异，盖沉埋外夷沙土中者六十余年矣㊶。

荷兰人攻击普陀山的时候还抢走了法雨寺大钟，运到咬𠺕叭(巴达维亚，今雅加达)，大钟后又辗转回到故地。咬𠺕叭即荷兰控制的印度尼西亚的雅加达，是荷兰东印度公司所在地，也是荷兰货物集散中心和殖民统治中心㊷，同时也是其向东亚扩张的前哨。每年4月到5月，南亚季风开始，荷兰从巴达维亚前往台湾；每年10月到11月，再从台湾回到巴达维亚。㊸对于荷兰人在普陀山的活动，朱瑾《普陀山志》的记述又新增："四年(1665)五月，黄毛番人到山住半月，尽携铸像幡幢等物往日本贸易，得金二十余万。将归本国，船中忽失火自焚，番人俱溺海死。"㊹这里说荷兰人往日本贸易应是去长崎，获金20余万，所谓"归本国"应是到巴达维亚。可见，荷兰人贸易除了"长崎—台湾—巴达维亚"这一航线之外，当时还存在一条从"长崎—舟山—巴达维亚"的国际贸易航线。舟山是当时国际贸易的中转站之一。

荷兰人逗留普陀山，很可能是在失去台湾以后为了生存而进行抢掠，同时也在寻找新的海上据点，并在舟山海域做最后的努力。

当时，荷兰人曾在清朝从郑氏家族手中夺取台湾的事件中提供过帮助，所以清廷给予荷兰人两年一次的贸易特权㊺。但是因为这次普陀山事件，荷兰人失去了特权，也失去了通过舟山海域与内陆进行贸易的机会。

荷兰往东亚的扩张，在台湾和舟山海域都受到重大挫折，虽然还保持与日本长崎的贸易，但在中国海域的影响日益式微。随着荷兰势力的退出，明郑(成功)依靠台湾，尚能在各方南明势力灭亡以后持续多年，直到1683年清军攻下台湾，明郑势力被消灭。清军的胜利是因为它们在舟山海域、台湾海域的争夺中打败了各种敌对力量，取得制海权㊻，从而获得成功。没有对舟山等地海上的经营得当，清朝显然不可能成为最后的胜利者。马汉说："因为其他缘故引发的战争，其实行方式和结果在很大程度上也会受到制海权的制约,海权的历史,从广义上来讲,涉及所有使一个民族能依靠海洋或利用海洋强大起来的事物。"[47]

日本学者指出,1500—1600 年中国海域的基本特征是"相互争夺",这也是西班牙和葡萄牙人在全球范围内形成联结海域的时代,海域上各势力的统合和自立倾向也逐渐扩大[48]。从舟山海域的情况观察,这个判断大体成立。

四、余 论

英国历史学家安德鲁·兰伯特认为:"中国历史上具有决定性意义的事件都发生在陆地上。土地和人口一直是它的首要问题:中国面临的威胁主要来自陆地,长城的建造就证明了这一点。"[49]此语如果针对中国古代历史或许有一定的准确性,但放到中国近代历史,特别是 16 世纪以后的中国历史上来看,则是不正确的。前述围绕舟山海域的相关讨论能够说明这一点。

舟山海域因为其独特的地理位置和军事价值使得众多势力对之关注,而舟山海域的重要性较为全面地呈现则是在明清易代之际。

南明政权在浙东的抗清活动正是凭借舟山海域的独特地理位置,才能坚持如此之久。对于南明政权来说,他们可以通过海洋与陆地上的其他反清势力相联系,并从海上派军队配合陆地上的作战,同时还可以把舟山海域作为军队的中转站,当福建、广州的水师北上时可以在舟山停驻休整。

从清朝和南明反复占领舟山海域来看,舟山海域在海防上也起着重要的作用。清军因不善海战,最初没有占领舟山海域,使得鲁监国政权转移到舟山,联合宁波四明山寨给清军带来不小的麻烦。而清军在占领舟山后不重视海防,使得南明的郑成功再次取得舟山,影响了浙东局势。所以舟山海域的海防非常重要,一旦舟山失守,东南地区的局势立马紧张,这一点在鸦片战争中也有表现。

如果从世界近代新航路开辟、西人东来来看舟山海域的价值,会更有意义。几个海洋强国葡萄牙、西班牙、荷兰、英国先后称霸海上,他们到达中国的顺序基本和他们称霸海上的顺序一致,致使中国腹背受敌。

16 世纪前期,葡萄牙把舟山双屿港发展为东亚海上走私基地,后被明军消灭势力转移到澳门。明军能够打败葡萄牙人,是因为明军的力量还比较强大,海上作战还占有优势。荷兰被看作"海上马车夫",17 世纪初期向东亚扩展,先后影响日本,也曾占据台湾,最后被驱逐。郑成功能够打败荷兰人,主要依靠他在东南沿海的海上力量。英国自 19

世纪中后期来到中国沿海,在舟山先后发生过两次战争,最后以香港为交换,退出舟山。清政府之所以与英国作战节节败退,是因为海防远远落后于后者。这些西方国家东来,舟山海域均成为他们角逐的战场,由双屿港到澳门,再从舟山到香港,自16世纪以来世界发展的情况说明,舟山海域处在中国"关键点"的地位,其重要的地理位置不言而喻。当时的明清政府对付葡萄牙和荷兰尚占据优势,而对付英国则丧权辱国,开启中国近代历史耻辱的局面。这其中的重要因素就在于海上势力强弱导致的。历史经验启示我们,制海权决定国家的兴衰。

诚如雷海宗所言:"明末清初的葡萄牙人、荷兰人与传教士不过是西洋势力的前哨,到清末西洋各国大规模向中国冲入的时候,中国无论朝廷,或士大夫,或一般人民都忙得手足无措,两千年来所种下的业缘至此要收获必然的苦果。"㊿

(感谢上海市社会科学院张晓东副研究员对本文提出的修改建议,感谢曹佳杰同学提供部分资料)

注释

① 本文所述"明末清初"是指1644年明朝灭亡到1683年明郑政权降清为止的时间段,但因为论述主题以及长时段观察历史问题的需要,时间线会上溯和下延。

② 顾诚:《南明史(上下)》,光明日报出版社,2011。

③ [美]司徒琳:《南明史》,李荣庆、郭孟良、卞师君等译,上海人民出版社,2017。

④ 南炳文:《南明史》,故宫出版社,2012。

⑤ 祝太文:《清初浙江海禁的实施及其影响》,中国海洋学会、中国太平洋学会主编《第八届海洋强国战略论坛论文集》,海洋出版社,2016。

⑥ 祝太文:《清代浙江沿海诸道平叛活动研究》,《公安海警学院学报》2016年第3期。

⑦ 顾诚:《南明史》(上),第215页。

⑧ 南炳文:《南明史》,第257页。

⑨ [美]司徒琳:《南明史》,第177页。

⑩ 南炳文:《南明史》,第261页。

⑪ 黄宗羲:《行朝录》卷七《舟山兴废》,转引自顾诚《南明史》(上),第284页。

⑫ 任光复:《航海遗闻》,转引自顾诚《南明史》(上),第285页。

⑬ 查继佐:《罪惟录》,转引自顾诚《南明史》(下),第486页。

⑭ 顾诚:《南明史》(下),第487页。

⑮ 顾诚:《南明史》(上),第336页。

⑯ 同上。

⑰ 顾诚:《南明史》(下),第 485 页。

⑱ 同上。

⑲ 同上书,第 489 页。

⑳ 同上书,第 490 页。

㉑ 杨英、施琅:《从征实录 靖海纪事》,郑焕章点校,商务印书馆,2019,第 62 页。

㉒ 《明清史料》甲编第五本,第 464 页,转引自顾诚:《南明史》(下),第 558 页。

㉓ 杨英、施琅:《从征实录 靖海纪事》,第 83 页。

㉔ 同上书,第 84—85 页。

㉕ 同上书,第 89 页。

㉖ 同上书,第 111 页。

㉗ 林斌、林思辰:《舟山群岛海上丝绸之路钱币》,中国金融出版社,2023,第 37 页。

㉘ 同上书,第 40 页。

㉙ [美]阿尔弗雷德·塞耶·马汉:《海权论:海权对历史的影响》,冬初阳译,时代文艺出版社,2014,第 25 页。

㉚ 樊树志:《晚明史》(上),复旦大学出版社,2018,第 10—13 页。

㉛ 朱纨:《甓余杂集》卷四《三报海洋捷音事》,明朱质刻本。

㉜ [日]羽田正编《从海洋看历史:东亚海域交流三百年》,张雅婷译,民主与建设出版社,2023,第 128 页。

㉝ 刘明翰:《明军葡萄牙雇佣兵研究(1622—1632)》,载薛理禹主编《海洋文明研究》(第五辑),中西书局,2020,第 80—100 页。

㉞ 转引自南炳文:《南明史》,第 357 页。

㉟ 南炳文:《周鹤芝的姓名及其乞师日本》,中国社会科学院历史研究所明史研究室主编《明史研究论丛》(第七辑),紫禁城出版社,2007,第 177—189 页。

㊱ [美]司徒琳:《南明史》,第 191 页。

㊲ 南炳文:《南明史》,第 359—360 页。

㊳ 林斌、林思辰:《舟山群岛海上丝绸之路钱币》,中国金融出版社,2023,第 34 页。

㊴ 同上书,第 45 页。

㊵ 康熙《南海普陀山志》卷十《事略》,雍正增修本,浙江海洋大学图书馆藏。

㊶ 《重修南海普陀山志》卷十二《事略》,乾隆五年刻本,浙江海洋大学图书馆藏。

㊷ 樊树志:《晚明史》(上册),第 20 页。

㊸ 袁灿兴:《朝贡、战争与贸易:大航海时代的明朝》,天地出版社,2022,第 418—419 页。

㊹ 《南海普陀山志》卷十《事略》,雍正十三年刻本,浙江海洋大学图书馆藏。

㊺ 安双成:《康熙初年荷兰船队来华贸易史料》,《历史档案》2001 年第 3 期。

㊻ 英国历史学家安德鲁·兰伯特认为,"海权"和"制海权"的概念不同,马汉所谓的制海权仅强调海军

对国家的作用,而海权是有意识的构建海洋文化和身份来确保海洋控制带给它的经济和战略优势,更多依靠海上交通来获得凝聚力、商业利益和控制力,所以海权比制海权的说法更准确。笔者认为,两者内涵虽有差异,但均强调对海洋的重视和控制。兰伯特的观点见其所著《海洋与权力:一部新文明史》(龚昊译,湖南文艺出版社,2021,第6—7页)。

㊼ [美]阿尔弗雷德·塞耶·马汉:《海权论:海权对历史的影响》,冬初阳译,时代文艺出版社,2014,第1页。

㊽ [日]羽田正编《从海洋看历史:东亚海域交流300年》,张雅婷译,民主与建设出版社,2023,第16页。

㊾ [英]安德鲁·兰伯特:《海洋与权力:一部新文明史》,湖南文艺出版社,2021,第2页。

㊿ 雷海宗:《中国史纲要》,天津人民出版社,2016,第221页。

史料辑存

听芝馆日记

□汪洵遗著,汪萱抄录标点,叶舟整理校对

整理说明:《听芝馆日记》为汪洵于光绪十二年(1886)参加会试时的日记,由其孙女汪萱整理,于《社会日报》分期连载,时间为1940年10月13日至12月2日,共计45期。并由著名学者钱振煌撰写题识。汪洵(1846—1917),江苏武进人,原名学溥,又名学瀚,字子渊,又字渊若,听芝馆即为汪洵室名。刘炳照《复丁老人诗记》便曾言及"听芝馆主人汪渊若"。汪洵为光绪二年(1876)举人,光绪十八年(1892)进士,官至翰林院编修,直隶补用道,著名书法家,与吴昌硕、张祖翼、高邕之并称海上四大书家。汪洵于光绪二年中举后,直至十六年(1890)后方中式进士。整整十六年,屡试屡败,日记中较真切地展示了其参加会试及落第时的复杂心态。同时汪洵与吕景端都是盛宣怀手下重要的文化幕僚之一。日记中也揭示了经陈允颐介绍,汪洵在会试落第后前往天津入盛宣怀幕编纂《皇朝经世文续编》的前因后果。而且日记中颇多汪洵在京城与常州府同乡及各地文人交往及日常生活情景,十分生动。汪洵虽是晚清著名书家,书名籍甚,书法传世颇多,只是惜无诗文集存世。据汪萱言,汪洵遗稿经"一·二八"淞沪抗战,大多不存,仅此日记存世。今天距日记刊出之时又已过八十年,原稿是否尚存天壤间,已不可知。故特此整理,以方便学者研究利用。需要指出的是,连载刊出的日记并非逐日记述,当经过汪萱的删减。另外,由于当时报刊纸张质量低劣,已有部分字迹漫漶不清,无法识读,均用"□"代替。原文有标点错误及文字排印错误,一律经改。对于部分不常见的人名,略作注释,以方便阅读。

此姻伯汪先生《丙戌会试日记》一册,是科首场题"子张问行"全章,闱墨第十三名,冯煦丈最佳。先生是年下第,而记内初无愤激不平之语,真大贤人也。又记内一时同考者甚多,独无先君子①名姓,则以先君子赴考除入闱外,闭门而已,初不与宴会征逐也。先辈和介,不同又如此。

姻愚侄钱振锽敬志

此为先大父渊若公光绪十二年丙戌科会试自浙北行日记,当"一·二八"之役,家藏先人□□□丧失殆尽,几无所存者,唯此日记一册,及□□□□而已。敬弁□数节,以应灵墀先生之请。

女孙汪萱敬识

二月

二十二日,丙戌,晴。泊烟台上货。午正开行,细波如縠。舟极平稳,恍西湖六桥,逐烟波画船也。同人习险若忘,相与为博戏。寅初抵大沽口,泊,候潮。

二十三日,丁亥。卯初起,观日出,呼同人,均不应。独出凭栏,海风泛明,寒不可耐。返舱,东方渐白,正对葱灵,遂凭窗坐。待阳光始升,霞气万状,其下雾气压波,作红殷色。旋视雾气,有红轮一,掩映于中。颇怨天公之秘此奇景也。忽从雾气中,番浪露出一点,乱作金色,□升□□,跳跃不定。迨全轮出海,则金色□红,光芒不可逼视矣。始知海气为日光所逼而成雾,红轮者,幻影也。昔人观日,谓先见千百幻影,天复晦冥,继而日轮始涌出。惜非登高,不能尽此奇状。

二十五日,己丑。晴。是日闻某被严旨斥逐之信。某系御史,纠罢后,以某相或有旧,夤缘起用。荐章甫上台,□随之。沽辈者固不知耻,惟大臣身系安危,而甘为天下逋逃薮,授人指摘,损己威望,惜哉!

二十六日,庚寅。余澂甫观察(昌宇)招饮义和成,惕身②、兰生皆在座。闻有南来善歌者,偕访之。三五雏鬟,并皆韶婉,学细步,操南音,使人之意也消。昔人评美人,以态为第一,温柔与生硬,北地燕支,信不若南都金粉哉。

三月

初四日,丁酉。阴。陈采卿同年(咸庆)来谈。晚迪甫招饮,座中皆同乡达官。席散与庭芷③叙谭。复访君硕。夜分与惕身同车归。闻随扈大臣皆赏穿黄马褂,恩宠优渥,如王魏公天书美珠之赐,膺异数者,将何以仰酬意旨哉!座中有述巧对者,戏录之:朱智,黄昏;张之洞,陶然亭;乌拉布,蚕吐丝;额勒和布,腰围战裙。

初七日,庚子,早雨,未止,辰刻放晴。访赵仲固(执诒)④,知次远⑤随扈归,偕仲固过次远。次远言乘舆供张,极为节俭,本朝家法之严,亘古未有,其奉行不善,徒为中饱,则有司之过也。

初九日，壬寅，晴。见题名牌，名在三十。是科江南共四百五十多人，合京秩不及五百人，而武、阳两县，已得四十余人，可称极盛。检点考具既毕，饭后至仲瑜寓中，晤申甫。返寓，知次远及家泉孙来，未见。复出访何棠孙孝廉（维棣），谭良久。归已上灯。内弟子徐子贞进士（贞），遣仆人来约，至曾陶山（景钊）寓中相晤。子贞来补县考，甫到京。陶山于余为娅，新科孝廉也。返寓。晚餐后，复偕君硕往访赵、陈诸君，小坐归。即就寝。夜梦平地中大水涌出，有蛇无数，二蛇飞集余身，化为龙，黑色，蟠绕左肩，似吉征也，识以待验。

初十日，癸卯，晴。巳刻入场，进东左门。叔和、若溪⑥来送。坐西贡字十一号，与秉文⑦同号，略谭即就枕。得失萦心，眠不得熟。中夜题纸下，挑灯起坐。先成试律一首。少息，东方已明。

文题："子张问行"全章，"中庸不可能也""取诸人以为善"一节。

诗题：报雨早霞生（得生字）。

十一日，甲辰，晴。首题文成，竟日颇惬意。终夜次，三文始就，精神未惫也。

十二日，乙巳，晴。复将诗文删润誊真，缴卷已申刻。出场极拥挤。在寓稍憩，惕身、君硕相继出。同人索文阅，皆极叹赏。自念久困名场，临文矜持过甚，然未敢存诡遇之想也。夜眠，极酣适。

十三日，丙午，晴。次远来，送入场，坐东珠字四十四号。同号者为查子春同年（光华）、缪坚士（巩）、吴□□同年（□□），皆旧好也。竟日聚谭极畅。天气郁蒸，月色朦胧有晕。稍寐，题纸已下。

经题："君子以遏恶扬善，顺天休命""六府孔修，庶士交正""终南何有，有纪有堂""冬十有一月，晋侯使荀庚来聘，卫侯使孙良夫来聘。丙午，及荀庚盟。丁未，及孙良夫盟""成公三年，侍射则约矢，侍投则拥矢，胜则洗而以请客亦如之。不角，不擢马"。

十六日，己酉，晴。点名颇迟，入场坐西道字四十八号。号中无相识者，有莫君（如瑗），广西人，年百二十岁，尚清健，望之如七十许人也。录首场文，补书日记。上馆假寐，一时许，策题已下。略展视，仍熟眠。问群经地理，史汉三国疑事，小学、边防、治河。

十七日，庚戌，晴。晨起斟酌条对。下午首策成，中夜成二三策，录毕稍寐。

十八日，辛亥。晴。有风。完卷出场。己未正，惕身先在寓，待君硕良久不至，因先出城，乃寓会馆，惕身移寓次远处。夜饮次远宅，同从有戴筌青（翊青）、濮云依（贤慈）。云依器宇豪迈，为梓泉族侄，将为次甥女作伐也。君硕傍晚出城，相叙极乐。二更雨甚，次远遣车送归，与岩孙对榻。场事既毕，倦极酣寝。

二十五日，戊午，微雨洒花，含苞渐绽。稍霁，往访次远，适有客，未得晤。遂至南横街访士瀛，同车至陶然亭，祈文帝签，似不吉。雨后至，略凭眺，仍同返。午后偕仲固访伯憩,复偕君硕,至大川淀,仍为博戏。晚迪甫邀才盛馆观戏,杨月楼《连环套》,英气逼人。又有为口技者,作老小男女声,一时并作,逼肖神情,可称绝技。名优想九霄,艳绝一代,冉冉登场,合座倾倒,诚尤物哉。与贻槭⑧同车归,已三鼓。是日濂孙赴浙,托带家信。

四月

十二日,乙亥。阴。晨起询红录,尚无消息。子康以风声鹤唳属对,岩孙举月落乌啼,颇浑成,然非佳语。偕岩孙至次远处,访君硕、惕身,同赴广和居小酌。兰孙继至,时方及午,闻报,仅数十名。中心摇摇,尚多奢望。罢饮,偕岩孙返馆。馆中寂然,同乡诸君来馆者,络绎相望。傍晚秉文来,旋闻秉文已中式,两县仅得一人,且系北籍改归者,殊为桑梓削色。江阴公车八人,获隽者三,蠻卿⑨与焉。同人愁颜相对,无憀已极。是日馈陶山芽茶,报以书谱拓本,并晤内弟子贞。

十三日,丙子。晴。棠生来。偕访䤲之,略谭,殊乏意兴。䤲之将出仕闽中,系恋名场,尤为气沮。返馆,途中接轸联镳,下第诸君悻悻然有不悛终日者,良足慨也!

十五日,戊寅,晴。偕音之往访次远,约至陶然亭,因先至仲固处便饭,同车往。同人毕集,广征录事举觞政,促膝合坐,虽尽欢,殊扰扰也。贻槭约再往观剧,遂先行。至中和园,想九霄甫登场,演翠屏山甚佳。贻槭约饮福兴居,有月秋、际云,余戏目为月傍九霄,合坐发粲。养原⑩来,复偕至竹芬处,□生所约也。返馆,孚生邀饮,韵秀倦极,不克赴。岩孙治装,明日将行,飘零身世,益动离愁。余亦将有事津门,期以后会,差慰惜别之苦。馆中如晋之、孚生、幼舲⑪、沈氏昆季,留待同行也。领落卷,在十六房,未荐,武阳卷堂备极多。

十六日,己卯,雨意甚浓。(徐)岩孙解装,复留一日。下午渐霁,同人聚谭,悒悒不乐。灯上,偕饮国兴,听咏华歌曲,穿云裂石,殆无与伦。酒阑,复为变徵之声,烈士暮年,不止闻歌唤奈何矣!

十七日,庚辰,晴。晨送岩孙登车,相处数月,虽暂别,亦神伤也。子康及同乡诸君,行者十人,留者益形萧索。刘葆良⑫拔萃入应县考,解装馆中,招与同居。下午养原、贻槭来,惕身招饮。韵秀与养原同车往。座有更之,言将旋南,黯然别绪,略坐即辞去。无聊之极,赖咏华一曲高歌,为我荡涤尘襟也。

十八日,辛巳,晴。缪仲翁约观剧。先约肆中饮,迟往不值。访心云,略谭。迪甫招饮福兴居,即偕观剧。仲翁及振声已久待。园中极拥挤,想九霄演《铁弓缘》全部,忽男忽女,亦文亦武,真天仙化人也。剧散即归。振声约明日复陪仲翁。

十九日，壬午，阴。振声招饮便宜坊，仲翁已先在，坐有赵叔桓⑬，为伯厚⑭先生叔子。先生与先君子交最深，共话旧事，益训感喟。罢饮，联车往观剧，想九霄已登场。天大雷雨，旋霁，出门水已及踝。与人负行数十武，方升车。

二十一日，甲申，晴。晨起，偕葆良同车往太学，路经黄漱兰先生宅，先生，葆良座主也。江南以贡入都者，多为先生招致馆餐，葆良往访诸同年，因得晤曹元弼、戴姜福。戴字绥之，年十七，为江南优贡之冠，奇才也。惜貌太薄，恐福泽不厚。略坐即行。至太学，知是日堂期，不克观石鼓，艰于一读，心殊怏怏。

二十三日，丙戌，晴。行期已迫，笔墨盆积，竟日作书，未出门。傍晚养原、次亮邀饮义胜居。幼舲卧疾未赴。坐有文芸阁、毛石君、张季直、易实甫、刘镐仲、陈伯严，皆一时名宿也。归馆，幼舲病差，谭至夜分，各有途穷之感。

二十四日，丁亥，晴。至迪甫处，祝太夫人寿，坐间闻传胪之信。复至次远宅。次远派殿试收掌官。甫归，言彭述已置榜首，翁尚书得冯煦卷，以对策详赡易之。南皮又以冯卷字逊，抑至第三。始信功名得失，恒争片刻，当事亦颠倒于造化而不自知。彼一得自矜，辄谓足以制胜者，是为不知命矣！

状元赵以炯（贵州）、榜眼邹福保（江苏）、探花冯煦（江苏）、传胪彭述（湖南）。

二十五日，戊子，晴。作书竟日，形神俱疲。昔人云：可怜无益费精神，有似黄金掷虚牝。谅哉！泉孙兄来送，畅谭良久。萍迹天涯，重逢何日，相对黯然！

二十六日，己丑，晴。贻棫、心安⑮来送。治装未竟，手不停挥，苦哉！傍晚，胜吉、贻棫邀饮福兴居，与同人作别。养原书来，行期改迟一日，同人均愿留待同行，相与畅饮。竹芬来话别，赠扇以志后缘。咏华亦颇恋，曼声一曲，如听骊歌，未免有情，谁能遣此！况复风流云散，重增离索之感耶？

二十八日，辛卯，晴。束装登车，伯温、叔和来送。是日同行者，晋之、孚生、沈子振⑯、子钧⑰，赵民叔侄亦约附伴。晋之诸君先发，余复至次远处，与惕身、君硕作别。适恽季文⑱拔萃（炳孙）解装甫至，小坐，惜不能为之稍留，同深悒怏。假季文卅金，略壮行色。又至养原处，约前途相待。晤仲固、次亭，迨展轮，已过午矣。车行极委顿，双桥尖晤士瀛、重钦，抵通州。日已下春，途遇陆颂臣（继贤），养原及伯憩车亦至。登舟检点，灯火已上，晋之诸君竟不得闻问。潞河帆樯栉比，前后十数里不绝。舟中极安适，帖然就枕。倦极酣卧，及醒，舟行已二十里许矣。（舟价十二金）

五月

初二日，甲午。晴。晨，关署前大火，人声鼎沸，加以尘市喧嚣，神会杂逻，震耳骇目，不可耐。辰刻,抵紫竹林,偕憩寓太昌栈,因养原也。遣人往约岩孙及吕椒生(懋蕃)来寓,容民⑲亦至,相与畅谈。晋之诸人舟甫抵岸,亦来。孚生有事勾留,约次日移寓同居。夜雨。

初三日,乙未,晴。孚生来寓。晋之诸人急欲旋南,附海晏行。作家书,托子振昆仲带浙。午后,伯憩邀饮聚美轩,食鲥鱼,甚美,南中珍味,北方颇不易致也。我航约访高侣琴,晤同乡王镜如茂才(复旦),极道窘状,为之恻然。

初四日,丙申,晴。岩孙、容民来。午餐后,复偕养原、伯憩、孚生六人,同至东局,访庭芝兄。时为水师学堂总办也。乘车至新关渡河,三里许,至正东营门。出营门,遥望东局,林木郁翳,机器烟通,参差矗出。由长堤行,可里许。取斜径直趋,茂草平畴,一望无际。又二里余,复经长堤,绕局行,局外垒土墙为营,引清溪环之,墙皆草木,纠结如碧城。堤外复有溪流,夹堤植柳。舍车步行,如在西湖六桥堤上也。行可二里,至局门,知庭兄返私宅,宅距局数十武,屋舍湫隘,内颇轩敞,合坐畅谈。庭兄允荐王镜如河工馆事。返寓已晚,养原约同人夜饮,王镜如来。

初五日,丁酉,晴。客中佳节,漂泊增感。偕孚生访兰生,小坐。我航邀协盛园观剧。主人后至,蹀躞往来,炎热不可耐。戏陋劣,不堪寓目。夜归,杏孙⑳招饮,偕养原往。坐有冯志先㉑,送其姑来津也。

初六日,戊戌,晴。晨谒傅相㉒,至传舍晤陈丽生,坐谭一时许,始进见。傅相伟岸峻耸,顾盼生风,垂问颇殷。庭见曾为先容,且与先君有旧也。退访内兄许仰坡(之轼)。谒袁子久观察,为端敏次子。端敏与先君子至好,同直枢垣。观察略谈旧事,极为关切。至招商局,访杏孙、花农㉓,均不值。返寓,送伯憩上保大船。作家书,并附何宅家信,托至沪。临歧握手,益相感怆。至兰生处小集。养原继至,坐有吕汇伯,时被议,来津谋事也。罢饮,至花氏访旧,人面依然,惜桃花已零落也。

初七日,己亥,晴。访仰坡、诚斋,并晤其弟郭甫(之仪)。坐有徐君励清(承福),江苏海运委员也。仰坡邀饮花氏,并有兰生,邀养原,未至。花氏以翠林、宝林为翘楚,环肥燕瘦,并皆佳妙。翠林丰肌柔肌,细腻风流,尤为冠出。

初九日,辛丑,微雨,午晴。偕孚生至子镁处午餐。坐有养原兄弟及椒生。肴颇精洁,子镁为设鲥鱼,饮尽欢。下午偕子镁、容民觅房屋,养原将移寓也。晤汤楚惟(宝善),十余年旧识,同话往事。兰生邀同人晚饮花氏,翠林殷勤侑饮,颇觉移情。酒阑,大雷雨,道远不得归,宿仰坡处。略假寐,已日上矣。

初十日,壬寅,晴。晨起往访椒生,久坐,孚生来,昨因雨,宿兰生处也。返仰坡寓,主人衔参未归,匆匆返紫竹林,庭兄适在寓相待,略谭即去。傍晚偕养原至仰坡处饮,馔极精美,复偕往花氏小坐,乘月联车归。

十一日，癸卯，晴。椒生来。邀同人饮聚美轩，主宾忘形，极酣畅。养原约夜饮义和成，坐有兰生、诚斋。罢饮，访花氏二姝，均抱恙，楚楚可怜，狂奴故态，不觉渐萌。同人有进箴言者，极可感佩。

十二日，甲辰，晴。在寓作书竟日。岩孙来，共晚餐。约出游，途遇兰生，及恽星云观察（祖祁）㉔。观察时入觐北上也。至花氏，同人俱集，畅谈甚乐。二林则卧疾未愈，殊为减兴。

十四日，丙午，晴。为余生辰，头颅如许，老大徒伤，憔悴天涯，益多感触。为兰生作书半日，往武备学堂访星耘，附致梓泉书，并《说文》三册。下午许氏昆仲及兰生来，岩孙、我航及少曾侄至。孚生邀饮聚美轩。养原述杏孙意，留为编校续《经世文》，兼司笔札。落魄无聊，急何能择，非有别枝之过，已等残声之曳矣。

十五日，丁未，晴。送王介臣上保大船。晤张季直，下午访仰坡。食枇杷甚美。夜饮，复访花氏。晤养原，月上偕归。江寿萱明日入都，附致许子原书。杏孙观察来约，择日到馆。

十六日，戊申，晴。往谒杏孙。晤余桂生。访岩孙，略谈。乘车往子镛处午餐。偕游骨董肆。至仰坡处，养原适至，晤沈恒农，偕往视二林疾，皆小愈。仰坡邀饮义和成，晤兰生。

十八日，庚戌，晴。炎热不可耐。椒生来，偕孚生往访岩孙，至黄氏花园一游。园雅致，惟临河筑水榭，颇宽敞。午刻同人及养原至兰生处，二左已先在。饭后遍游骨董铺，容民亦至，相率至兰生处晚餐，畅叙始散。归见月色微晕。

二十日，壬子。晴。是日为夏至节。晨起移居招商局南栈，与岩孙、我航同居。同事者为戴小菜（麟书）、王伯明（庭珠）、灵山（庭培）、李进之（宗琏）、徐馨斋、任铁君、黄子元（开甲），同乡则岩孙及其弟富孙、董子琳、刘安孙也。逢辛㉕甫出口，申谭良久，共晚餐。偕岩生至太昌栈访养原、孚生，容民亦至，谈至三鼓方归。

二十一日，癸丑。晴。南栈为局中分置存货处，后辟小圃，局中人分居之。地极宽敞，花木罗列，于夏日尤宜。静几明窗，颇觉安适。下午杏孙来报谒，谈续编《经世文》条例甚详悉。

二十二日，甲寅，晴。杏孙邀陪增泽庵榷使午餐。增公新简粤海关监督，粤关为内府利薮，豪侈为诸关冠。增公人极朴实，言论谆谆，不可多见。以□郎而膺兹异数，特达之知有以哉！杏孙推荐孚生，即见延订，为之色喜。罢饮，复从观杏孙所藏法书名画，有《鲁公墨迹长卷》《恽王合璧长卷》《新罗山人画册》，均绝佳。申刻，偕岩生、伯铭往访孚生，告知馆事，甚欣慰。因共赴养原之招。养原是日接电报学堂事，学堂与兰生比邻，移尊兰生处。同坐皆熟人，饮甚畅。偕访花氏，晤仰坡。翠林出观庙会，久待不至，怅然返。闽中陈煦万孝廉（与同）来访，陈为庭年兄侄，以庭兄书来，属为料理上船事也。缪坚士同年来，寓二道街其兄衡庵宅。

二十三日，乙卯，晴。陈煦万来谭，甚相得。饭后往访不晤。椒生来约，往东局。天阴，风甚大。乘车往，遍游各厂，厂中规制极宏敞。至庭兄私宅，晤谈一时许。归觉受凉不适，灯上即就枕。

二十四日，丙辰。晴。复晤增榷使。知三海工程，需粤关等解百万，历任摊还，不动公款。增公将托杏孙借洋款也。孚生并在坐，因偕先出。灯下为杏孙作书，并托煦万带闽信。

二十五日，丁巳，晴，孚生来辞行，托带浙信。午后逢辛来谈。子镁来，赠刻玉刀一事，偕至心园浴，甚适。晚逢辛约饮天瑞轩。接浙寓十五日书。

二十六日，戊午，晴。饭后往访仰坡，偕至二林处，玉容憔悴，复困病魔，深可怜惜。养原遣人邀夜饮，即赴。同人已先集。罢饮。容民归，复谭至子刻，偕岩生返。得惕身、幼舲都中信。惕身为柳门阁学招同赴粤，出都尚须时也。

二十九日，辛酉，晴。为杏孙作书，傍晚兰生来，将入都送考也。念及都下同人，为之神往。

三十日，壬戌，晴。炎暑不可耐。逢辛来谈，约共午餐。至总局，晤及萧山朱冕庄同年（伯增）。返馆，作家泉孙兄书。夜甚凉。津沽气候，日入，即爽若新秋，无汗渍簟枕之苦。紫竹林街衢修洁，尤远薰蒸，颇足幽居消夏也。（完）

注释

① 先君子，即钱向杲(1849—1906)，原名福荪，字仲谦，号鹤岑。江苏武进人。光绪元年举人。其后名场屡困，上书不用，隐居教书。

② 陆尔昭(1839—1901)，字玉遐，号惕身。江苏武进人，原籍元和。光绪八年（1882）举人，曾官江夏知县。

③ 吕耀斗(1830—1896)，字庭芝，一字定子，号鹤园。江苏武进人，道光三十年（1850）进士，官至直隶永定河道，署天津道。

④ 赵执怡(1843—1901)，字仲固，江苏武进人，赵元任祖父。同治六年（1867）举人，官知州。

⑤ 恽彦彬(1838—1920)，字次远，晚号樗园。江苏武进人。同治十年（1871）进士，官至广东学政。

⑥ 华世芳(1854—1905)字若溪，号蔓斋，江苏无锡人，数学家，与兄华蘅芳齐名，由拔贡官直隶州判，历充自强书院、常州龙城书院、上海南洋公学教习。

⑦ 庄钟济(1856—1932)，字永硕，号秉文，江苏武进人，本年进士，官知州。

⑧ 刘霭(1851—1895)，字贻械，江苏武进人，官至知县。

⑨ 陈燨唐(1857—?),字燮卿,江苏江阴人,本年进士,官工部主事,改官候选道,曾出使英法诸国。
⑩ 陈允颐(1848—1900),字养原,一作养源,号南士。江苏武进人,同治十二年(1873)举人。随黎庶昌出使俄罗斯,归任驻日本横滨等地领事。回国后官内阁中书,后署盐运使、按察使。
⑪ 吕景端(1859—1930),字幼舲,号蛰庵,又号药禅,江苏武进人,清光绪八年举人,官内阁中书,晚年居盛宣怀幕最久,一切重要笔札均出其手。
⑫ 刘树屏(1857—1917),原名景琦,字葆良,江苏武进人,光绪十六年进士,改庶吉士,授检讨。官至安徽候补道。
⑬ 赵叔桓(1850—?),原名元振,字叔桓,号守拙,江苏武进人。
⑭ 赵振祚(1805—1860),字伯厚,号芝舫,江苏武进人。道光十五年(1835)进士,官至翰林院侍讲,于太平天国战争中遇难。
⑮ 庄赓良(1839—1917),字心安,江苏武进人,官至湖南布政使。
⑯ 沈保宜(1853—1939),字子振,号佑丞,晚号余叟,江苏武进人,官知县,民国后公推为常州市区浚河主任,所著诗文稿和《八十自述》均毁于抗战中。
⑰ 沈保衡(1855—1914),字子钧,号穆堂,江苏武进人,光绪元年举人,曾任淮安府桃源县训导,后任知县。
⑱ 恽炳孙(1854—1919),字季文,号石松,晚号澹翁,江苏武进人。光绪十一年(1885)拔贡,内阁中书。
⑲ 陈重威(1854—1937),原名允临,字容民,江苏武进人,官至汾州知府。
⑳ 即盛宣怀。
㉑ 冯敩高(1862—1902),字志先,号少伯,江苏武进人,内阁中书,道员,官至京城电报局总办。
㉒ 即李鸿章。
㉓ 徐琪(1849—1918),字玉可、花农,号俞楼,浙江仁和人,光绪六年(1890)进士,授编修,官至内阁学士,署兵部左侍郎。
㉔ 恽祖祁(1843—1919),原名祖源,字心耘,一字筱耘,号菜叟,江苏武进人,官至道员。
㉕ 任锡汾,字逢辛,晚号拙叟,江苏宜兴人,光绪二年(1876)举人,官至四川川东道。

朝鲜李朝《备边司誊录》记载的中国明清海商选校(第四部分)

□袁晓春整理,李欣雨校订*

作者校勘标点说明：

朝鲜李朝《备边司誊录》属于海外记录的珍贵汉文文献资料,为朝鲜李朝的官方档案,时间起自朝鲜李朝光海君八年(1616),下至高宗二十九年(1892),现存273册,记载有276年的历史(其中缺载54年记录)。备边司最初是朝鲜李朝处理女真与日本对朝鲜王朝的侵扰问题而设立的临时机构,后为朝鲜王朝国政诸般事务的最高决议机构,议处事项相当广泛,一般界定范围为朝鲜内政、中朝关系及朝日关系。明宗十年备边司划为常设机构,人员从正一品的都提调到从正六品的郎厅人员,主要誊写的是郎厅人员。备边司主要记录会议,接收下面上报的文书、传达的指令、国王对事情的处理意见等。备边司人员熟悉汉语并以汉语记叙,从而留下罕见的域外汉文文献资料。《备边司誊录》记载中国史籍未收录的40艘中国海船遭遇风暴漂流到朝鲜半岛的航海史料,详细记载海洋贸易船船主、船长、舵工、副舵工、管账、水手、商人、乘客的姓名、年纪、籍贯、贸易货物以及携带银两铜钱等具体海洋贸易资料实属罕见。其记录的细节是国内史料的盲点,为我们研究海洋贸易与文化交流提供独特的观察视角。其中所涉及的宝贵的海洋史史料亟须深入研究。本文史料辑于大韩民国史编纂委员会1959—1960年出版的《备边司誊录》誊写影印本,进行了校勘标点,统一整理,分批发表。

编者按：袁晓春先生的《备边司誊录》中明清中国海商资料校勘标点稿,第一部分共史料3条,已发表于《传统中国研究集刊第十四辑》(上海社会科学院出版社,2016);第二部分共史料12条,已发表于《传统中国研究集刊第二十五、二十六合辑》,(上海社会科学院出版社,2022),第三部分已发表于《传统中国研究集刊第二十九辑》(上海社会科学院出版社,2023)可以查阅。本次为第四部分,共史料17条。本文经袁晓春整理后,又经过李欣雨校订。

---

* 袁晓春,中国船史研究会副会长,中国中外关系史学会理事,中国海外交通史研究会理事,烟台科技学院教授。李欣雨,上海社会科学院历史所硕士研究生,指导教师为上海社会科学院历史所副研究员张晓东。

一、史料 24[①]

癸酉十二月二十三日

全罗道灵光郡荏子镇在远岛漂到大国人问情别单

问：你们漂荡之余，远路驱驰，又值天寒，能免疾恙否？

答：专靠贵国恩德，沿路供馈，优恤备至，既免饥寒，又无疾病，感戴如天。

问：你们是何省何府何县人耶？

答：俺们是福建省泉州府同安县、南安县、晋江县及漳州府龙溪县、海澄县人。

问：你们是民家么？旗下么？

答：俱是民家。

问：你们人共为几何，而漂泊时无一淹死者耶？

答：俺们五十人并同载，客商二十三人，合为七十三人，而幸赖天佑，无一淹死者。

问：你们姓甚名谁，年纪几何？

答：船主，黄宗礼，年二十。舵主，黄章，年四十。郑敬，年四十七。水手，黄续，年三十五。黄倚，年三十八。林和尚，年四十三。王品，年四十五。周宗泽，年三十。黄腾云，年二十九。蔡养，年二十六。陈朝，年五十二。吴献，年三十。陈四教，年二十四。曾缪，年四十七。黄税，年五十三。陈就仅，年三十。黄润，年二十三。吴志，年三十五。连琛，年三十八。王送，年二十七。柯泰，年四十九。王利，年二十五。郑水，年三十三。陈玉水，年三十三。陈贡，年二十七。陈花，年二十四。黄怀，年四十。翁岭，年二十八。叶珠，年二十二。陈景老，年二十五。翁管，年三十五。蔡细，年四十三。苏有雀，年二十七。陈奈，年三十五。张相，年二十三。以上住同安县。

黄其早，年五十三。黄光荫，年二十六。王允，年五十七。黄本，年三十六。许泽，年二十一。黄田，年三十七。黄应莲，年二十五。以上住海澄县。

马川，年二十四。谢哲，年三十五。郭潘，年四十三。黄虎，年三十八。以上住龙溪县。

洪瓜，年三十。住南安县。

王营，年二十二。王杞，年三十。黄靳，年五十。以上住晋江。

客商，陈七，年二十九。苏邦，年二十七。苏空，年三十八。苏传，年二十三。苏爻，年二十六。苏苞，年二十二。苏廉，年三十八。苏花，年二十一。苏褒，年五十七。许晚，年三十三。许计，年二十六。陈全，年三十二。胡勃，年三十八。王秤，年三十。王虎，年二十八。洪礼，年二十四。刘吉，年二十一。曾宝珠，年二十二。陈成，年三十八。陈赤，年三十六。以上住同安县。

王打,年二十七。住晋江县。

李手,年三十一。住海澄县。

陈山,年三十九。住南安县。

问:陈七等二十三人,客于何处,寄上你们船耶?

答:他们客在天津,要回本乡,借上俺们船耳。

问:你们何月日缘何事往何处,何月日遭风漂到于我境?

答:本年六月间,驾船往天津贸易。十一月初一日,要回福建。初三日,到锦州地方,忽遭狂风,帆折碇破。初十日,漂到贵国地方,上山图生,而大船与汲水小艇并破矣。

问:你们初三日遭大风,初十日到泊我境,则其间八日,在于何处耶?

答:在大洋中东西漂流,初无止泊处耳。

问:你们载何物往天津,而贸何物回福建耶?

答:载砂糖、胡椒、苏木,到天津贸红枣回福建耳。

问:你们载来红枣及其余物件,船破时不至漂失耶?

答:红枣则漂失无余,银子九百余两,铜钱一千六百余两,亦失落水中耳。

问:你们现今持来银子及铜钱,合为几何,而外此无他卜物耶?

答:银子七千三百六十两,铜钱三百三十两,现今输来,而其余则四尊小金佛及如干随身衣服器皿耳。

问:银子铜钱是何人之物耶?

答:俱是船主黄宗礼之物耶。

问:你们中多有同姓者,俱皆亲属耶?

答:黄姓则多有亲属,而其余则只同姓而已。

问:你的当初所乘船,是私船耶,官船耶,字号云何?

答:黄宗礼私船,而商字三百六十六号矣。

问:船票今皆带来耶?

答:有三张票文,而一张验单票连付计开票,一张执照票,一张船单票。

问:验单中书以四十九名,而计开中以五十人列录,何也?

答:验单之少一人,乃是官府误书也。

问:陈七等,非你们同伙之故,不入于票文中耶?

答:然矣。

问:你们地方,今年年成如何?

答:年成均丰。

问:自同安县距天津府,水旱路各几里?

答:旱路六十日程,水路遇顺风十余日可到。

问:自泉州府距福建省,水旱路各几里?

答:旱路七百里,水路无。

问:你们漂到我境者总有三处,而同安县人居多,何也?

答:鄙县人多做经济,且多船户,故从来遭风漂泊者,比比有之。

问:同安、南安、晋江、龙溪、海澄等处,各有几位官员?

答:县各有文官二人,武官二人。

问:你们今从旱路归去,而岁暮天寒,前途绝远,为之闷念。

答:俺们万死余生,幸泊贵境,得保躯命,已出望外,而况又食以美食,衣以厚衣,差官护送,优待靡极,从今至死之年,莫非贵国之赐,此恩此德,报答无地,感泪迸流而惟望速归而已。

二、史料25②

己卯十一月初十日

今日,宾厅日次,而无时急 禀定事,不得来会之意,烦禀,答曰,知道。

司 启曰,全罗道罗州慈恩岛漂到大国人二十七名,入接弘济院后,使本司郎厅及译官问情,则与京译官金俊曾问情时问答,别无异同,故正书入。 启,而今此漂人,皆愿速归,留一宿,即为发送何如,答曰,允。

全罗道罗州慈恩岛漂到大国人间情别单

问:你们,是那一省,那一府,那一县的人呀。

答:我们,是福建省泉州府同安县人。

问:你们,是旗下么,民家么。

答:都是民家呀。

问:你们,一共几个人。

答:我们一共三十个人,里头三个人,掉下水里淹死咧。

问:你们,姓名、年纪、都开列写出来罢。

答:我们的姓名、年纪,都写在单儿,请老爷瞧瞧。

出海,吴永泰,年三十七。舵工,吴茅,年五十三。水手,罗君绕,年四十八。吴平,年三十六。吴注,年三十三。吴紫,年五十一。吴晏,年三十。林游,年三十。吴铁,年三十。林永言,年二十二。王馆,年三十四。洪辅,年四十五。吴兰,年三十九。何味,年三十四。吴凤,年三十五。吴岁,年四十二。吴知,年二十九。吴光艺,年三十七。吴川,年二十五。孙天恩,年四十一。王美,年二十五。林荣,年二十六。曾乾,年五十一。蒋慎,年二十七。吴旋,年二十九。陈瑗,年二十八,以上并居同安县。

林样,年二十八,居海澄县。

问:那淹死的三个人,姓什么,名什么,住在什么地方。

答:淹死的三个人,是吴朝玉年四十五,吴壬水年二十一,曾福成年二十六,都是同安县人。

问:你们,哪一月,哪一天,有什么事情,往什么地方？哪一月,哪一天,遭风漂到这里？

答:我们,雇了福建省漳州府海澄县私船,我们三十个人,往西锦州,收买豆子,和那杂货,都装在船上,九月二十二日上船,二十五日到山东地方,二十六日遭大风,十月初一日漂到贵国地方,舟船,被那大风浪破碎,三个人掉下水里,东西也落在水里丢咧。

问:你们,既是同安县人,怎么雇了海澄县的船么。

答:同安县,到那海澄县不远,况那身票、船票,都得了海澄县票的缘故呀。

问:身票、船票都有么。

答:有。

问:拿来我瞧。

问:林样、蒋慎、吴旋、陈瑗、吴壬水、吴朝玉、曾福成、曾乾八个人姓名,没在票上,怎能够到来,王罔的名字,在票上怎不来。

答:林样、蒋慎、吴旋、陈瑗、吴壬水、吴朝玉、曾福成七个人在家里,不能够过活,往那西锦州地方才做生意,随了我们的船,要回家,也遭大风,一同漂来。王罔呢身上有病,教那曾乾替他来呀。

问:〔你〕们装船的豆子呢几个包子,货物呢什么东西。

答:豆子呢八百包子内外,货物是瓜子、牛筋、甘草、杏仁一共十五六包子。

问:咳〔可〕有去不了的东西么。

答:有是有,不过是几件衣裳,几副铺盖,吴永泰跟前有三十七吊八百九十六个钱,又有火镰一千一百六十个,这是各〔个〕人使用的。

问:淹死的人没有货物么。

答:没有。

问:有他的亲戚,在这里么。

答:曾乾,是福成的父亲,吴茅,是朝玉的兄弟,吴永泰,壬水的叔叔呀。

问:你们的火镰分两〔分量〕总共一百斤,船身上拔出来的铁物二百九十一斤,一共三百九十斤,是不是。

答:是是。

问:你们,那里年成如何。

答:十分年成。

问:同安县有提督、总兵、知县、巡检、教谕、训导、司狱、典史等官么。

答:都有。

问:这几住〔位〕老爷们的姓名知道么。

答:不知道。

问:你们,风俗如何。

答:我们,那里念书的人少,买卖的人多呀。

问:同安县那里,到北京那边有多远呀。

答:虽然摸不着几千里地,打水路去么,二十天工夫到京,打旱路走么,两个月工夫横竖到罢。

问:你们上船带着多少粮食,遭风时候能句〔够〕煮饭吃来么。

答:非但粮食被那海水沉着难吃,遭风的时候,魂都吊〔掉〕了,哪有精神,能够煮饭吃么,净饿到这里,绕得了命咧。

问:你们几个人,都能够没有病么。

答:我们,到这里你们衙门里,馈我们好东西吃,馈我们好衣裳穿,我们的身子却很受用,况且老爷们特来这里,问问辛辛苦苦,贵国的恩典,真真的顶戴不起咧。

三、史料 26[③]

乙酉正月十九日

司　启曰,全罗道罗州牧荷衣、红衣两岛漂到大国人,合五十一名,入接弘济院后,使本司郎厅及译官问情,则与京译官张舜相问情时问答:别无异同,故正书入。启,而今此漂人,皆愿速归,留一宿,即为发送何如,答曰,允。

全罗道罗州牧荷衣岛漂到大国人问情别单

问:你们头里漂荡大洋,遇见大风大浪,好几天惊心吊胆,吃尽辛苦,却没人落水淹死的么。

答:幸蒙天佑,却没有淹死的。

问:你们有什么事情,去年哪一月哪一日,出海往什么地方,哪一日遇见大风,哪一日漂到我们地方。

答:我们本船,装各样糖货,去年七月初一日,往盖平县,发卖糖货,交易各样豆子,十月初四日,要回海澄县,初十日,遇见大风,漂到贵国外洋下锭,二十四日晚晌,又遭大风,本船簸扬的好利〔厉〕害,几乎不得命,忙忙的下小艇,上岸图生。

问:你们本船,装多少豆子,再没什么海货么。

答:黄豆五百二十包子,青豆五百三十包子,饭豆五十包子,再有黑菜、粉条、牛筋、牛油、鱼脯、粮食、烧酒等物。

问:那时候儿咳〔可〕有精神,各样东西都卸下么。

答:要命心急,只带要紧东西上岸,此后蒙贵国官人,打发人把那剩下的东西拿出来。

问:你们拿出来的是什么东西,我们人拿出来的是什么东西。

答:我们拿出来的是元宝七块、人参六封、钱十六个,贵国人拿出来的是各种粮食零碎东西。

问:你们东西里头可以带去的带去,带去不得的却怎么样。

答:我们用不了的,任你们怎么样。

问:为念你们一路盘缠不够,把你们带去不了的这十多包子各种粮食也罢,零碎东西也罢,和那沉水的一百几十包子粮食也罢,东东西西都按时价,馈你们银子,你们心里能够领会么。

答:这是贵国的特恩大德,实在当不起,当不起。

问:你们是那一省那一府那一县的人呵。

答:福建省厦门漳州府海澄县人。

问:你们姓甚名谁,年纪多少,住何处,各道其详。

答:船主石希玉,年三十六,住海澄县。

水手,王党,年四十五。石坡,年四十三。蔡牛,年三十一。林见,年五十。苏臣,年五十一。石狮,年二十六。王讲,年五十二。王到,年四十。郑清,年三十二。陈永,年三十。石葵,年三十七。石乾,年四十二。彭取,年三十二。王万,年三十六。石异,年二十九。张送,年四十三。王盾,年二十八。曾王,年三十六。方敕,年二十七。王滚,年二十九。石菊,年三十一。王钦,年四十一。陈相,年四十九。石敕,年二十四。王安,年二十七。王彭,年三十一。石恩,年二十五。钟陶,年五十。徐爱,年三十。林米,年二十六。王宠,年四十六。石西,年十九中。以上住同安县。

石茶,年二十五。石西封,年三十六。陈五伦,年二十二。陈溪,年四十。以上住龙溪县。

问:你们都说是海澄县的人,如今查看,也有住在海澄县的,也有住在龙溪县的,也有住在同安县的,同安县不是漳州府属县,这是什么缘故。

答:船主是海澄人,出票时候儿把我们姓名,都书在本县票上,故此都说是海澄县人。

问:你们是旗下么,却是民家么。

答:都是民家。

问:船票、身票,都馈我们瞧罢。

答:都有。

问:海澄县票中,只有三十四个人,如今查看,多这三个人,什么缘故。

答:王宠、陈五伦、徐爱三个人出票后头来的,所以三个人姓名,不在票上。

问:闽海关票上,你们姓名不对,是什么缘故。

答:这关票,是造船时候儿出的,年年塘〔趟〕塘拿这个票出来的,良〔所〕以姓名不对。

问:自海澄县,离北京有多远。

答:六千一百三十里。

问:你们县里,也有知县、教谕、训导、巡检、典史等官员么。

答:有却是有,但是我们,住在屯里,官员们姓名不知道。

问:你们那里风俗如何。

答:也有念书的,也有种地的,也有做生意的。

问:你们那里,年成如何。

答:幸得十分年成。

问:你们头里跑过几塘〔趟〕船。

答:我们都是跑过好几塘呵。

问:你们吃的也饿不了,穿的也冷不了呵。

答:我们漂荡大洋,万死余踪,幸蒙贵国格外照顾,馈我们好东西吃,馈我们好衣服穿,况且官人们大远地来,又十分疼顾我们,贵国恩典,天高地厚,真真的顶戴不起咧。

四、史料27④

乙酉正月十九日
全罗道罗牧红衣岛漂到大国人问情别单

问:你们一路辛苦,却都无恙否呵。

答:我们内中,有两个人,有病咳没大好。

问:你们哪一省哪一府哪一县的人呵。

答:江南省镇江府丹阳县人。

问:你们有什么事情,去年哪一月哪一天,出海往什么地方,哪一天遇见大风,哪一天漂到我们地方。

答:去年正月二十日,赣榆县青口浦,买豆。二月二十四日,往上海县,发卖豆饼。八月初十,往关东大庄河,收买青豆。十月初九日,要回上海县,不想撑到大洋,遭大风。十一月初一日,漂到贵国地方。

问:你们在上海县六个月的工夫,做什么勾当。

答:在哪里做买卖。

问:牛庄,离上海县有多远。

答:在沈阳近处地方。

问:你们本船,装多少豆子。

答:装九百七十五个包子。

问:你们下船时候儿,几百包子,都能够卸下么。

答:遭风时候儿,安危在眼下,先舍去几百包子,好几百包子剩下的豆子,船破那时候儿,随风浪沉在水里。

问:你们一共几个人,姓甚名谁,都说馈我听。

答:潘明显,年三十七。郭之昌,年二十三。冷洪祥,年三十六。冷洪青,年二十三。郭明周,年二十九。刘正坤,年五十三。王士能,年五十三。郭聪圣,年三十五。黄国云,年三十六。张大林,年五十三。沈殿安,年四十三。王有年,年二十三。倪启余,年二十七。朱先发,年六十。都住丹阳县。

问:身票船票,都馈我们瞧罢。

答:都有。

问:吴弼元、丁永琏、李朝年、王士饶、倪加进,写在票上,他都不来,什么缘故,王有年、倪启余,没在票上,他却能来,什么缘故。

答:王有年,替他父亲士饶来,倪启余,替他父亲加进来,那姓吴的,姓李的,姓丁的三个人,出票时候儿悬保不来。

问:这一封书信是谁的。

答:这是船主王明迨,托潘明显,传馈蒋圣佐的。

问:蒋圣佐何处人。

答:山东省登州府人。

问:你们是旗下么,却是民家么。

答:都是民家。

问:你们那里,得几分年成。

答:五六分年成。

问:你们那里,有几位官员,姓甚名谁。

答:有是有姓名,却不知道。

问:你们丹阳县,离北京有多远。

答:二千多里。

问:一路接待,或有不到处,只望你们将就就罢。

答:万死余生,自分必死,幸蒙贵国,可怜见我们,天天馈我们饭,又馈我们衣服,再则几位老爷们,都为我们来,又这般疼顾我们,恩德如天,报答无地,但只感激感激而已。

五、史料28⑤

丁亥正月十二日

司 启曰,全罗道罗州牧黑山岛、牛耳岛漂到大国人十六名,入接弘济院后,使本司郎厅及译官问情,别单书入,而今此漂人,皆愿速归,留一宿,即为发送何如,答曰,允。

全罗道罗州牧黑山镇牛耳岛漂到大国人问情别单

问:你们,俱是何省何府何县人。

答:浙江省宁波府镇海县鄞〔县〕等人。

问:你们,因何事何月日往何处,何月日漂到此处,

答:我们,去年七月初七日,装酒自镇海县放洋,八月初七日,往天津交卸,九月十三日,自天津出口,十六日到山东省大山地方,装枣二十日出口,十一月初四日放洋,初六日猝遇大风,初七日亥时,大船桅杆舵坏,沉没海中,乘小艇东西飘荡,初八日申时,到泊贵境。

问:你们船,是官船耶,私船耶。

答:私船。

问:大船到何地方沉没耶。

答:浪泊出没,未能知其何国地方,而只见得沙豆山。

问:沙豆山在何地方。

答:沙积成山,故我们因而称之,未知为何地方。

问:你们,烧船时拔出铁物,共几斤,而亦无遗失否。

答:别无遗失,而斤数则七十五斤二两。

问:你们,多经险危,俱无疾恙否?

答:我们中,冯盛乾为名人,到天安县,感冒风寒,三日苦疼,仍即差痊。

问:你们,是民家耶,旗下耶。

答:俱是民家。

问:你们姓名什么,年纪几何。

答:耆民,朱和惠,年四十二。舵工,应文彩,年六十五。水手,陈武法,年四十七。王家国,年二十八。王加临,年二十一。朱大隆,年三十三。应庆余,年三十三。朱孝雷,年三十三。姚文运,年二十一。谢明佩,年二十四。彭守锦,年六十一。李奎先,年四十七。包傅贵,年二十八。陈齐凤,年二十五。俱居鄞县。

陈忠焕,年五十。冯盛乾,年二十二。俱居镇海县。

问:有船票及船号耶。

答:有船票,船号则顺茂号。

问:何所指而谓之耆民。

答:耆民,即物货买卖者之称。

问:方龙洪、朱圣茂、王孝海、韩允来、陆秀乾、庄仁家、应达茂等七人,列录于票中,而不来何故耶。

答:方龙洪代包傅贵,朱圣茂代朱大隆,王孝海代来孝雷、韩允来代陈忠焕,陆秀乾代朱和惠,庄仁家代陈齐凤,应达茂代应庆余来。

问:你们以耆民朱和惠书示,而票中为何,以陈武法载录。

答:票文误书,别无他意。

问:你们中,有姓同者,是亲戚耶。

答:应文彩,即应庆余之父,王家国,即王加临之兄。

问:你们,往山东省装载船上,只是红枣耶。

答:又有粉条。

问:装枣多少,粉条几斤。

答:粉条二千余斤,红枣二百余石。

问:粉条与红枣,价钱几许。

答:粉条每斤五十九文,红枣每石五百文。

问:两种物漂失之余,亦有如干带来耶。

答:风涛危急,船上诸物,都不暇收拾,所带者但衣被与三座金佛。

问:你们所持佛像,宜在寺刹中,而缘何带来。

答：佛也是神，无论居家居外，随处敬奉，以冀默佑。

问：佛若有佑，你们何至此境。

答：我们无一淹没，幸得俱全，安知非佛佑耶。

问：自镇海县距鄞县，多少远近。

答：水旱路各六十余里。

问：鄞县、镇海县，到天津、山东，水旱路各几里。

答：山东二千里，天津三千里。

问：鄞县、镇海县，距北京水旱路各几里。

答：俱为三千多里。

问：鄞县、镇海县，各有几员官长。

答：一县中亦有文官，亦有武官，文官理民，武官掌兵，而牟利村民，自来贸贸，员数多少，未能详知。

问：你们地方风俗，以何为业耶。

答：士则绩文好学，民则农商相半。

问：你们地方年成何如。

答：十分年成。

问：伪〔你〕们带来物件，往来之际，得无遗失耶。

答：一物无所失。

问：朝家矜怜你们之辛苦，朝夕所供，御寒衣袴，今地方从厚备给，你们果无寒饥之恩否。

答：我们万死余生，幸泊贵国，得保残命亦云大矣，又蒙地方诸官诚心看护，衣之食之，慰恤曲至，贵国恩德，河海难量，此生图报，万无其阶云。

六、史料29[⑥]

庚寅正月二十日

今日，宾厅日次，而座堂相值，不得来会之意，倾禀，令曰，知道。

司　　达曰，全罗道珍岛郡罗拜岛漂到大国人二名，入接弘济院后，使本司郎厅及译官，详细问情别单书入，而今此漂人，皆愿速归，留一宿即为发送何如，答曰，依。

全罗道珍岛郡罗拜岛漂到大国人问情别单

问：你们一路上很辛苦。

答:万死余生不足辛苦。

问:你们居在何省何府何县。

答:山东省登州府文东〔登〕县人。

问:何月日因何事往何地方,何月日漂到我境。

答:我们带钱十四吊六百零,贸棉布凉〔棉〕花次,去年十月十七日自文东〔登〕县,乘船往南城,当日到中洋,风浪大作,折帆竿〔杆〕缺锭枝,十一月十一日止泊贵国地方。

问:自遭风至止泊,至为二十四日之多,其间漂在何处,吃过何物耶。

答:出没大洋,不省何地方住几日,而所吃,不过黍米及黄豆。

问:文东〔登〕县离登州府水旱路几里地。

答:旱路四百余里,水路不知。

问:文东〔登〕县离北京水旱路几里地。

答:不曾走过,未省多少程途。

问:文东〔登〕县距南城多少路。

答:旱路一百里,水路比旱路差大,而为使船运货,每从水路来往。

问:你们各言姓名年纪。

答:王箕云,年三十九。

刘清善,年三十八。

问:在民么,在旗么。

答:都是民家。

问:你们同船只此两人耶。

答:我们两人及王箕星合三人同为乘船,遇风漂船之际,箕星神心昏绝,十月二十九日竟死不救。

问:箕星年纪年少,与箕云为亲戚么。

答:箕星,年四十四,是箕云之亲哥哥。

问:箕星既已作故,尸在何处耶。

答:旅榇路远难返,故已为埋葬贵国地方。

问:箕星异域身没,甚属可怜,有妻子否。

答:有妻有子三人。

问:你们所乘船,是官船么,私船么。

答:王箕云出银四十两,买得私船。

问:有船票耶。

答:做买卖小船,本来无票。

问:山东省去年年成怎么样。

答:七八分年成。

问:你们带来十四吊六百两钱,果系何人之物,现在何处耶。

答:是王箕云兄弟之钱,而今蒙贵国运致,方此带去。

问:你们既从旱路,船只例当烧火,妆船铁物,为几斤置何处耶。

答:船只果已烧火,铁物六十斤亦从贵国指挥,今方带去。

问:你们漂荡大洋,又此跋涉,当寒凡节,必多亏损。

答:俺们星运不幸,自分必死,幸到贵国,得保残命,又况频赐衣食,曲加接济,厚恩大德,河海难量,此生何日报答其万一,惟愿以此意,幸为转达云云。

七、史料 30[7]

丁酉三月十七日

司　启曰,全罗道罗州牧黑山岛、牛耳岛,漂到大国人四十四名入接弘济院后,使本司郎厅及译官,详细问情,别单书入,而今此漂人皆愿速归,留一宿即为发送,何如。答曰,允。

全罗道罗州牧黑山岛漂到大国人问情

问:你们大洋漂流,能免淹没,而亦无疾恙否。

答:一人病故,三人中路得病,尚今未差,余人俱幸免恙。

问:三个病人症形,不甚危,若否?

答:不甚紧重。

问:你们是哪里人。

答:是大清国福建省漳州府诏安县人。

问:是民家耶,旗下哪。

答:是民家。

问:何年月日,因何事,往何处,遭风到此。

答:去年五月十八日,自诏安县出船,同日到广东省潮州府饶平县装糖,二十四日出海口,七月初一日,到天津府卖糖装酒,九月十一日出口,十七日到宁远州装豆、枣,二十九日发船回家,十月十六日遭风,二十九日已时量,漂到贵境。

问:十月十六日遭风,二十九日泊于我境,则其间十三日,在于何处。

答:海面漂流。

问:诏安县管于福建省,饶平县管于广东省耶。

答:然也。

问:死者姓名及各人姓名年纪,并说与我听。

答:船主沈拙,年四十五。

舵工吴权,年四十五,此是中路身死者。

沈楮,年四十八。沈阿大,年三十八。沈恭,年四十一。沈扁,年三十九。沈润,年四十五。沈愈,年三十六。林爱,年三十九。钟喜,年三十六。钟朝,年四十五。傅鹄,年四十七。傅励,年四十。钟粒,年三十四。何群,年三十五。傅招,年三十三。吴愿,年三十九。陈白,年四十六。吴冗,年三十五。沈盐,年六十二。沈鸭,年四十九。沈豆腐,年三十九。沈鸡,年四十四。沈捌,年四十二。方扁,年五十三。徐抱,年五十一。徐希荐,年三十四。黄阁口,年三十六。沈畅,年三十二。沈永,年四十九。吴骟,年三十七。谢勇,年二十九。客商,徐时,年四十八。沈茶花,年三十。何山,年三十五。何诗,年四十四。傅习,年五十。沈软,年二十七。陈的,年三十七。何乌楮,年四十。林怡,年二十七。黄计,年二十四。

问:吴权,因何病致死于向〔何〕地,而或有远近族党同来者耶。

答:吴权,以腹胀症,去年九月二十八日死于宁远州,而吴骟,是此人再从弟。

问:吴权,父母兄弟妻子皆有否。

答:父母已故,兄弟无,只有妻子。

问:你们,有甚东西带来耶。

答:黄豆八百十石,菉〔绿〕豆六十五石十一斗,黑豆二石十四斗,白豆十二石八斗,黑枣三十石左右,烧酒五十壶,而黄豆四百余石,菉〔绿〕豆四百余石,酒十余壶,枣十余石,漂流时卸解也。

问:是官物耶,私物耶。

答:是私物。

问:更无甚东西否。

答:有金佛像五座,各人银子八千二百八十九两,钱一千二百三十九两。

问:金佛,是什么佛。

答:是天后圣母娘娘。

问:你船有何公文耶。

答:有三张船票。

问:三张船票,是何处成出耶。

答:船商照票一张,诏安县成出。执照票一张,宁远州成出。印单票一张,诏安县下官掌船司成出。

问：造船为几年，价为几何。

答：造成为十七年，而价银一万五千两。

问：诏安县文武官几员。

答：文官一员，武官一员。

问：漳州府乂武官几员。

答：不记数。

问：宁远州文武官几员。

答：不知。

问：自诏安县距饶平县几里。

答：诏安县饶平县交界三十里。

问：诏安县距漳州府，水旱路各几里。

答：旱路二百四十里，水路顺风二天可到。

问：自诏安县距宁远州水旱路各几里。

答：旱路七千余里，水路不知。

问：自诏安县，距天津府，水旱路各几里。

答：旱路六千余里，水路不知。

问：自诏安县，距皇城，水旱路各几里。

答：不知。

问：你们南边去年年成，何如。

答：有年。

问：你们万里漂到之余，艰辛到此，前路又远，极可闷〔闵〕怜，而给衣给粮，即我国慰远人之至意，放心前去，好好还家。

答：我们万死余生，漂荡大海，得到贵国，保此残命，已极天幸，而赐衣赐食，慰恤备至，从此可以生还故土，之恩之德，山高海深，自顾此生，无可报答，只切感泣而已。

八、史料31[⑧]

丁酉三月十七日

牛耳岛漂到人问情

问：你们，是哪里人。

答:是大清国凤凰城首阳府首阳县城外人。

问:你们,以何事,何年月日往何处,遭风到此。

答:前年十月十三日乘船出口,同日到锦州府丕水湖赁船,二月初三日自丕水湖还家,同日到中洋,遭西北风,十七日到贵境。

问:你们十月十三日发船,十二月初三日遭风,则其间四十九日,住何处。

答:我们俱是赁船过活之人,初持空船,到锦州府货与商人装载谷物,到丕水湖运给商船,故其间多日,住在那里。

问:运给之谷,是何谷,商人为谁。

答:谷是青豆,商人数多,不记谁某,而其中一人,同骑我船运谷也。

问:诸商人俱系何地方人。

答:是宁波府人。

问:你们,自丕水湖还家时,载有何物。

答:没有。

问:丕水湖是何地方。

答:是锦州府海关口也。

问:你们乘船时,人数几何,亦无疾病淹死之患否。

答:是我等三人,而幸免疾病。

问:你们是旗人,是民家。

答:是民家。

问:你船,是公船,是私船。

答:是刘日星,私船。

问:你船,有公文耶。

答:是小小私船,本无公文。

问:你们姓名云何,年纪多少。

答:船主,刘日星,年三十五。舵工,刘士元,年三十九。胡天宗,年二十一。

问:两刘姓同,或是眷党否。

答:只是姓同。

问:首阳县文武官几何。

答:文武官各一员。

问:锦州府文武官几员。

答:不知。

问:首阳县距锦州府,水旱路各几里。

答：旱路二百六十里，水路一百二十里。

问：自锦州府，距丕水湖，水旱路各几里。

答：旱路无，水路一百二十里。

问：首阳县距丕水湖，水旱路各几里。

答：旱路一百四十里，水路一百十里。

问：自首阳县距皇城，水旱路各几里。

答：不知。

问：你船已为烧火，而装船铁物为几斤，并带来否。

答：小船也，故元无。

问：你们三人，跋涉辛苦，前路尚远，是可闷〔闵〕也。

答：我们漂流余喘，幸赖神佑，到泊贵境，厚衣厚馈，生还有期，恩泽深厚，天地与同，倘到家国，只当没齿不忘。

九、史料 32[9]

庚子二月初一

司　启曰，全罗道罗州牧慈恩岛漂到大国人十一名，入接弘济院后，使本司郎厅及译官，详细问情，别单书入，而今此漂人，皆原速归，留一宿，即为发送，何如。答曰，允。

全罗道州牧慈恩岛漂到大清国山东省登州府黄县县人问情别单

问：你们万里漂泊之余，能免疾恙么。

答：幸免疾恙。

问：你们是哪里人。

答：是大清国山东省登州府黄县县人。

问：你们因何事，哪一个月日，往何处，因何到此。

答：我们十一个人，装粮次〔食〕，去年九月二十九日从本县发船，要往奉天省，十月初十日到岩河口，冰澌满江，不能前进，还到小平岛外洋，十一月二十三日遭了西北大风，二十六日夜漂到贵国地方，船只俱破了。

问：十月初十日，自岩河口回船，十一月二十三日到小平岛遭风，则其间四十二天呢，却在那个地方作什么。

答：自岩河口发船，同日到金州口，住二十二天候风，十一月初三日开船，十三日到了小平岛候风，住十日放洋，就遭风了。

问:岩河口、金州口、小平岛,俱系什么地方呢。

答:关东省奉天府所管也。

问:自黄县县,到小平岛,水旱路共几里。

答:旱路六百余里,水路不知道了。

问:你们十一个人姓甚名谁,年纪多少,居住何处。

答:舵工,徐天禄,年五十二。水手,由永成,年四十三。张永成,年五十九。姜志祖,年二十八。由士国,年五十四。王付玉,年四十六。刘永齐,年四十。张培五,年三十九。马其清,年四十四。马其源,年二十六。肖日红,年三十六。都在黄县城外住。

问:你们既要装粮,则有甚银货带来么。

答:带得银子一百两,铜钱一百一十吊,是船主刘增三的东西,船破时都落下水里,尽失无余。

问:刘增三怎么没有来到么。

答:父丧不来。

问:再有什么东西么。

答:只有一座铜锣。

问:你们有公文没有。

答:有一张。

问:票文中只书五人,而六人加来何故。

答:票上虽只五人,十个人亦可以载得。

问:徐天保,以天禄书示何故。

答:天保本名天禄,而代船主来也。

问:你们船公文,是何处成出,船只,是官船啊,是私船啊。

答:公文是黄县县成出,船是公船。

问:你们或有亲眷同来么。

答:只有马其清、其源,是兄弟也。

问:你们从陆上来之时,船只呢怎么样。

答:起身时候,都烧火了。

问:船既烧毁,则装船货物带来么。

答:铁物三百二十九斤六两带来了。

问:黄县县到奉天省,水旱路多远。

答:水路不知,旱路三千里。

问:自黄县县到山东省,水旱路共多远近。

答:旱路九百余里,水路呢没有。

问:自黄县县到皇城,水旱路几里。

答:旱路一千四百五十里,水路呢没有。

问:黄县县官员,是文官么武官么。

答:七品文官。

问:给衣给粮护送出境,即我国家绥远之德意,你们认得么。

答:我们万死余生,得到贵国,赐衣赐食,一路将护,从此可以生还故土,贵国恩德,山高海深,无以再谢云云。

十、史料33⑩

壬子十二月二十五日

司　启曰,忠清道泰安安兴镇,漂到大国人五名,入接弘济院后,使本司郎厅及译官,详细问情,别单书入,而今此漂人,皆愿速归,留一宿即为发送,何如。答曰,允。

忠清道泰安安兴镇漂到大国人问情别单

问:你们漂泊之余,多吃辛苦,能免疾病否。

答:辛苦辛苦,疾病的也有,淹死的也有。

问:你们共几人。

答:俺等共六个人内,一人淹死,一人有足病,幸蒙贵国官人,特赐药料,渐至好了。

问:淹死之人,闻其恻然,尸身亦已拯出否。

答:漂荡之际,各自求生,拯出不得。

问:你们是哪里人啊。

答:山东省登州府人。

问:你们是民人么,旗人么。

答:都是民家。

问:你们船,是官船么,私船么。

答:私船。

问:有船号与船票么。

答:似此小船,原无船号与船票。

问:你们姓甚名谁,年纪多少。

答:船主朱守宾年五十三,舵工王湖年二十五,王日安年三十九,马月年五十,张福年五十七,淹死人朱守本年六十二。

问:你们中多有同姓者,果是同宗么。

答:姓朱的两个人,是同宗,姓王的两个人,是不同宗。

问:你们因何事,何月何日,开船往何处,何日遭风,漂到我境么。

答:俺等以卖鱼为业,本年九月初六日,开船往关东老口滩,装鱼发卖于各处,十一月初六日,将向关东金洲〔州〕地,忽遭大风,同月十一日,漂到贵境。

问:鱼价为几何。

答:二百四十二吊。

问:此外还有什么带来的物件么。

答:有书信十二封。

问:书面姓名,俱系何人,而逢于何地,受此书信么。

答:登州人,逢着俺等于关东地区,要报家信者也。

问:闻你们有买卖账本,而无识字之人,何也。

答:识字的,即淹死人朱守本也。

问:登州府,距皇城为几里。

答:一千五百里。

问:有几员官员么。

答:官员是大人一位,老爷三位。

问:你们地方,几分年成,所产何物。

答:五六分年成,土产是棉花。

问:你们带来物件俱全么。

答:所装的鱼呢,漂荡之际,或恐船重,投之水中,其外物件,没有遗失的。

问:你们愿从旱路,朝家特加矜念,供馈御寒之节,令地方诸官,从厚备给,以示柔远之意,果无饥寒之苦,而一路上好好的回去罢。

答:俺等,以万死余生,幸泊贵境,得保残命,衣之食之,优恤曲至,贵国之德,山高海深,俺们一路回去,惟有攒手颂祝而已。

又所　启,即见全罗监司郑最朝状启则以为,罗州牧黑山岛,漂到大国人,十一名问情,则十名江南省松江府上海县人,一名山东省登州府福山县人,而俱是行商漂到者,船既破伤,愿从旱路还归,船材烧火,什物区处,恭俟庙堂行会,京译官下来后,举行计料为辞矣,漂人船只,既若是破伤,依其愿从陆还送,而衣袴造给,朝夕供馈,使之着实举行,以示朝家优恤之意,沿路刷马及禁杂人护送等事,一体申饬,而定差员次次交付,上送于京城,转抵湾府,以为入送北京之地,彼人物件中,可以运致者,亦以刷马替运,所骑船只与弃置什物,彼人所见处,并为烧火,京译官依近例,勿为定送,使问情之水营译学,仍为领护上来,而漂人入送咨文,令槐院预为撰出,定咨官入送何如,上曰,依为之。

十一、史料34⑪

乙卯五月二十日

司　启曰,全罗道弥岛郡南桃浦漂到大国人三十一名,入接弘济院后,使本司郎厅及译官,详细问情,别单书入,而今此漂人,皆愿速归,留一宿即为发送,彼人恳请油纸油衣矣,虽无已例,彼既为言,则其在柔远之义,不可不曲从其愿,分付该曹,使之待令,令赍咨官,面面分给,何如。答曰,允。

全罗道珍岛郡南桃浦漂到大国人问情别单

问:你们是哪里人。

答:大清国江南省苏州府昆山县人。

问:你们哪个月坐船,往哪个地方,怎么到这里。

答:去年六月,装皇粮到天津,交卸回到山东烟台镇,装乌枣客八人,去年十二月初一日,开船入洋,被西北风,刮到外山,正月初十日开船,又遭大风漂荡到此。

问:你们到外山,留着四十余日,外山是什么地方。

答:有岛中人,送柴送水,他说是安摩岛,我问他国名,他说,不知道,但人物衣服,与这里人一样。

问:你们大洋漂泊之余,都无疾病么。

答:万死余生,幸存性命。

问:你们三十一个人姓甚名谁,年纪多少。

答:舵工,马得华,年六十三。水手,全元,年三十五。陆廷春,年五十九。陆秀安,年三十八。徐天宝,年三十七。陈聚金,年二十八。钱和尚,年二十八。钱涨发,年三十九。以上八个人,都住上海县。

朱茂和,年三十四。曹口叔,年三十五。郭和尚,年三十二。卞顺郎,年三十三。庄网网,年三十五。黄升郎,年二十六。黄正发,年二十五。耆民,沈载赓,年三十二。副舵,钱眷眷,年二十九。水手,董永全,年三十四。陈和尚,年三十八。施师太,年三十九。施顺发,年二十九。陈景和,年五十二。毛全郎,年二十七。以上十五个人,都住崇明县,乌枣客。

郭德章,年三十七。杜佩珍,年三十八。杨秀东,年四十。李镜,年五十四。李梅年,年五十七。张炎茂,年五十三。王兆岚,年二十五。孙承绪,年三十一。以上八个人,都住山东省东昌府聊城县。

问:你们,在旗在民啊。

答:民人。

问:你船,是官船,是私船。

答:装运皇粮回来,从便贸易为商。

问:谁是船主、有船票么。

答:船主龚润甫,在家不来。有四张公文在此,江苏省粮道执照票一张,昆山县发给执照票一张,江苏太仓府护照票一张,天津府完照票一张。

问:公文中载录二十一人在内,今此十个怎么加来。

答:钱和尚、毛金郎两人,是水手加来,山东贸枣客八人,都是无公文随船。

问:公文二十一名中,五名相左怎么。

答:顾福义、杨大魁、曹老扣、张坤金、沈小品五人,不愿随船,以陈景和、郭和尚、曹口叔、施顺发、钱涨发换来。

问:你船装什么货物。

答:乌枣一千四百零一包,杏仁五十包,香千〔干〕八十五包,梨二十五包,槐花四包,红小豆二十石,豆饼八十三片,粉条三包。

问:谁是货主。

答:乌枣、杏仁、香干、梨、槐花五种,是乌枣客八人货物,红豆、豆饼、粉条,是沈载赓货物。

问:昆山县,距北京水旱路几里,文武官几员。

答:水路四千二百余里,旱路三千二百,文官一员,武官二员。

问:崇明县,距北京水旱路几里,文武官几员。

答:水路四千五百里,旱路五千二百里,文武各一员。

问:上海县,距北京水旱几里,文武官几员。

答:水路四千六白里,旱路五千三百里,文七员,武一员。

问:聊城县,距北京水旱路几里,文武官几员。

答:旱路九百六十里,水路没有,文武各一员。

问:你们,既从旱路回去,船只已为烧火,装船铁物共几斤。

答:铁物船主不来,不能详知。

问:你们,穷途生还,前路绝远,保重保重。

答:俺们万死余生之余,幸到贵国,赐衣赐食,恩德如天,顶戴不起云云。

十二、史料35[12]

戊午十二月二十九日

司　启曰,忠清道泰安郡熊岛漂到大国人十名,蚁项漂到大国人二十一名接入弘济院后,使本司郎厅及译官详细问情别单书入,而今此漂人皆愿速归,留一宿发送,何如。答曰,允。

忠清道泰安郡熊岛漂到大国人问情别单

问:你们这样寒天多日漂荡,能没有疾病么。

答:天上见怜,幸免淹死呢。

问:你们是那省哪县的人啊。

答:俺们都是山东省登州府荣城县民人。

问:你们共几个人啊。

答:十个人。

问:你们十个人姓名年纪各自说罢。

答:船主,刘青云,年十八。船工,王炼芝,年三十六。副帆,杨喜义,年四十。耆民,张继顺,年四十七。大家,孙喜傅,年二十五。王世安,年十九。王连富,年三十四。刘永年,年四十九。刘成仁,年二十二。周十青,年二十八。

问:你们哪月哪日由哪地方开船,哪里地方做什么买卖,到哪里地方遭风漂到啊。

答:俺们装青豆到奉天府洋河口发卖,回到威海口,十月二十三日开船,天交二更,风雨很大,浪高如山,不能行船,帆也、橡也、铁锚也、舵绳也都去了,随风飘到贵国这地方,便是十一月初六日呢。

问:奉天府威海口是什么地方。

答:奉天府文登县河口了。

问:你们地方到奉天府几里。

答:旱路呢不明白,水路呢一千多里。

问:你们地方到文登县几里。

答:一百多里。

问:荣城县到登州府几里。

答:四百多里。

问:你们地方到京里水旱路几里。

答:旱路一千四百里,水路一千里。

问:你们地方有几品官几员。

答:七品文武官有。

问:你们地方几分年成。

答:七八分年成。

问:你们船是官船么,私船么。

答:买卖船。

问:衣服铺盖器皿外头,再有别物带来么。

答:没有。

问:你们船上物件别无漂失么。

答:桅、舵绳、铁锚以外,零零锁锁的也有。

问:你们现今带去的铁物几件几斤么。

答:铁锚、铁器、烬余铁物通共一千六十斤零。

问:带来的钱有么。

答:五百三十五两八钱八分有。

问:你们到此也是多天,虽有日馈米肉,能免饥寒么。

答:俺们万死余生,特蒙贵国恩德,保生残命,生还故土,自顾此生,无可报答,多谢多谢。

十三、史料36[13]

戊午十二月二十九日
蚁项里漂到大国人问情

问:你们多日漂荡,千万辛苦,能无疾病否。

答:漂到贵国,幸保残命,但同船中,陈和成项肿方浓,官长给药救疗,今幸少可。

问:你们是哪里人。

答:俺们都是江南省松江府上海县民家。

问:你们何月何日缘何事,何月何日漂到此处。

答:俺们往奉天府装谷,转回江南,十月二十三日到山东后山,忽遭大风,失了帆舵,不能使船,随风飘荡,十一月初九日到了贵国地方。

问:装船的谷是什么谷。

答:黄豆、小米、芝麻、瓜子、猪肉、牛油、胡桃油等物。

问:各样东西共几担,价钱多少。

答:担数写在票上,价银为数千两,便是王子欢、周萃涛两人所管。

问:你们共几个人。

答:二十一个。

问:你们姓名年纪都说罢。

答:赵汝林,年四十二。何重云,年四十一。盛福来,年四十五。陈和成,年三十九。张和秀,年二十九。张炳成,年二十八。张和尚,年三十二。高永全,年十九。陆会生,年五十六。张春宝,年二十六。赵汝桂,年十八。高汉周,年五十八。高彭林,年三十六。张连元,年四十五。陆圣文,年二十四。顾咸宝,年四十八。范永昌,年二十八。唐福全,年二十二。朱钦宝,年一十五。周子云,年二十七。陆田宝,年二十九。

问:同姓的很多都是亲眷么。

答:赵汝林、汝桂是伯叔兄弟,陆会生、圣文、田宝也是伯叔兄弟,张炳成、春宝是叔姓,高汉周、周永全是堂叔侄。

问:上海县到奉天府几里,到京里几里,到山东省几里。

答:到奉天府水路一千八百里,旱路三千六百里,到京里三千多里,到山东省水路一千四百里,旱路不明白。

问:你们遭风的时〔候〕,再有同漂的船么。

答:遭风的时候,有别船三十余只呢,俺们失了帆舵,漂荡东来,他船不知哪里去了。

问:船号什么,船主是谁。

答:船号孙寿福,船主郁泰峰。

问:船主何不在此。

答:船主再有五十余船,不能出海。

问:你们地方有几品官。

答:九品武官都是汉人。

问:你们地方土产何物。

(以下缺失)

十四、史料37[14]

庚申三月十四日

司　启曰,全罗道珍岛郡南桃浦,漂到大国人十二名,入接弘济院后,使本司郎厅及译官,详细问情,别单书入,而今此漂人,皆愿速归,留一宿,即为发送,何如。答曰,允。

全罗道珍岛郡南桃浦漂到大国人问情别单

问:你们,漂荡之余,俱无疾病否。

答:一人有病。

问:何病有呵。

答:路上冒风,身上不快,实无为虑。

问:你们,居在何地方。

答:俺们,俱是山东省荣城县人。

问:你们,何年月日,因何事,往何处,何以到此。

答:去年九月初二日,由荣成俚岛口,装盐鱼,到海上〔上海〕县发卖,候风留住,十月初七日,往江北营船港,装棉花一百八十二包,桐油二篓,初八日发船回家,猝遇西北大风,二十三日漂到贵国。

问:你们,共几个人,姓甚名谁,年纪多少。

答:俺们十二人,正舱工,曲会先,年三十一,住黄县。副舵工,胡玉令,今年七十。水手,曲福,年五十五,住黄县。水手,曲桂,年三十八,住黄县。水手,李允平,年四十四,住黄县。船主,赵立果,年四十一,住黄县。香童,王乃福,年二十二,住黄县。饭司,曲成林,年四十二,住黄县。水手,张云有,年三十二,住荣成县。乡〔向〕导,张凤高,住山海县。客人,王相眉,年三十八,住黄县。客人,张绍德,年三十四,住荣成县。

问:你们曲姓四人俱是亲戚否。

答:俱是同宗。

问:香童、乡导何名目,而客人是何人耶。

答:香童是敬时烧香,乡导是行船指路,客人是随船办货。

问:你们是民人么旗人么。

答:俱是民人。

问:荣成县年成何如耶。

答:六七分年成。

问:你们之船官船耶,私船耶,亦有公文耶。

答:私船而公文有三张。

问:荣成县去皇城水旱路各几里。

答:旱路一千八百里,水路未详。

问:你们带来棉花、桐油,换银拿去么。

答:拿去。

问:船是烧火而铁物拿去么。

答:拿去。

问:远外之人,备给衣食,即我国盛意,你们小心回去。

答:贵国恩德如天无以报答。

十五、史料38⑮

丁丑三月十六日

司　启曰,仁川府德积镇漂到大国人三名,入接弘济院后,使本府公事官及译官,详细问情,别单书入,而今此漂人,皆愿速归,留一宿发送,何如。答曰,允。

仁川府德积漂人问情别单

问:一路辛苦。

答:吃苦不少。

问:你是哪国人。

答:大清国人。

问:你们是民人哪,旗人哪。

答:我们是民人。

问:姓名什么。

答:李培增。

问:多大年纪。

答:今年三十八。

问:他们两个人姓名什么,多少年纪。

答:一个是亲兄弟培戴,今年二十三。一个是戚上玉,今年三十一。

问:你们住在哪个地方。

答:我们住著〔着〕登州府文东〔登〕县。

问:你们在哪个月开船哪。

答:上腊月二十六日开船登州海洋,今年二月十二日随风,漂到贵国黄海道延坪海中,大船致败,所以我们三个人,上小船,十七日到这海边。

问:你们船上的,一共几个人哪。

答:一共九个人,里头五个人么,不知道死活,大船也,不知道哪里坏光,一个死的方老九带来,埋葬海边。

问:你们做什么买卖。

答:打鱼生活。

问:你们有脚疼,能够骑马。

答:疼的当不得不敢骑马,怎么好。

问:这个衣裳也,各样东西。国法送你们的,明白拿回去罢。

答:多谢多谢,不胜感激了。

问:哪个死人也,小船怎么样。

答:这一塘〔趟〕,背不得载不得去,今年七月里,带着公文生大船,再到带回去。

十六、史料39⑯

庚辰五月初五日

今日宾厅日次,而领议政无时急禀定事,左议政、右议政未差,不得来会之意,烦禀,答曰,知道。

府　启曰,全罗道灵光郡漂到大国人十名,入接弘济院后,使本府公事官及译官,详细问情,别单书入,而今此漂人,皆愿速归,留一宿发送,何如。答曰,允。

全罗道光灵光郡漂人问情别单

问:你们是何国人。

答:吾们是大清国人。

问:你们既是大清国人,则居何地方。

答:住在山东省登州府文登县。

问:你们缘何事,到我国地界。

答:吾们因山瘦土薄,大海捕鱼,不幸天降大风,以致破船到此。

问:你们捕鱼何鱼。

答:捕是青鱼。

问:我们法意,不许他国人犯境捉鱼,你们何为远涉险洋,设网于我界。

答:吾们地方,连值歉荒,难于贫寒,冒险到此,惶恐惶恐。

问:你们自文登县,何月何日发船。

答:本年正月初二日登船,十二日到贵国古群山镇镇北十二里东,二月初九日,被风漂到灵光郡,初十日破船。

问:你们几人同行。

答:吾们十人同行。

问:你们十人姓名年纪居住,一一开示。

答:同船十人,孙作云,年四十。孙沛泽,年三十九。王六,年三十。王三,年三十四。王七,年四十八。戚仁,年二十八。邵八,年三十八。苗彩,年二十七。徐曾,年二十。黄玉,年二十九。同住威海镇。

问:威海镇何地方。

答:文登县所管地名。

问:你们自古群山,何月何日,从旱路到此。

答:吾们前月十九日离发。

问:你们沿路好来耶。

答:吾们一路无事,本月初二日,到龙仁县黄玉一人,猝得身病,今则少差,多幸多幸。颂赐物种,一一分给,则万万惶感云云。

十七、史料40[17]

庚辰十一月初九日

府　启曰:忠清道庇人县漂到大国人九名,暹罗国人十八名,入接弘济院后,使本府共事官及译官,详细问情,别单输入,而今此漂人皆愿速归,留一宿发送,何如。答曰,允。

庇仁县漂人问情别单

问:一路辛苦啊。

答:吃苦不少。

问:你们是何国人,通共几个人哪?

答:我们十个人,是大清国人,那个十四个人,并两个女人,一个幼男,是暹罗国人,通共二十七人。

问:你们大清国人,住在哪个地方?

答:我们九个人,住在广东省潮州府汕头埠,一个人,住在海南。

问:潮州府距皇城多少路?

答:住在遐方,不知皇城路途几里。

问:海南距潮州府几里?

答:距潮州府南四千里。

问:你们什么缘故,与那暹罗国人,一同骑船?

答:以做买卖缘故,今年五月初四日,在暹罗国,发船前往山东烟台地方,收买货物,又往山东营口地方,买豆装载,要回潮州之致同,载暹罗国十七人,作为船格,使之行船。

问:你们中国人,是民人是旗人?

答:我们都是民人。

问:你们各人姓名什么,年纪多少?

答:许必济,年三十四。吴丁,年三十一。许长庚,年三十九。陈保,年四十五。陈选,年三十九。陈巧,年二十九。李青,年二十九。吴程,年二十四。陈雷,年三十九。贞兴,年二十五。

问:暹罗人姓名年纪?

答:毛红,年五十二。王棕,年三十九。胶习,年三十。绿豆,年二十一。铜铃,年三十九。总铺,年二十三。酱毛,年二十七。酱不,年二十八。酱德,年三十。酱甘,年三十。酱炎,年二十二。酱兵,年二十五。酱月,年三十九。酱旺,年二十九。以上十四人,都是船格。

一女人是酱班年二十四,毛红之妻。一女人是酱只年二十五,酱月之妻。一幼男是毛彬年二岁,毛红之儿子。

问:自潮州府,往暹罗国,相距几里?

答:一万四千里水路。

问:你们在哪个海面,遭风漂这里?

答:我们今年五月初四日,从暹罗国发船回来之路,九月二十九日,在山东洋面,忽遭飓风,船只破碎,仅驾从船,飘荡到这里。

问:你们既在海面,漂泊多日,没有淹死与病害之人么?

答:暹罗国人一名名叫酱合的不幸落水淹死,我们仗着贵国福庇,幸免尽死了。

问:你们见有什么带来的东西么?

答:妈祖神像一位,系是船上供养祈祷的,再有红参九柜,从营口买来的炒饼六匣,羊毛褥五件,雨伞两柄,环刀两柄,斧子一柄,白米一袋,布被二件,干饭一袋,洋铁小匣二个,琉璃壶一个,铜碗一个,铜茶罐一个,洋铁筒一个,并船上杂用家伙一狗一猫。

问:这个衣裳等件,自我朝廷,特给你们,柔远之意好将去罢。

答:多谢,多谢,沿路上多蒙贵国官弁格外顾助,今又蒙如此鸿恩,得返故土,贵国盛德厚泽,实在难忘了。

注释

① 备边司誊录二十册,第747—750页,纯祖十三年癸酉,即嘉庆十八年(1813)。

② 备边司誊录二十一册,第 236—238 页,纯祖十九年己卯,即嘉庆二十四年(1819)。
③ 备边司誊录二十一册,第 631—634 页,纯祖二十五年乙酉,即道光五年(1825)。
④ 备边司誊录二十一册,第 634—635 页,纯祖二十五年乙酉,即道光五年(1825)。
⑤ 备边司誊录二十一册,第 819—821 页,纯祖二十七年丁亥,即道光七年(1827)。
⑥ 备边司誊录二十二册,第 103—104 页,纯祖三十年庚寅,即道光十年(1830)。
⑦ 备边司誊录二十二册,第 839—842 页,宪宗三年丁酉,即道光十七年(1837)。
⑧ 备边司誊录二十二册,第 842—844 页,宪宗三年丁酉,即道光十七年(1837)。
⑨ 备边司誊录二十三册,第 175—176 页,宪宗六年庚子,即道光二十年(1840)。
⑩ 备边司誊录二十四册,第 504—506 页,哲宗三年壬子,即咸丰二年(1852)。
⑪ 备边司誊录二十四册,第 785—787 页,哲宗六年乙卯,即咸丰五年(1855)。
⑫ 备边司誊录二十五册,第 312—313 页,哲宗九年戊午,即咸丰八年(1858)。
⑬ 备边司誊录二十五册,第 313—314 页,哲宗九年戊午,即咸丰八年(1858)。
⑭ 备边司誊录二十五册,第 489—490 页,哲宗十一年庚申,即咸丰十年(1860)。
⑮ 备边司誊录二十七册,第 84—85 页,高宗十四年丁丑,即光绪三年(1877)。
⑯ 备边司誊录二十七册,第 399—400 页,高宗十七年庚辰,即光绪六年(1880)。
⑰ 备边司誊录二十七册,第 444—446 页,高宗十七年庚辰条,即光绪六年(1880)。

会议综述

"中华优秀传统文化与江南社会"学术研讨会综述

□ 黎 数

江南文化的形成和发展是一个长期过程,历史上中原文化界数次大规模的南迁,构成了对江南文化的数次大规模地塑造,此地物产富庶,山水灵秀,浸润其中的人文心理、风俗民情、生活方式、审美风尚自然而然地呈现出来,成为中华优秀传统文化的主动脉之一。

2023年9月9日,上海社会科学院古代史研究室举办了"中华优秀传统文化与江南社会"学术研讨会,来自复旦大学、南京大学、上海交通大学、上海中医药大学、华东师范大学、上海师范大学、东华大学、苏州图书馆、浙江海洋大学、上海海事大学、上海图书馆、上海社会科学院等科研院所的30余位学者与会。诚如复旦大学冯贤亮在主题发言中所指出的:随着江南水乡生活的提升、商业化的全面拓展、各类人群的移住与生活交融、江南文化与经济中心的再造,江南文化的凝练由此达到一个比较高的程度,学术上的精益求精、农事上的精耕细作、商业上的精打细算、手工技艺的精雕细刻以及为人处世的精明能干等,奠定了今天论说江南文化的基本格调与底色。

一 文献与传承

"求木之长者,必固其根本;欲流之远者,必浚其泉源。"中国传统文献的传承和在此基础上的研究,为读者提供了标准的文字、丰富的内容,在铸牢中华民族共同体意识的进程中发挥了不可替代的作用。在本次研讨会上,对稀见文献的深度利用所进行的研究,占据了相当的篇幅。

上海师范大学钱杭以苏州《洞庭东山席氏世谱》与《韦氏总族谱》对读,提出在夫妇生卒信息记录上严守"女子以夫家为内,以父族为外"的"内外"分际的族谱是符合儒家主流价值的：妻子生卒信息之有无或精确与否，不仅不在必须考虑之列，还要特意回避，以此显示内外之别。因此，东山席氏、平阳苏氏、黔苗龙氏等有较高社会地位的宗族族谱中，妻子生卒信息出现不完整或缺失，这种现象很可能是主动舍弃或被刻意屏蔽的结果。形成鲜明对比的是，宗族的平民化程度越高，在族谱中保留与夫妇生卒信息相关的资料就可能越丰富、越齐备。族谱对夫妇生卒信息记录的呈现程度，与该族受宗族主流文化的影响深浅和公认社会地位的高低可能构成一定的反比关系。

上海社会科学院王健取材于张廷济日记中嘉庆四年、嘉庆六年、嘉庆十年和嘉庆十四年四次进京参加会试的相关资料，撰成《张廷济的"科举账"：19世纪初江南举子北上会试的心态、行程与花销》一文。从张氏的账目来看，水路行程从嘉兴至北京一次往返费用为1.4万文钱左右；陆路行程的花费要比水路高得多，其中大宗为雇车费用，雇车而外，陆行费用还包括涉水过河（湖）、车夫小费、住宿、酒菜饭钱等，从王家营至京城往返为8万文钱左右；此外，随行仆役要支付工钱；抵达北京后，住宿费用和京城物价转为大宗。通过仔细地计算，大致可以估算出张廷济单次赴京会试的费用约为15.3万文钱，以嘉庆十四年初北京的银钱兑换比率折算成200两银子左右。文章以翔实可信的数据，佐以时代背景的叙述，证明江南士子的北上会试之路不仅是体力的考验，同时更需要有经济实力的支撑。

上海社会科学院历史所蒋宏达从一件天启年间遂安县的实征黄册入手，发现当时的里册对查具有多种形式，且每种形式各有不同的核查重点。多重的核查流程和繁复的核查内容使得这一黄册的攒造过程和实际质量，与当时因黄册日益脱离实际的"虚册化"的情形颇为不同。通过对比嘉靖年间和天启年间的黄册，报告人发现，后者的文书查对方式相较于前者已经有了明显变化和改进，明代后期的黄册中出现了不同的图册书进行交互对查的迹象。这种查册方式作为一种相对有效的田粮册籍核查手段，并未随着明清朝代鼎革而消失，一直流传到了清代。至少在天启六年至康熙六十年（1626—1721）近百年间，这种里册对查方式都得到了贯彻，直至顺庄法的实施。才告终结。

此外，上海图书馆顾燕《江南家谱的区域文化特征》介绍了上海图书馆所藏的江南家谱的构成。复旦大学王振忠以徽州民间文献为中心，考察传统时代码头挑夫的结社与生理。上海社会科学院历史所叶舟研究员《苏州陆氏与金泽渊源考》从1939年《锡报》上的《金泽元糕》写起，详细叙写了中国历史上最后一位状元相国的陆润庠祖孙三代与金泽的不解之缘。华东师范大学历史系赵四方教授《"刘歆作伪说"在清代学术史上的演进》梳理了"刘歆作伪说"的起承转合之迹，重新审视了清代今古文之争中关键议题的渊源与流变。上海社会科学院历史所胡岳峰以安徽师范大学图书馆所藏清道光年间歙县汪氏家族在苏浙地区开设的4个典铺的盘存账目为核心材料，梳理传统中国复杂的货币系统在民间账簿中的具体体现,指出国家货币制度不完善,会导致市场经营主体产生因货币间兑价波动形成的实际资产损益。罕见文献《晋疆纪事》提供的材料和视角被清初重臣龚鼎孳在奏疏中采用,从而直接影响了康熙年间减去江南积赋300余万两的重大举措;苏州图书馆孙中旺将《晋疆纪事》写作年代从明代改定成清初,确认作者为马云举,并对成书年代、错载作者的原因及其影响进行了考察,文笔利落,取材精审,展现了文献考据对历史事件的脉络有揭奥探微之功。

二 民众与社会

江南是长三角整合的原动力,江南社会是中华优秀传统文化的沃土。上海师范大学唐力行教授以苏州评弹为研究对象,从老艺人单一群体的回忆到各类评弹人的专题口述,已经做了百余件口述历史,包括说书人、行业管理者、书目的创作者、书场经营者、票友、听众等,其关心对象也由谈艺述转向文化史、社会史口述,一方面拓展了评弹研究空间,为反思评弹、重构评弹提供了宝贵资料。通过这些评弹文字实录和音像资料,作为一种文化形式的评弹在其进退过程中所展现出来的社会演变及其嬗变关系,成为江南都市文化记忆符号与市民生活方式的历史因素,在中华优秀传统文化与江南社会的整合中功不可没。

塘栖地处仁和县北50里,是大运河上通往全国著名工商城市杭州的门户,地理位置十分冲要,工商发展和人文成就极为突出,单就科举功名而言,明清两代,每15个杭州附郭县仁和的进士,就有一个是塘栖人,占到近百分之七,区区一镇,有这么多科举功名最高层次的进士,在整个江南是非常罕见的。南京大学范金民《明清时期江南市镇群体中的塘栖镇》探讨了塘栖的兴起发展之路,认为塘栖镇因元末新开河的开浚,处于大运河要道上,从而替代临平镇,逐步发展成杭州北郊最为繁盛的市镇,正是江南市镇兴衰嬗代的典型。塘栖凭借全国最负盛名的丝绸之府的纵深腹地,引得全国各地的商人在那里竞争经营;而街市格局并不是很多流通型市镇的一线形,或十字形,或丁字形,而是在L形的一侧,分布着诸多的街坊巷弄。这种布设是江南市镇中营商环境最为优越的一种。因之,全盛期的塘栖俨然成为省会巨镇:"市廛隐赈,闾阎鳞次,名虽镇也,实与小邑等。"星罗棋布的江南核心区的市镇,是踩着江南社会经济发展的节拍发展形成的。城市的发展建立在农村和市镇发展的基础之上,依靠周围乡村市镇提供工商业发展的原料、劳动力等各种资源,反过来又带动周围乡镇进一步发展,城乡一体,互相挹注,互相推动。江南所谓人文渊薮,如果撇开广大乡镇,就无从谈起。与西方中世纪后期城市与乡村脱节、互相对立不同,塘栖的兴起之路极具中国特色,在江南市镇群体中堪称典型。

中国第一个茶学系——复旦大学农学院茶叶系首任系主任是吴觉农,他一生事茶,在提升华茶生产技术、改善华茶运输销售、创立现代茶学教育、整理茶史文献等方面做出了卓越的贡献,是我国现代茶业复兴和发展的奠基人。这样一位与政治行动一直保持着距离的技术专家,竟然曾经发表过不少社会问题与政治评论文章,其中甚至包括1926年毛泽东在广州主持农民运动讲习所选用为参考资料的《中国的农民问题》。吴觉农当时任教芜湖,正是五四余波犹在、国民革命初启之时,"德先生""赛先生"是当时青年追寻强国之梦最重要的两条路径。可惜这一段时间的史料严重缺失,导致对吴觉农生平这一段日子的记述成为薄弱环节。复旦大学邹怡《吴觉农任教芜湖师友交谊考述》一文,梳理了吴觉农任教芜湖期间的师友交谊,透过其与师长同事吴庶晨、卢仲农、佘小宋,与学生俞海清、戴啸洲的交往,考述了吴觉农任教芜湖的原委、开课教授的内容、在芜湖生活的点滴,以及芜湖一段经历与其茶业生涯之间的关系。在吴觉农的师友中,传统士人气质的佘小宋,将政治和科学同时作为治世的方法和路径;而吴觉农、俞海清、戴啸洲则更具近代新式知识分子气质,他们虽有自己的政治主张,但倾向于实业救国,而非直接参与政治行动。传统士人向新式知识分子过渡过程中,因应时代潮流,相比传统士人,政、学两条道路的区分更为截然不同,社会责任与读书治学分合进退的多歧取向在文献的铺陈中展现得生动立体。

近代江南地区办学,或为由教会或外国侨民开办的学校,或为由中国人自己创设的学校;在国人自办的学校中,又可分为政府办学、民间办学等,上海社会科学院马学强所带领的校史研究团队,推出十余种"百年名校与江南文脉"系列丛书,探讨不同类型学校的办学特色及其与地方文脉的密切关系。上海社会科学院陈磊探讨了1920年代中期上海女子剪发问题的地域特性,指出上海在这一时期普遍出现的剪发风气,更可能是受到西方时尚影响的结果,政治或社会意义则没那么强烈。上海中医药大学杨奕望通过清代江南的代表性医案考察医患间的"熟人圈"文化,认为这种文化可以使医患双方进行积极交流,有效降低医疗风险、提高诊疗效率,医者更容易掌握治疗权。

三 制度与文化

江南文化从经济生活的层面上实现了儒家道统与商品经济原则的结合,是中国式市民社会形成发展的精神土壤,也是导向中国社会向近代转型的重要思想基础。近代以来中国社会在应对西方文化冲击的过程中,政治体制、经济结构、社会群体、地方秩序、日常生活到主流意识形态等方面，都发生了广泛而深远的变革。上海师范大学徐茂明讨论了晚清民国江南地方精英的权势演变，提出在价值取向上，存在从"尚贤"到"尚力"的转型。在这场冲击、回流与融会的历史剧变中，江南地方精英的主体——士绅在蜕变，在扩容，商人、军人、新知识人以及其他权势人群逐步成为新地方精英的主体。同时，士绅在传统社会中作为自发成长的文化权威，也逐渐在清末民国"地方自治"过程中被新地方精英的制度化权力所替代，在地方权势的转移过程中，基层的"社会侵蚀"与"士绅劣化"广为舆论所诟病。地方精英从传统的文化权威，演变为具有实际支配力的权势群体。在经济上，这是国家与社会以及社会阶层的新变；在文化上，传统士绅以德服人的"尚贤"，开始转向改造社会的"尚力"。相对于全国其他区域而言，江南地方精英的权势演变，既有其共性特征，同时作为经济文化最为发达的区域，也有其特殊性。

1922年上海举行的八团体国是会议，是民国前期唯一一次由社会团体主导，组织多省区、多业界团体共同参加的全国政治会议，上海社会科学院徐佳贵《法团与民治——1922年八团体国是会议新探》一文对于精英联合行动过程的分析有助于深化理解"地方精英何以未能成为重塑近代中国政治结构的基础力量"这一问题。此次跨区叠加跨界的联合广度空前的实践，致使法团暴露出组织能力的限度。此类联合形式的优先地位遂开始为团体与新型革命政党的联合所取代。新型革命政党日益彰显组织严密性、扩展性上的优势，逐渐取得联合的主导权，一些商教法团则为"国民革命"的潮流所淘汰。

此外，上海师范大学洪煜认为苏州评弹在近代上海海派文化的发展离不开媒介的推动力量，大众媒介对于苏州评弹的商业化、演出方式、音乐性创新发展以及评弹艺人明星化等海派特色起到了不可忽视的作用。浙江海洋大学武锋探讨了明末清初围绕舟山海域的东亚争夺，指出舟山海域真正的重要性是在明清战争中体现的，这片海域的所属权能够影响浙东甚至整个江南的局势；制海权的获得与否关系国运兴衰，于今亦然。东华大学杨茜观察明清代表国家权力的衙署、官吏与江南市镇社会的关系，叙述了在没有得到官帑的统一支持的情况下，市镇因其治安需求，会通过各种主动途径改善衙署条件，当莅镇官能为地方社会带来益处时，官民之间互动融洽。上海海事大学时平讨论了海洋环境因素在改变金山地理空间之际，民间的霍光信仰也从捍海塘神的功能性地位转化成为保护一方的地域性保护神，其信仰功能及性质发生了嬗变，成为金山社会演变的一个重要象征。

征稿启事

本刊入选南京大学中文社会科学引文索引CSSCI来源集刊。本刊致力于传统中国研究,不分畛域,刊载传统中国研究相关各领域研究论文,同时也注意文献整理及刊发已故前辈学者的遗稿。期盼各地学者师友惠赐大作,共同弘扬传统中国文化。

凡赐稿者,务请写明所在单位、职称、研究方向和通讯地址。本刊概不收取版面费,一经采用,即致薄酬。投稿邮箱为 yezhou@sass.org.cn。

稿件格式:

一、本刊一律采用"宋体—简体"字体。

二、文章标题用三号黑体,二级标题用四号黑体,三级标题用小四号黑体。级次一般用一、二、三,(一)(二)(三),1.2.3.(1)(2)(3)。序数中文序号用顿号,阿拉伯数字用下标圆点分开。

三、文章前须附

1. 摘要:300字以内,宋体小五号字体。

2. 关键词:3—5个左右,中以分号分隔。最后一词后不用标点。

四、正文采用宋体五号。凡另起一行的整段引文用五号楷体,前(左)面缩进四格,后(右)面不缩进。

五、注释一律采用文后注,注码用"①②③……","每页重新编号"方式。注释码置于句号、逗号、引号之后,不出现在顿号后,句中不出注。注释格式请参照《中华人民共和国新闻出版行业标准·学术出版规范注释》(CY/T 121—205),如下:

附录 A

(资料性附录)

注释—编号制及其出处注著录格式示例

A.1 注释—编号制下的出处注

该形式下的出处注有以下特点:

a) 位置在脚注或尾注中,表注、图注中的出处注可同此例,编号规则同脚注或尾注的规定。

b) 同种文献首次出现时各项信息应齐全。

c) 文献各项信息同 GB/T 7714-2005 4.。

d) 同种文献再次出现时,可省略若干信息。

e) 文字同 GB/T 7714-2005 6.。

f) 文献各项信息用该文献本身的标点符号标识。中文文献题名应用书名号;英文书名、刊物名、报纸名用斜体,文章名、未刊博士论文等用双引号;各项信息之间用逗号相隔。

A.2 引用文献初次出现时著录格式示例

A.2.1 专著

示例 1:周雪光:《组织社会学十讲》,社会科学文献出版社,2003,第 216 页。

示例 2:管健:《身份污名与认同融合——城市代际移民的社会表征研究》,社会科学文献出版社,2012,第 185 页。

示例 3:李培林、陈光金、张翼、李炜:《中国社会和谐稳定报告》,社会科学文献出版社,2008,第 197 页。

示例 4:Stewart Banner, *How the Indians Lost Their Land*:*Law and Power on the Frontier*(Cambridge:Harvard University Press,2005),p.89.

示例 5:Geoffrey C.Ward and Ken Burns, *The War*:*An Intimate History*,*1941—1945*(New York:Knopf,2007),pp.52—53.

A.2.2 主编作品

示例 1:陆学艺主编《当代中国社会结构》,社会科学文献出版社,2010,第 109 页。

示例 2:Robert J. Beck, Anthony Clark Arend and Robert D. Vander Lugt(eds.), *International Rules*:*Approaches from International Law and International Relations*(New York:Oxford University Press,1996).

A.2.3 译著

示例 1:Gabriel García Márquez, *Love in the Time of Cholera*, trans. Edith Grossman(London:Cape,1988),pp.242—255.

示例 2:马克斯·韦伯:《新教伦理与资本主义精神(罗克斯伯里第三版)》,斯蒂芬·卡尔伯格英译,苏国勋、覃方明、赵立玮、秦明瑞中译,社会科学文献出版社,2010,第 79—80 页。

示例 3:Richmond Lattimore trans/eds., *The Iliad of Homer*(Chicago:University of Chicago Press,1951).

示例 4：皮埃尔·布迪厄、华康德：《实践与反思：反思社会学导引》，李猛、李康译，中央编译出版社，2004。

A.2.4　章、节或者文集中的文章

示例 1：黄源盛：《民初大理院民事审判法源问题再探》，载李贵连主编《近代法研究》第 1 辑，北京大学出版社，2007，第 5 页。

示例 2：Glenn Gould, "Streisand as Schwarzkopf," in *The Glenn Gould Reader*, ed. Tim Page(New York：Vintage，1984)，p.310.

示例 3：乔启明：《中国农民生活程度之研究》，载《乔启明文选》，社会科学文献出版社，2012，第 340 页。

示例 4：方文：《中国宗教与民间信仰》，载李培林、李强、马戎主编《社会学与中国社会》，社会科学文献出版社，2008，第 477 页。

A.2.5　前言、导言，与该书非同一作者

示例 1：苏国勋：《新教伦理与资本主义精神·中文新译本序言》，载马克斯·韦伯《新教伦理与资本主义精神（罗克斯伯里第三版）》，苏国勋、覃方明、赵立玮、秦明瑞译，社会科学文献出版社，2010，《中文新译本序言》第 6 页。

示例 2：James Rieger, introduction to *Frankenstein；or，The Modern Prometheus*, by Mary Wollstonecraft Shelley（Chicago：University of Chicago Press，1982），pp.xx—xxi.

A.2.6　期刊文章

示例 1：李培林、李炜：《农民工在中国转型中的经济地位和社会态度》，《社会学研究》2007 年第 3 期。

示例 2：林建成：《试论陕甘宁边区的历史地位及其作用》，《民国档案》1997 年第 3 期。

示例 3：Walter Blair, "Americanized Comic Braggarts," *Critical Inquiry* 4，no.2 (1977)：331—32.

示例 4：Andrew G.Walder, "Markets and Inequality in Transitional Economies：Toward Testable Theories," *American Journal of Sociology* 101，no.4（Jan. 1996）：1060—1073.

示例 5：Joshua I.Weinstein, "The Market in Plato's Republic," *Classical Philology* 104(2009)：440.

A.2.7　数字出版物、网页文章等

示例 1：王巍：《夏鼐先生与中国考古学》，《考古》2010 年第 2 期，http：//mall.cnki.

net/magazine/Article/KAGU201002007.htm,访问日期：2012年6月3日。

示例2：邱巍：《吴兴钱氏家族研究》，浙江大学博士论文，2005，第19页。据中国优秀博硕士学位论文全文数据库：http://ckrd.cnki.net/grid20/Navigator.aspxID=2。

示例3：Sheryl Gay Stolberg and Robert Pear, "Wary Centrists Posing Challenge in Health Care Vote," *New York Times*, February 27, 2010, accessed February 28, 2010, http://www.nytimes.com/2010/02/28/us/politics/28health.html.

示例4："Google Privacy Policy," last modified March 11, 2009, http://www.google.com/intl/en/privacypolicy.html.

示例5："McDonald's Happy Meal Toy Safety Facts," McDonald's Corporation, accessed July 19, 2008, http://www.mcdonalds.com/corp/about/factsheets.html.

示例6：Gueorgi Kossinets and Duncan J. Watts, "Origins of Homophily in an Evolving Social Network," *American Journal of Sociology* 115(2009):411, accessed February 28, 2010, doi:10.1086/599247.

示例7：Jane Austen, *Pride and Prejudice* (New York: Penguin Classics, 2007), Kindle edition.

A.2.8 报纸和大众杂志中的文章

示例1：鲁佛民：《对边区司法工作的几点意见》，《解放日报》1941年11月15日第3版。

示例2：Daniel Mendelsohn, "But Enough about Me," *New Yorker*, January 25, 2010, p.68.

A.2.9 学位论文

示例1：陈默：《抗战时期国军的战区—集团军体系研究》，博士学位论文，北京大学历史学系，2012，第134页。

示例2：Mihwa Choi, "Contesting Imaginaires in Death Rituals during the Northern Song Dynasty"(PhD diss., University of Chicago, 2008).

A.2.10 会议论文

示例1：马勇：《王爷纷争：观察义和团战争起源的一个视角》，政治精英与近代中国国际学术研究会会议论文，杭州，2012，第9页。

示例2：Rachel Adelman, "'Such Stuff as Dreams Are Made On': God's Footstool in the Aramaic Targumim and Midrashic Tradition"(paper presented at the annual meeting for the Society of Biblical Literature, New Orleans, Louisiana, November 21—24, 2009).

A.2.11　档案文献

　　示例 1：雷经天：《关于边区司法工作检查情形》(1943 年 9 月 3 日)，陕西省档案馆藏陕甘宁边区高等法院档案，档案号：15/149。

　　示例 2：James Oglethorpe to the Trustees, 13 January 1733, Phillipps Collection of Egmont Manuscripts, 14200:13, University of Georgia Library.

　　示例 3：Alvin Johnson, memorandum, 1937, file 36, Horace Kallen Papers, YIVO Institute for Jewish Research, New York.

A.2.12　古籍

　　示例 1：张金吾编《金文最》卷一一，光绪十七年江苏书局刻本，第 18 页 b。

　　示例 2：苏天爵辑《元朝名臣事略》卷一三《廉访使杨文宪公》，姚景安点校，中华书局，1996，第 257—258 页。

　　示例 3：杨钟羲：《雪桥诗话续集》卷五上册，辽沈书社，1991，影印本，第 461 页下栏。

　　示例 4：民国《上海县续志》卷一《疆域》，第 10 页 b。

　　示例 5：同治《酃县志》卷四《炎陵》，收录《中国地方志集成·湖南府县志辑》第 18 册，江苏古籍出版社，2002，影印本，第 405 页。

　　示例 6：《清太祖高皇帝实录》卷一〇，天命十一年正月己酉，中华书局，1986 年影印本。

A.2.13　转引文献

　　示例 1：章太炎：《在长沙晨光学校演说》(1925 年 10 月)，转引自汤志钧《章太炎年谱长编》下册，中华书局，1979，第 823 页。

A.3　引用文献再次出现时著录格式示例

A.3.1　文献初次引用要确保各项内容齐全，隔页或隔几页再次引用可省略责任方式、副标题、出版项等信息。

　　示例 1：Michael Pollan, *The Omnivore's Dilemma: A Natural History of Four Meals* (New York: Penguin, 2006), pp.99—100.20. Pollan, *The Omnivore's Dilemma*, p.3.

　　示例 2：1. 基思·谢德维克：《吉尼斯古典音乐大师》，汪启璋、沈旋等译，上海辞书出版社，2001，第 10 页。

　　　　　　30. 谢德维克：《吉尼斯古典音乐大师》，第 11 页。

　　注：此种省略仅针对独著，如果有几个作者合作作品或者文集，则仅适用于单篇文章或者单章。

A.3.2　同一页所引文献相同且注释顺序相邻时,责任者、书名可省略为"同上书";同一页所引文献相同、页码相同且注释顺序相邻时,责任者、书名、页码可省略为"同上"。

示例:1. 李培林等:《当代中国民生》,社会科学文献出版社,2010,第 183 页。

示例 2. 同上。

示例 3. 同上书,第 214 页。

图书在版编目(CIP)数据

传统中国研究集刊. 第三十辑 / 上海社会科学院《传统中国研究集刊》编辑委员会编. — 上海 : 上海社会科学院出版社，2023
 ISBN 978 - 7 - 5520 - 4272 - 6

Ⅰ. ①传… Ⅱ. ①上… Ⅲ. ①中华文化—文集 Ⅳ.
①K203-53

中国国家版本馆 CIP 数据核字(2023)第 223905 号

传统中国研究集刊　第三十辑

上海社会科学院《传统中国研究集刊》编辑委员会　编
责任编辑：章斯睿
封面设计：黄婧昉
出版发行：上海社会科学院出版社
　　　　　上海顺昌路 622 号　邮编 200025
　　　　　电话总机 021 - 63315947　销售热线 021 - 53063735
　　　　　https://cbs.sass.org.cn　E-mail：sassp@sassp.cn
照　　排：南京理工出版信息技术有限公司
印　　刷：浙江天地海印刷有限公司
开　　本：787 毫米×1092 毫米　1/16
印　　张：12
字　　数：232 千
版　　次：2023 年 12 月第 1 版　2023 年 12 月第 1 次印刷

ISBN 978 - 7 - 5520 - 4272 - 6/K · 709　　　　　　　　定价：88.00 元

版权所有　翻印必究